Vincenzo Paglia

Bruder Tod

In Würde leben
und in Würde sterben

Mit einer Einführung von Manfred Lütz

Aus dem Italienischen von Stefanie Römer
und Birgitta Gruber

FREIBURG · BASEL · WIEN

Titel der Originalausgabe:
Sorella morte
By Vincenzo Paglia
© 2016 – EDIZIONI PIEMME Spa, Milano
www.edizpiemme.it

MIX
Papier aus verantwor-
tungsvollen Quellen
FSC® C083411
FSC
www.fsc.org

Für die deutschsprachige Ausgabe:
© Verlag Herder GmbH, Freiburg im Breisgau 2017
Alle Rechte vorbehalten
www.herder.de

Als deutsche Bibelübersetzung ist zugrunde gelegt:

Die Bibel. Die Heilige Schrift
des Alten und Neuen Bundes.
Vollständige deutschsprachige Ausgabe

DIE BIBEL

© Verlag Herder GmbH, Freiburg im Breisgau 2005

Satz: de·te·pe, Aalen
Herstellung: CPI books GmbH, Leck
Printed in Germany

ISBN Print 978-3-451-37844-7
ISBN E-Book 978-3-451-81141-8

»Gelobt seist du, mein Herr, durch unsere Schwester, den leiblichen Tod, ihm kann kein Mensch lebend entrinnen.«

Franz von Assisi, *Sonnengesang*[1]

Inhalt

Vorwort

»Bruder Tod« ist ein merkwürdiger Titel für ein Buch über das Ende des Lebens, das doch viele Menschen eher beängstigt. Es ist die deutsche Übersetzung von »Sorella Morte«. Der Tod ist im Italienischen weiblich und »Sorella Morte« klingt schon fast zärtlich. Wie kann man zärtlich über den Tod reden?

Franz von Assisi konnte das, denn aus seinem berühmten *Sonnengesang* stammt das Zitat. Franz von Assisi ist ein volkstümlicher Heiliger, über den viele Geschichten erzählt werden, aber der *Poverello,* das kleine arme Männlein aus Umbrien, war zugleich ein ganz Großer der Menschheitsgeschichte. Mit Franz von Assisi beginnt die Neuzeit. Bis zu ihm war der Blick der Künstler vor allem aufs Jenseits gerichtet. Auf Goldgrund sah man verklärt blickende Heilige. Man malte absichtlich nicht perspektivisch mit räumlicher Tiefe, man malte flächig, denn das Diesseits sollte nicht ablenken vom Paradies, nach dem man sich sehnte und auf das man alle Gedanken, Gefühle und Fantasien lenkte. Niemand interessierte sich für die Natur, deswegen malte man sie nicht und deswegen erforschte man sie auch nicht. Noch steckte vielen die unchristliche »Heidenangst« in den Knochen vor dieser unheimlichen Welt, in der beständig überwältigende Gefahren lauerten. Doch Franz von Assisi hatte keine Angst. Er sah in der Natur die gute Schöpfung des guten Gottes, und so entdeckte er das Diesseits wieder. Drastisch setzt er sich der Realität aus, indem er sich zwingt, einen Aussätzigen zu küssen. Er teilt die Not der Menschen, indem er sich entschließt, völlig ohne Geld wie der Ärmste der Armen zu leben. Mit besonderer Liebe wendet er sich den Leidenden und Sterbenden zu, aber er preist in seinem *Sonnengesang* auch die Natur als göttliche Schöpfung. Und unzählige junge Leute tun es ihm massenhaft nach. Dass er den Vögeln predigt, wie erzählt wird, ist programmatisch, denn er liebt mit frohem Gemüt nicht nur die Menschen, sondern alle Geschöpfe Gottes. Was für uns Heutige ganz »normal« wirkt, das war es damals mitnichten. Franz von Assisi war eine Revolution.

Und so beginnen die Künstler erstmals wieder die Realität darzustellen, die wirkliche Natur, realistische Landschaften, farbenfrohe Pflanzen, lebendige Tiere und berührende Menschen in perspektivisch dargestellten Gebäuden. Kein Wunder, dass Giotto ausgerechnet in der Grabeskirche des heiligen Franz sein Hauptwerk schaffen sollte, Giotto, in dem Michelangelo, Raffael und die anderen Großen der Renaissance den Gründervater der neuen Malerei sehen werden. Und noch im 14. Jahrhundert sollte es Francesco Petrarca seinem Namenspatron verdanken, dass er bei seiner berühmten Besteigung des Mont Ventoux in der Provence die erste schriftliche Naturschilderung seit wohl tausend Jahren lieferte. Auch die moderne Naturwissenschaft entsteht damals, ermutigt von der positiven franziskanischen Sicht der Schöpfung. Albert der Große ist der erste wissenschaftlich arbeitende Biologe. Endlich hat man keine »Heidenangst« mehr vor der Natur, man erforscht sie frohgemut.

Doch der *Sonnengesang* des heiligen Franz, der Gesang der Kreaturen, wie er auf Italienisch heißt, schließt nicht bloß Schwester Sonne und Bruder Mond, Schwester Wasser und Bruder Feuer, Bruder Wind und unsere Schwester, die Mutter Erde, in seinen Lobpreis ein, sondern auch die letzte irdische Realität, unseren Bruder, den leiblichen Tod. Kaum je hat bis dahin jemand gewagt, zärtlich über den Tod zu reden, ganz ohne ihn beschleunigen oder verzögern zu wollen. Franz von Assisi nimmt die Wirklichkeit radikal so wahr, wie sie ist, und das in der felsenfesten Überzeugung, dass diese Wirklichkeit von Gott geschaffen, getragen und beschützt wird und dass es deswegen eine gute Wirklichkeit ist, und zu dieser guten Wirklichkeit gehört für ihn ganz selbstverständlich auch »Bruder Tod«. Nur deswegen kann er so zärtlich von diesem Bruder reden, der alle Menschen verbindet. Als der heilige Franz sein Ende nahen fühlte, ließ er sich nackt auf die Erde legen und noch einmal den *Sonnengesang* vorsingen. Als er verschied, sollen Lerchen zu einer ganz ungewöhnlichen Zeit aufgeflogen sein.

Auch Vincenzo Paglia ist an die Ränder der Gesellschaft gegangen. Er ist Mitbegründer der geistlichen Gemeinschaft Sant'Egidio, und diese Gemeinschaft verdankt ganz vieles dem Weg des heiligen Franz. Als 1968 in aller Welt junge Menschen auf die Straße gingen und gegen Krieg, Wohlstandsgesellschaft und allgemeines Spießertum protestierten, da taten sich in Rom einige ungeduldige junge Leute zusammen, denen es zu wenig war, bloß zu protestieren. Sie wollten etwas tun, und zwar sofort. So gingen sie in die Borgate, die Slums von Rom, und halfen dort ganz praktisch, engagierten sich in der Kinder- und Altenbetreuung, sorgten sich um Kranke und Behinderte, halfen denen, denen keiner half. Jeden Abend trafen sie sich nach getaner Arbeit in einem kleinen, etwas heruntergekommenen Kirchlein im römischen Stadtviertel Trastevere und beteten zusammen. Das war alles. Es gab keine großartigen Theorien, es gab nur Praxis, ganz viel Praxis. Schnell gab es viele andere, die nicht nur reden, sondern handeln wollten, und die »Comunità di Sant'Egidio« wuchs immer weiter an. Heute zählt sie in über 70 Ländern der Welt über 70.000 Mitglieder. Die Gemeinschaft gibt es überall da, wo es Arme gibt. Und man engagierte sich auch aktiv gegen den Krieg. Man kann diese großartigen Initiativen hier gar nicht alle erwähnen. Es muss genügen, darauf hinzuweisen, dass der Frieden am Ende des blutigen Krieges zwischen den verschiedenen Befreiungsbewegungen in Mozambik von der Gemeinschaft Sant'Egidio vermittelt wurde, im Kosovo war es vor allem Vincenzo Paglia, der zum Frieden beitrug, was ihm den »Ibrahim Rugova«-Preis der kosovarischen Regierung eintrug. Papst Franziskus schätzt die Gemeinschaft Sant'Egidio außerordentlich, denn sie tut seit 50 Jahren bereits das, was der Papst unermüdlich fordert: an die Ränder gehen. Und Papst Franziskus war es dann auch, der Vincenzo Paglia, der zuvor Bischof von Terni und dann Präsident des Päpstlichen Rates für die Familie geworden war, zum Präsidenten der *Päpstlichen Akademie für das Leben* ernannte. Dort soll er dafür sorgen, dass nicht bloß akademische Debatten geführt werden, sondern dass all das, was in so einer internationalen Akademie gedacht wird, auch wirklich den Menschen zugutekommen kann.

Genau diesem Anliegen dient auch dieses Buch. Es traf in Italien auf eine lebhafte Debatte über den ärztlich assistierten Suizid und ganz generell über die Euthanasie. Die Fälle von Piergiorgio Welby 2006 und zuletzt noch 2017 dem Diskjockey Fabio Antoniani haben auch international Aufsehen erregt, und da trafen jeweils vor allem festgefügte ideologische Meinungen aufeinander. Es gab kaum neue Gesichtspunkte, die Argumente waren schon unzählige Male ausgetauscht, die Debatte wurde und wird beherrscht von Polemik und Überzeichnungen.

Da ist auf der einen Seite die Partei derjenigen, die angesichts des Todes vor allem von Selbstbestimmung sprechen

– und diese Selbstbestimmung schließe auch die vollständige Bestimmung über den eigenen Tod ein, so erklären sie. Der Staat müsse sich in den Dienst der Selbstbestimmung seiner Bürger stellen und deswegen nicht nur den ärztlich assistierten Suizid, sondern auch die Tötung von Menschen erlauben und ermöglichen, die das selber wünschen. Die Gegner werden nicht selten als ewiggestrige Dunkelmänner diffamiert; man sieht den Kampf um den selbstbestimmten Tod als letzten Kampf um die Emanzipation, vor allem die Emanzipation von religiösen Befangenheiten.

Auch auf der anderen Seite gibt es ideologische Vereinfacher. Da ist dann nur noch davon die Rede, dass Euthanasie in jedem Fall Mord sei, dass finstere Mächte sich verschworen hätten, Alte und Behinderte zu töten.

Zwischen solchen Positionen kann es natürlich kein wirkliches Gespräch geben. So bleibt am Ende oft nur das mediale und politische Kräftemessen. Mit in unterschiedlichen Ländern ganz unterschiedlichen Ergebnissen.

In diese geradezu kriegerische Situation kommt nun das Buch von Vincenzo Paglia. Er weicht diesen Debatten nicht aus, legt aber den Schwerpunkt eindeutig auf die Wirklichkeit der sterbenden Menschen. Und diese Wirklichkeit ist nicht einfach schwarz oder weiß und sie ist vor allem weit weniger einheitlich, als die öffentlichen Debatten mitunter glauben machen wollen. Vincenzo Paglia ist Seelsorger, das merkt man dem Buch an, und so erzählt er von berührenden Geschichten, die er mit berührenden Menschen erlebt hat. Es sind die wirklichen sterbenden Menschen, die Vincenzo Paglia bewegen. Und er bemüht die Dichter und Denker aller Völker und aller Zeiten, um sich behutsam der allgemeinmenschlichen Wirklichkeit von »Bruder Tod« zu nähern. Da erfährt man dann vom letzten Kampf des französischen Präsidenten François Mitterrand und vielen anderen historischen Persönlichkeiten, die doch im Sterben Menschen werden wie alle anderen auch. So ist dieses Buch keine neue Propagandaschrift, sondern das Zeugnis eines lebensweisen, gläubigen Christen angesichts der Beunruhigung durch den Tod. Vincenzo Paglia greift dabei auch auf die reichen Erfahrungen seiner Gemeinschaft Sant'Egidio mit alten, kranken und sterbenden Menschen zurück. Wenn Denken nach-denklich wird, wenn erst einmal wieder die Wirklichkeit selber in den Blick kommt, auch die vielgestaltige Wirklichkeit von Sterben und Tod, und man erst dann darüber ganz neu nach-denkt, dann kann man tatsächlich neue Perspektiven entdecken. Auf diese Weise gewinnt die unvermeidliche und dringliche gesellschaftliche Debatte über den menschlichen Tod wieder mehr Tiefe. Dazu will dieses Buch beitragen.

Auch in Deutschland ist die Diskussion längst nicht beendet. Dramatisch war die Bundestagsdebatte über den ärztlich assistierten Suizid im Jahre 2015, die zwar mit einer klaren Mehrheit für die Gegner der ärztlich unterstützten Selbsttötung endete, aber anschließend eine juristische Auseinandersetzung nach sich zog, die den Versuch machte, die parlamentarische Entscheidung auf dem Gerichtsweg für ungültig zu erklären. Es war bei diesem Bundestagsbeschluss nicht darum gegangen, in der Sterbephase eines Menschen in sein vertrautes Arzt-Patienten-Verhältnis juristisch einzugreifen. Es wurde vielmehr gewerbsmäßige Beihilfe zur Selbsttötung untersagt, und vor allem wurde keine generelle gesetzliche Erlaubnis des ärztlich assistierten Suizids beschlossen, die fatale gesellschaftliche Konsequenzen gehabt hätte. Denn dann wären behinderte, unheilbar kranke, alte, demenzkranke und andere Menschen in Not unter einen enormen Druck geraten. Selbst wenn die Familie eines beginnend demenzkranken Menschen voller

Liebe und Fürsorge auf die schicksalshafte Diagnose reagieren würde, so müsste doch der Demenzkranke selber sich nun sofort der moralischen Frage stellen, ob er sich eigentlich seiner Familie noch zumuten könne, die auf Urlaub und andere Wohltaten verzichten müsste, um ihn zu pflegen. Denn er hätte ja die gesetzlich zugesicherte problemlose Möglichkeit, seine Familie von einer großen Last zu befreien, nämlich von sich. Auf diese Weise könnten im Grunde nur noch erwachsene ganz gesunde Menschen ohne Gewissensbisse weiterleben. Alle anderen – und das sind die meisten – wären ihren Angehörigen oder der Gesellschaft gegenüber rechtfertigungspflichtig, warum sie sich denn ihrer Umwelt noch zumuten. Doch dem liegt ein absurdes egozentrisches Menschenbild zugrunde. In Wirklichkeit ist der Mensch ein soziales Wesen, das am Anfang und am Ende seines Lebens auf Hilfe angewiesen ist, die Menschen in der Mitte des Lebens leisten, und selbst die können nicht ohne die Hilfe und Liebe anderer Menschen existieren. Deswegen kann man als Mensch nur in Würde sterben, wenn man in Würde leben kann, auch mit Schwächen und Einschränkungen. Und ebenso gilt umgekehrt, dass eine Gesellschaft, die ihre Alten und Kranken tötet und ihre Mitglieder unwürdig sterben lässt, dafür sorgt, dass der Schatten eines solch elenden, menschenunwürdigen Sterbens sich bereits auf das ganze Leben der Menschen legt. Wäre das wirklich das menschenwürdige Leben, von dem alle gerne sprechen?

Tendenzen der Diskriminierung von Schwachen und Kranken gibt es ohnehin schon in unseren westlichen Gesellschaften zur Genüge. Über die Höhe von Versicherungsbeiträgen wird bereits eine ganz bestimmte, von der Versicherung für »gesund« gehaltene Lebensweise vorgeschrieben und es besteht ein unausgesprochener gesellschaftlicher

17

Konsens darüber, dass für Menschen, die nicht mehr gesund werden können, nicht genauso viel aufgewendet werden sollte wie für einen Menschen, der noch »gesund« werden kann. Die gesetzliche Möglichkeit der Selbsttötung hätte diese gesellschaftliche Stimmung massiv verstärkt.

So wäre dann eine Entwicklung, die einst unter dem Stichwort »Selbstbestimmung« aufgebrochen ist, am Ende beim Gegenteil, nämlich einer maximalen Fremdbestimmung gelandet, die irgendwann einmal jedem de facto das Recht auf Leben, also ein zentrales Menschenrecht, absprechen würde. In den Niederlanden, so erklärte der Präsident der niederländischen Ärztevereinigung 2014 öffentlich, gehe es inzwischen nicht mehr um »Selbstbestimmung«, sondern um »Mitleid«. Man tötet andere Menschen, deren Leben man von außen gesehen nicht mehr für lebenswert hält, aus »Mitgefühl«, aus tödlichem Mitgefühl. Genau auf diese Weise versuchte Joseph Goebbels durch den Film »Ich klage an« das Mitgefühl der deutschen Bevölkerung für die mörderische Euthanasieaktion der Nazis zu erreichen. Damals allerdings weitgehend ohne Erfolg, weil die Gesellschaft da noch mehr von der christlichen Auffassung geprägt war, dass gerade den Schwachen und Kranken die besondere Liebe der Christen gelten sollte. Doch wie würde heute ein solcher teuflisch-brillant gemachter Film wohl wirken?

Wir Deutschen haben unsere ganz besondere Geschichte mit Euthanasie und Beihilfe zur Selbsttötung. Gerade niederländische Ärzte werfen uns deswegen nicht selten Befangenheit bei diesem Thema vor, als sei das eine mentale Behinderung, von der man sich irgendwann einmal »befreien« müsste. Doch in Wirklichkeit sollten wir Deutschen uns bewusst sein, dass wir durch unsere Geschichte eine besondere Verantwortung dafür haben, dass nirgends auf der

Welt noch einmal das gewissenlose Morden von Schwachen anhebt. Deswegen ist es so wichtig gewesen, dass die deutsche Volksvertretung hier eine eindeutige Antwort gegeben hat. Weil aber dieses Thema natürlich nicht bloß ein deutsches Thema ist, müssen wir über unseren Tellerrand hinausschauen. Nicht nur in die Niederlande, sondern auch in die vielen anderen Länder und Kulturen, in denen diese Fragen diskutiert werden. Dann werden wir bemerken, dass wir mit unserer nachdenklicheren Haltung durchaus nicht allein sind. Auch dazu kann dieses Buch von Vincenzo Paglia hilfreich sein.

Bornheim im Juni 2017

Dr. med. Dipl. theol. Manfred Lütz

Einleitung

Es mag unglaublich klingen, aber schon vor 35 Jahren hat
der schwedische Journalist und Schriftsteller Carl-Hennig
Wijkmark erkannt, welche Dimensionen die Frage der Euthanasie in einer marktwirtschaftlich geprägten Gesellschaft annehmen würde. In seinem kurzen Roman *Der moderne Tod* (1978)[2] beschreibt der Autor als fiktives Zu-
kunftsszenario eine vom schwedischen Sozialministerium
einberufene Tagung mit dem Titel *Die letzte Phase des
menschlichen Lebens.* Der Leiter des Symposiums spricht mit
entwaffnender Ehrlichkeit. In Anbetracht der heiklen Thematik wurde vorab beschlossen, dass die Debatte, an der
etliche Experten verschiedenster Disziplinen teilnehmen,
unter absoluter Geheimhaltung stattfinden solle. »Mittlerweile«, eröffnet der Moderator die Diskussion, »wird die
wachsende Zahl an Alten zu einer unzumutbaren Belastung
für die Wirtschaft unseres Landes.« Dann verweist er auf
das vorherige Jahrhundert: »Damals, während des Wirt-
schaftsbooms in den Sechzigerjahren, erwies es sich als
unumgänglich, mehr Mütter in den wirtschaftlichen Pro-
duktionsprozess einzugliedern. Doch in den Siebzigern
wendeten sich die Dinge langsam zum Schlechten – wirtschaftliche Stagnation, Arbeitslosigkeit – und die Väter wurden dazu ermutigt, zu Hause zu bleiben. Leicht vereinfacht
zusammengefasst! [...] Heute, nachdem wir uns in einer
zweifelsohne katastrophalen Situation befinden, haben wir
einen explosionsartigen Zuwachs an Alten. Bald werden wir,

um es brutal auszudrücken, mehr Tote brauchen!«[3] Sodann stellt der fiktive Moderator die entscheidende Frage: »Aber wie lässt sich das bewerkstelligen? Sterben wird als unnatürlich angesehen. Heute mehr denn je. Und die Wurzel des Übels liegt an erster Stelle nicht etwa darin, dass Euthanasie illegal ist, sondern, dass nur ein Bruchteil der Alten um Euthanasie *bittet*. Dies haben wir offensichtlich den bemerkenswerten Fortschritten auf dem Gebiet der Schmerztherapie zu verdanken, die selbstverständlich für sich betrachtet großartig ist.«[4]

Die Logik erscheint stringent: »Doch dürfen wir dabei den Kontext nicht unberücksichtigt lassen, also die berühmten Fälle der sogenannten ›Sterbehilfen‹ der 60er- und 70er-Jahre, um die eine hochemotionale und kaum zu bändigende Debatte entbrannte. Es waren diese Fälle, die die Fragen auf ein Gleis lenkten, das schlicht nicht zu konstruktiven Lösungen führen *konnte*. Denn es war ein individualistisches Gleis ... Das Endergebnis war natürlich perfekt: Mithilfe einer besonderen Verfügung konnte jede lebenserhaltende Maßnahme verweigert werden, wenn die Situation hoffnungslos und mit großem möglichen Leiden verbunden war. Im Zuge dessen kam auch die Idee eines Projekts staatlicher Todeskliniken auf, in denen kranke oder lebensmüde Individuen – nach vorheriger Prüfung des jeweiligen Falls – ihre Injektion oder ihren letzten Cocktail in einer angenehmen Umgebung würden in Empfang nehmen können.«[5] Die Schlussfolgerung lautet: »Es versteht sich von selbst, dass dies eine Sackgasse war. Die Ärzte haben sich von der Meinung einer solchen Minderheit und ohne offizielle Unterstützung nicht beeinflussen lassen.«[6]

Doch die »zögerlichen Sechzigerjahre« würden inzwischen der Vergangenheit angehören, konstatiert der Moderator. Inzwischen stehe die Bevölkerungspyramide auf dem

Kopf und die ökonomische Frage stelle sich drängender denn je. Die Problematik des letzten Lebensabschnittes habe eine soziale Dimension erreicht.

Daher beruhigt der Redner die Experten, die ihm zuhören:»Haben Sie keine Angst, ich habe Hitler keineswegs vergessen, wir sind nicht dabei, ein Programm zur Massenvernichtung der Alten, Behinderten oder anderer Mäuler, die es sinnlos zu stopfen gilt, zu entwickeln.« Die Lösung des Problems liege nicht darin, die Euthanasie zu legalisieren, sondern sie erstrebenswert zu machen. Und so lautet der Plan:»Wir brauchen eine neue Haltung dem Tod und dem Älterwerden gegenüber, nicht nur seitens der Alten. Es muss wieder *natürlich* werden zu sterben, wenn die aktive Lebensphase vorüber ist. Wir müssen das Problem *mit* den Alten lösen und nicht gegen sie.«[7] Aus den Worten des Moderators spricht klar und deutlich der demokratische Grundgedanke: Der Tod dürfe niemals aufgezwungen werden, sondern müsse freiwillig erfolgen. Und dies führe zu der Frage:»Wie kann die Gesellschaft innerhalb der betroffenen Gruppen den Wunsch nach Euthanasie wecken und so den Weg für eine neue Gesetzgebung ebnen? [...] All das mag vielen von Ihnen utopisch erscheinen [...]. Doch das ist es mitnichten.«[8]

Carl-Hennig Wijkmarks kurzer Roman ist eine Parabel über das Abdriften eines demokratischen in ein totalitäres System, wenn das Primat der Unantastbarkeit des menschlichen Lebens nicht mehr aufrechterhalten wird. Ist dieser Punkt einmal überschritten, ist es ein Leichtes, die Bürger auf *sanfte* Art zu überzeugen oder eher glauben zu machen, sie wollten das, was die Machthaber – in diesem Fall die Marktgesetze – ihnen zu diktieren versuchen. Der fiktive Redner findet hierfür die geschliffene Formulierung der *freiwilligen Pflicht*: Man müsse dahin gelangen, dass die

Alten von sich aus Sterbehilfe verlangten und dass dies allgemein als letzter Akt der Selbstbestimmung angesehen werde.[9] Auch die Theologie wird während dieses fiktiven Kongresses zu Hilfe gerufen: Der Glaube an ein Leben nach dem Tod erweise sich als äußerst hilfreich dabei, die Euthanasie als »willkommen« anzuerkennen.

In diesem Zusammenhang haben mich einige Äußerungen Hans Küngs überrascht, der schreibt: »Ich kann Leute verstehen, die nicht an ein ewiges Leben glauben, dass die natürlich Angst haben vor dem Nichtsein. Ich bin aber der Überzeugung, dass ich nicht in ein Nichts hineinsterbe, sondern in eine letzte Wirklichkeit hineinsterbe.«[10] Deswegen jedoch kann der Gläubige seinem irdischen Leben selbst unter unerträglichen Umständen kein Ende setzen. »Ich habe vor Kurzem wieder von Ärzten gehört, die sagen, es sei manchmal erstaunlich, wie Leute unbedingt noch länger leben wollen, sogar Theologen, hat man mir gesagt ...«[11] Es wäre eine erstaunliche Unterstellung, jemandem, der die Euthanasie ablehnt, seinen festen Glauben an ein Leben nach dem Tod abzusprechen. Das käme einer einzigartigen Verkehrung ins Gegenteil gleich. Zweifellos hat Carl-Hennig Wijkmark in seinem Roman hellsichtig den kulturellen Legitimationsprozess hin zu einer »demokratischen« Billigung der Euthanasie eingefangen. Claudio Magris hebt in seinem Nachwort zu Wijkmarks Roman hervor, mit welcher Leichtigkeit in solchen Fällen im Namen der edlen Gefühle gehandelt wird: »Wenn man Kindern mit Down-Syndrom Impfungen vorenthält und sie so dem beinahe sicheren Tod weiht (wobei *beinahe* letztlich so viel wie keine Übernahme persönlicher Verantwortung bedeutet, ein typisches Merkmal der heutigen fremdbestimmten, demokratischen Massengesellschaften), wird das als ›Akt der Barmherzigkeit‹ den Eltern gegenüber bezeichnet, um so das Aufbäumen jener hysterischen und schuldbeladenen elterlichen Liebe zu verhindern, die in solchen Fällen noch immer üblich ist.‹ Und der Abschied des Alten, der sich dazu entschlossen hat, zu gehen, wird wie ein Fest zu dessen Ehren und als ein Sieg über die Einsamkeit des Alters gefeiert.«[12]

Und so feiert mehr als 30 Jahre nach dem Erscheinen von *Ein moderner Tod* ein betagter Herr in Belgien eines Abends ein Fest, bevor ihm tags darauf Sterbehilfe geleistet wird.

Verrat eines Wortes

Unbestimmtheit und Mehrdeutigkeit

Einer weitverbreiteten Meinung zufolge ist die Debatte um die Sterbehilfe von Unbestimmtheit, Mehrdeutigkeit und Verwirrung geprägt. Wir befinden uns inmitten eines babylonischen Gewirrs aus Bedeutungen, und man darf getrost behaupten, dass es wohl keinen schwammigeren Begriff als den der Euthanasie gibt. Und doch ist seine etymologische Bedeutung unzweifelhaft belegt: »schöner, leichter Tod«. Seit mehr als zweitausend Jahren, seitdem er Eingang in die griechisch-römische Welt fand, wurde er stets im Sinne von »schöner Tod« und niemals als Tötung eines Patienten durch einen Arzt gebraucht, und das, obwohl Selbstmord keineswegs als anrüchig galt. Das wohl am häufigsten in diesem Zusammenhang zitierte Beispiel dürfte das des Geschichtsschreibers Sueton sein, der sich des Begriffs »Euthanasie« bediente, als er den Tod Kaiser Augustus' schilderte, der heiter in den Armen seiner Gemahlin entschlief, nachdem ihm eben jene *euthanasian* zuteilgeworden war, die er sich stets für sich und die Seinen erhofft hatte. Von Anfang an haftete diesem Terminus eine gelehrte Konnotation an, doch war er mitnichten so negativ aufgeladen wie heute. Marco Cavinas kürzlich erschienene Abhandlung über die Geschichte der Euthanasie beinhaltet etliche Denkanstöße. Er vertritt die Auffassung, dass es entgegen der vorherrschenden Meinung seit der Antike bis heute in der

Geschichte Europas heimlich weitverbreitete Kulturen – wiewohl in der Minderheit – gegeben habe, die die Euthanasie billigten.[13] Solch eine Behauptung verlangt eine aufmerksamere Betrachtung, will man nicht Gefahr laufen – wie es meiner Ansicht nach Cavina ergangen ist –, die Begriffe Euthanasie, Selbstmord und Martyrium in unzulässiger Weise zu vermischen.

Mit der Entstehung des Christentums verschwindet der Begriff »Euthanasie« aus dem Vokabular, während sich gleichzeitig die Begleitung des Sterbenden zur moralischen Pflicht entwickelt. Die zwei Jahrtausende christlicher Geschichte umfassende Abhandlung von Marco Cavina belegt, dass der christliche Gedanke von jeher den Wert des Lebens über alles stellt und jeder Haltung ablehnend gegenübersteht, die Suizid oder Euthanasie befürwortet. Sicherlich gab es im Lauf der Geschichte immer wieder unterschiedlichste Fälle von Selbsttötungen. Doch ändert dies nichts an der Tatsache, dass die christlichen Wertvorstellungen trotz des Wissens um die Qualen unheilbar Kranker stets jede Form von Selbstmord und Beihilfe zum Selbstmord ausschlossen. Ganz anders verhält es sich mit dem Martyrium, wobei ich dieses Thema nur kurz streifen möchte, um unnötigen begrifflichen Verwirrungen und gefährlichen Fehlinterpretationen vorzubeugen. Denn wie schon der alte Aphorismus *Nomina sunt substantia rerum* (»Wörter sind das Wesen der Dinge«) uns gemahnt, vermag ein Durcheinander der Begrifflichkeiten auch Verwirrung im Leben zu stiften. Lassen Sie mich daher den Begriff des Martyriums, wie er im Christentum verstanden wird, kurz einordnen: Der Märtyrer nimmt sich niemals das Leben, sondern schenkt es Gott. Aus Nächstenliebe und um seinem Glauben treu zu bleiben, geht er bis zum Äußersten – dem Tod. Ganz eindeutig handelt es sich hier also um einen völlig anderen

Bereich als den der Euthanasie und des Selbstmords.[14] Gerade in Anbetracht der unfassbaren Zahl an christlichen Opfern, die im 20. Jahrhundert getötet wurden, weil sie ihren Glauben gegen totalitäre Gewalt und mörderische Ideologien verteidigten, kann dieser Bedeutungsunterschied nicht deutlich genug hervorgehoben werden. Man nennt sie auch »Neue Märtyrer des Christentums«, diese riesige Heerschar von Gläubigen, die nicht nur im letzten Jahrhundert, sondern auch heute noch ihren Glauben an Liebe, Gerechtigkeit und Frieden dadurch bezeugen, dass sie sich diktatorischen und blutrünstigen Regimen widersetzen und dafür mit ihrem Leben bezahlen.[15]

Stellvertretend für all jene sei Oscar Arnulfo Romero, der Erzbischof von San Salvador, genannt, der für seine bis zuletzt selbstlose Verteidigung der Armen umgebracht wurde.[16] Seine Geschichte ist das Zeugnis eines Mannes, der Gewaltlosigkeit zur Maxime seines Lebens erhob, selbst wenn er es dadurch verlieren sollte. Genau wie es im Evangelium geschrieben steht: »Eine größere Liebe hat niemand als die, dass er sein Leben für seine Freunde hingibt.« (Joh 15,13) Solche Zeugnisse – und vor allem die Opfer, die sie erbracht haben – sind das genaue Gegenteil einer jeden Entscheidung für Gewalt oder, schlimmer noch, für den Terrorismus. Wer diesen Weg wählt, mag sich vielleicht auf Religion berufen (wie im Fall der fanatischen Dschihadisten[17]), aber mit religiösem Glauben hat dies nichts zu tun. Doch das sei nur am Rande erwähnt (wobei dieses Thema durchaus eine eingehendere Betrachtung verdient), um eventuell falschen Schlüssen, die sich aus unklaren Begrifflichkeiten ergeben könnten, vorzubeugen.

Lassen Sie mich also zum Begriff der Euthanasie zurückkommen, der während des erstens Jahrtausends und noch weit bis ins zweite Jahrtausend hinein verschwunden war und erst im 17. Jahrhundert bei dem englischen Philosophen Francis Bacon wieder auftaucht, der schreibt: »Ferner halte ich es der Pflicht eines Arztes gemäß ... dass er auch die Schmerzen und Qualen der Krankheit lindere ... auch dann, wenn ganz und gar keine Hoffnung mehr vorhanden, und doch aber durch die Linderung der Qualen ein mehr sanfter und ruhiger Übergang aus diesem zu jenem Leben verschafft werden kann.«[18] Grundsätzlich fordert Bacon dazu auf, die Kranken nicht sich selbst zu überlassen und ihnen ihr Leiden zu erleichtern. Von diesem Moment an wurde der Begriff Euthanasie über zwei Jahrhunderte lang nur in seiner etymologischen Bedeutung verwendet: ein »schöner«, weil schmerzloser Tod.

Ab dem 19. Jahrhundert lässt sich eine erste »Verschiebung« verzeichnen: Neben der Art des Todes bezeichnet Euthanasie nun auch die *Maßnahmen*, mit denen Ärzte ihren Patienten zu einem leichten Tod verhelfen. Samuel Williams, ein Lehrer aus Birmingham, verwendet den Begriff in einer seiner Schriften aus dem Jahr 1970 sinngemäß als durch die Hand des Arztes »herbeigeführten Tod«. Einige Jahre später, Hand in Hand mit der Akzeptanz der sogenannten »Tötung aus Mitleid« – oder auch »Tötung auf Verlangen« –, erfolgt die zweite und entscheidende Bedeutungsverschiebung: Euthanasie bedeutet nicht mehr nur »Hilfe zu einem leichten Tod«, sondern »Tötung, um einen leichten Tod zu bescheren«. Im Lauf des 20. Jahrhunderts erhärtet sich diese Bedeutungsverschiebung nicht nur, sondern verschiedene Regierungen treffen gesetzliche Vorbereitungen, um sie zu legalisieren. Unter Euthanasie wird immer eindeutiger der *menschliche Akt* bezeichnet, der dem Leben eines unheilbar Kranken vorsätzlich ein Ende setzt. Um es noch genauer zu sagen: Wir sprechen nicht von der Wahl zwischen einem vermeintlich besseren (mithilfe der

Euthanasie) oder schlechteren Tod, sondern von der Entscheidung, ob der Tod herbeigeführt oder das Leben fortgeführt werden soll.

Im Lauf des 19. Jahrhunderts wurden erste Versuche von Gesetzesreformen zur Legalisierung der Euthanasie unternommen, weil sie noch immer als Mord eingestuft und daher strafrechtlich verfolgt wurde. Einer der ersten Gesetzesentwürfe stammt aus dem Jahr 1906 aus Ohio und bestimmt, dass »jede Person, die an einer unheilbaren Krankheit und unter unerträglichen Schmerzen leidet, die Einsetzung einer Kommission, bestehend aus mindestens vier Personen, verlangen kann, die über die Möglichkeit entscheidet, diesem schmerzhaften Leben ein Ende zu setzen.«[19] Im Jahr 1919 veröffentlichte Binet-Sanglé ein Buch mit dem Titel *L'art de mourir*, in dem er als Projekt eine Legalisierung der Euthanasie im Falle von unheilbaren und schmerzhaften Krankheiten vorschlug, ausgeführt von Spezialisten und natürlich mit Zustimmung des Patienten. Der Autor stellte zudem die Idee in den Raum, Institute für Euthanasie zu gründen. Im Jahr 1920 schlugen Karl Binding und Alfred Hoche in Deutschland Euthanasie für schwer und unheilbar Kranke, für geistig schwer Behinderte und für Komapatienten vor. Hieraus entwickelte sich eine erbitterte Kontroverse, die in den darauf folgenden Jahrzehnten verschiedene Akteure dazu veranlasste, die ersten Vereinigungen zur Unterstützung und Legalisierung der Euthanasie zu gründen. So wurde 1935 in England die *Voluntary Euthanasia Society* und im Jahr darauf in New York eine ähnliche Gesellschaft ins Leben gerufen.

In Deutschland griff die Nationalsozialistische Partei das Thema ebenfalls bereits zu Beginn der 20er-Jahre auf. Auf Grundlage der Schrift *Die Freigabe der Vernichtung lebensunwerten Lebens* der bereits zitierten Autoren Binding und

Hoche entstand der Begriff der »sozialen Euthanasie«, also die Auffassung, dass »die Beseitigung der geistig völlig Toten«[20] einen Akt der Gnade darstelle.[21] Schließlich verkündete der Justizminister im Oktober 1933 seine Absicht, Ärzte zukünftig zu autorisieren, dem Leiden unheilbar Kranker auf deren persönliches Verlangen oder das ihrer Verwandten ein Ende zu setzen. Von 1939 bis 1941 fand eine bemerkenswerte Kampagne zur Befürwortung der Euthanasie im Falle Schwerkranker statt. Den Auftakt hierzu stellte ein Brief von den Eltern eines behinderten Kindes an Adolf Hitler dar, die inständig um Sterbehilfe für ihren Sohn baten.[22] Die Geschichtsschreibung hat uns später die barbarischen Schandtaten dieser Jahre enthüllt: Schätzungsweise wurden von 1939 bis 1941 zwischen 70.000 und 100.000 Menschen getötet, mehrheitlich missgebildete und geistig behinderte Kinder.[23] Erst die Nürnberger Prozesse brachten die Abscheulichkeit und das skandalöse Ausmaß dieser nationalsozialistischen Praktiken ans Licht. In den Jahren darauf fand die Befürwortung der Euthanasie weithin ein jähes Ende. Erst in den 70er-Jahren gewann das Thema wieder an Aktualität. Drei Nobelpreisträger, J. Monod, L. Pauling und G. Thompson, unterschrieben gemeinsam mit 37 anderen bekannten Persönlichkeiten eine gemeinsame Erklärung zur Euthanasie, in der sie sich zur aktiven Sterbehilfe bekannten: »Wir, die Unterzeichner, erklären uns aus ethischen Gründen als Befürworter der Euthanasie. Wir glauben, dass das moralische Gewissen in unserer Gesellschaft reflektiert und entwickelt genug ist, um eine Regelung bezüglich des humanitären Umgangs mit dem Tod und den Sterbenden zu entwickeln. Wir appellieren an die aufgeklärte öffentliche Meinung, mit traditionell verankerten Tabus zu brechen und in Hinblick auf die nutzlosen Leiden im Augenblick des Todes Mitleid zu haben. Es ist grausam und barbarisch, einen Mensch gegen seinen Willen am Leben zu erhalten und ihm die gewünschte ›süße und leichte‹ Befreiung zu verweigern, wenn dieses Leben jede Würde, Schönheit, Bedeutung und Zukunftsperspektive verloren hat.«[24] Beträchtlich beeinflusst durch dieses Manifest wurde vor allem eine Sterbehilfebewegung, die Rückendeckung bei der Durchsetzung erster Gesetzesvorschläge anbot. Die Argumente zugunsten der Euthanasie blieben dabei meist unverändert. Die Befürworter, wohl wissend, dass sie sich auf schlüpfrigem Terrain befanden, achteten sorgfältig darauf zu betonen, dass ihre Vorschläge in keiner Weise mit dem Programm der Nationalsozialisten vergleichbar seien, und selbstverständlich stützt man sich heute tatsächlich im Fall der Sterbehilfe auf das Prinzip der individuellen Selbstbestimmung und sicherlich nicht auf den Befehl einer staatlichen Autorität.

Zudem sei erwähnt, dass auch die Theorien der Eugenik, die das philosophische und wissenschaftliche Denken im 19. Jahrhundert maßgeblich bestimmt haben, der Praxis der Euthanasie Vorschub leisteten, und das nicht nur in Deutschland.

Die Eugenik (ein Begriff, der sich aus dem griechischen *eu*, gut, und *ghénesis*, Geburt, herleitet und somit auch etymologisch eng mit dem Begriff Euthanasie verknüpft ist) entwickelte sich zu einer gängigen Praxis innerhalb der europäischen Kultur, wohl nicht zuletzt, weil sie die hierarchische Unterteilung nach Rassen legitimierte und mit ihrer Hilfe die Vorurteile untermauert werden konnten, einige ethnische und gesellschaftliche Gruppen seien minderwertig. Man bediente sich ihrer sogar, um mit Unterstützung der offiziellen Denkschulen der Zeit und unter Inkaufnahme einer Spaltung der wissenschaftlichen Welt die Tötung von Behinderten und Kranken zu rechtfertigen.[25] Im Rahmen der Eugenikbewegung, die sich gegen Ende des 19. Jahrhunderts innerhalb aller großen Industrienationen (England, USA, Frankreich, Italien, Deutschland, Schweiz und den skandinavischen Ländern) entwickelte, wurden Gesetze eingeführt, die Zwangssterilisation, verschiedene Praktiken der Ruhigstellung, Einschränkung oder gar Aberkennung der Bürgerrechte bis hin zu Zwangseinweisungen unterstützten.

Das nationalsozialistische Deutschland war kein Einzelfall und die Ursprünge der »sozialen Euthanasie«, wenngleich sie dort außergewöhnlich widerwärtige und grauenvolle Formen annahm, lassen sich in einer eindeutigen Entwicklungslinie direkt zum wissenschaftlich-positivistischen Gedankengut Europas im 18. Jahrhundert zurückverfolgen. Direkt nach dem Zweiten Weltkrieg bewirkte die leicht herzustellende Verbindung zu den Massenmorden der Nationalsozialisten eine Phase vorsichtiger Zurückhaltung, was Vorschläge bezüglich einer sozial motivierten Euthanasie betraf. Gleichzeitig fand eine Umdeutung statt: Die Euthanasie wurde von einer aus vorgeblich öffentlichem Interesse vom Staat ausgeübten Praktik zu einem individuellen Recht (selbstbestimmte Euthanasie), mit anderen Worten einem Akt des »Mitleids«, wie sie bis heute manch einer gerne nennt. Auch wenn die Grenzen zwischen diesen beiden Ausprägungen oft fließend sind.

Euthanasie und schöner Tod

Die Verwirrung um die Bedeutung des Begriffs Euthanasie wird durch die heftige Ideologisierung der Debatte noch zusätzlich verstärkt, die sich oftmals eher darauf konzentriert, anhand von Grenzfällen einen oberflächlichen Konsens in der öffentlichen Meinung herbeizuführen, anstatt deren Kern zu ergründen und die Grenzen des Themas auch hinsichtlich gesetzgeberischer Entscheidungen auszuloten. In diesem Zusammenhang scheint mir auch der mahnende Hinweis gerechtfertigt, Umfragen zu diesem Thema mit Vorsicht zu behandeln. So stellt zum Beispiel Marina Sozzi, die verschiedene Forschungsarbeiten zu diesem Thema in Italien durchgeführt hat, fest: »Umfragen belegen, dass 68 Prozent der Italiener die Euthanasie befürworten. Das Problem dabei ist jedoch, dass die Umfragen letztlich gegenstandslos sind, da sie weder auf einer ernsthaften Grundlagendebatte basieren noch auf Forschungsergebnissen darüber, wie die Italiener sterben oder wie Euthanasie in Ländern mit entsprechenden gesetzlichen Regelungen funktioniert, mit anderen Worten also, wie Sterbehilfe bei uns in Italien funktionieren könnte. So weiß angeblich jeder zweite Italiener nicht, was Palliativversorgung bedeutet. Wie kann man der Meinung sein, dass eine Pro- und Contra-Umfrage zur Euthanasie unter diesen Voraussetzungen tatsächlich den bewussten Willen eines Menschen widerspiegelt?«[26]

Offensichtlich verlangt diese überaus heikle Thematik gerade in unserer heutigen Zeit unbedingt eine entschieden differenziertere Betrachtung, als es momentan der Fall ist, um keine übereilten und oberflächlichen Entscheidungen zu treffen, die dramatische Konsequenzen nach sich ziehen würden. Auch Umberto Veronesi sieht die Notwendigkeit, den Begriff der Euthanasie neu zu definieren, da der Terminus zu sehr mit ideologischen Bedeutungen aufgeladen sei, die Scheinlager und irreführende Ausrichtungen hätten entstehen lassen.[27] Carlo Troilo hält es, gerade auch in Hinblick auf Gesetzesentwürfe, gar für zielführend, den Terminus selbst ganz abzuschaffen und durch andere Formulierungen wie zum Beispiel »Würdiger Tod« zu ersetzen.[28] Offensichtlich handelt es sich allerdings wohl weniger um eine Frage der Begrifflichkeit als um das Wesen der Sache selbst. Es ist jedoch sinnvoll, die Begriffe klar zu definieren, um jeder Verwirrung vorzubeugen. T. L. Beauchamp und A. I. Davidson haben fünf Voraussetzungen bestimmt, die ihres Erachtens erfüllt sein müssen, um verantwortungsbewusst von Euthanasie sprechen zu können: Vorliegen eines Todeswunsches und Herbeiführung des Todes; Vorliegen eines qualvollen Leidens; Erlösung eines Menschen von seinen Leiden als primäres Ziel; Wahl der schmerzlosesten möglichen Mittel; der oder die zu Tötende wurde zuvor bereits geboren.

Unter den am häufigsten zitierten Definitionen der Euthanasie findet sich die folgende der Kongregation für die Glaubenslehre: »Unter Euthanasie wird hier eine Handlung oder Unterlassung verstanden, die ihrer Natur nach oder aus bewusster Absicht den Tod herbeiführt, um so jeden Schmerz zu beenden. Euthanasie wird also auf der Ebene der Intention wie auch der angewandten Methoden betrachtet.«[29] Die europäische Gesellschaft für Palliativversorgung ihrerseits definiert Euthanasie wie folgt: »Ein Arzt (oder eine andere Person) verabreicht einer Person Medikamente, um diese vorsätzlich und auf deren freiwilligen, sachkundigen Wunsch hin zu töten.«[30] Im Vergleich zur erstgenannten beruft sich diese zweite Definition explizit auf die Zustimmung des Kranken sowie darauf, dass der Tötungsakt durch einen Arzt ausgeführt wird. Hier sei auf den Widerspruch zum Eid des Hippokrates verwiesen, wie ihn jeder Arzt leistet: »Nie werde ich jemandem, auch auf Verlangen nicht, ein tödliches Gift geben und auch keinen Rat dazu erteilen. Gleicherweise werde ich keiner Frau ein fruchtabtreibendes Mittel geben.«[31] Die *World Medical Association* fällte im Jahr 1987 auf ihrer Hauptversammlung in

Madrid folgendes Urteil bezüglich der Euthanasie: Der Akt, dem Leben eines Patienten vorsätzlich ein Ende zu setzen, widerspreche der Ethik, auch wenn er auf Wunsch des Patienten selbst oder auf den eines engen Angehörigen erfolge. Gleichzeitig jedoch hindere dies den Arzt nicht daran, den Wunsch eines Patienten zu respektieren, der verlange, dass der Sterbeprozess im Endstadium einer Krankheit seinen natürlichen Verlauf nehme.[32]

In der jüngsten Version des *Codex Deontologicus*, der Berufsordnung der italienischen Ärzteschaft, steht festgeschrieben: »Oberste Plicht des Arztes ist der Schutz des Lebens, die Sorge um die physische sowie psychische Gesundheit des Menschen sowie die Linderung von Schmerzen unter Wahrung der Freiheit und Würde des Menschen, unabhängig von dessen Alter, Geschlecht, ethnischer Herkunft, Religion, Staatsangehörigkeit, sozialer Stellung, politischer Zugehörigkeit, in Friedens- wie in Kriegszeiten, unabhängig von den politischen oder gesellschaftlichen Rahmenbedingungen, unter denen er arbeitet.« Und weiter: »Der Arzt darf, selbst wenn der Kranke es verlangt, keinerlei Behandlungen ausführen oder unterstützen, die der absichtlichen Herbeiführung des Todes dienen.«[33] Hier scheint neben der Euthanasie auch der assistierte Suizid (in diesem Fall gewährt man dem Kranken dahingehend Hilfe, dass er sich selbst das Leben nehmen kann) mit eingeschlossen zu sein, und beide werden als inakzeptabel abgelehnt. Johannes Paul II. schreibt in seinem *Evangelium Vitae*: »[So] zeigt sich immer stärker die Versuchung zur *Euthanasie, das heißt, sich zum Herrn über den Tod zu machen, indem man ihn vorzeitig herbeiführt* und so dem eigenen oder dem Leben anderer ›auf sanfte Weise‹ ein Ende bereitet. In Wirklichkeit stellt sich, was als logisch und menschlich erscheinen könnte, wenn man es zutiefst betrachtet, als *absurd und unmenschlich* heraus. Wir stehen hier vor einem der alarmierendsten Symptome der *Kultur des Todes* [...].«[34]

Wertekrise und die Bitte um Euthanasie

Oft wird der Ruf nach Euthanasie gerade dann laut, wenn es sich um Fälle handelt, die die Gemüter erhitzen und die Öffentlichkeit spalten, oder bei denen unfassbares Leiden, Einsamkeit und unerträgliche Angst in den Vordergrund treten, die eben genau hiernach verlangen, um allzu großen Schmerz zu verhindern. Die Angst vor einem Tod unter schwierigen Bedingungen beeinflusst die Meinung vieler: Wie könnte man angesichts solch dramatischer Fälle auch kein Mitleid haben? Sicher, solche extremen Fälle berühren wohl einen jeden von uns, machen uns nachdenklich, wühlen unsere Herzen auf, verlangen Teilnahme und viel, sehr viel Aufmerksamkeit. Denn die Erfahrungsberichte – seien es die von Ärzten oder von Krankenpflegern – zeigen, dass es eine Vielzahl zuweilen auch völlig gegensätzlicher Situationen gibt. Wir dürfen die vielen tragischen Fälle, die uns gerade heute begegnen, unter keinen Umständen über einen Kamm scheren, sondern müssen jeden für sich als Einzelfall betrachten. Mit anderen Worten, wir müssen jegliche pauschale Kategorisierung tunlichst vermeiden. Gerade aus dem Mund vieler Ärzte ist zu hören, man solle keinesfalls einem »falschen Mitleid« – um mit dem Leitmotiv aus Stefan Zweigs Roman *Ungeduld des Herzens*[35] zu sprechen – nachgeben, da dies gravierende Fehlentscheidungen nach sich ziehen könne. Unter dem unmittelbaren Einfluss extremer Fälle ist es grundsätzlich schwierig, ein allgemeingültiges Gesetz zu entwickeln.

In diesem Zusammenhang ist es hilfreich, den Gedanken des bekannten Chirurgen und Onkologen Lucien Israël Aufmerksamkeit zu schenken, der sich über viele Jahre hinweg als Arzt um Tumorpatienten im Endstadium gekümmert hat. Während seiner langen Praxis, so erzählt er, sei es ihm nur ein einziges Mal widerfahren, dass ein Kranker ihn nachdrücklich und wiederholt um Sterbehilfe gebeten habe. Seiner Meinung nach rührt der Durchbruch dessen, was er als »Modeerscheinung Euthanasie« bezeichnet, weniger von einem Mitleidsschub, sondern vielmehr von einem Zusammenbruch jener humanistischen Grundwerte her, die faktisch die Grundlage des geordneten Zusammenlebens in der westlichen Welt bilden: »Die Legalisierung der Euthanasie stellt einen Bruch der symbolischen Bindung zwischen den Generationen her. Kinder, Enkel und – in Anbetracht der Tatsache, dass wir uns in Richtung einer Vier-Generationen-Gesellschaft entwickeln – Urenkel werden wissen, dass man sich der Alten entledigen kann. In dem Moment, in dem sich eine solche oder eine ähnliche Sichtweise etablieren und in einer wie auch immer gearteten Form gesellschaftlich anerkannt würde, hätten die Jungen gar keine andere Wahl mehr, als die Alten wie Wegwerfprodukte zu sehen. Wenn die ›Alten‹ dann zu nichts mehr zu gebrauchen sind, wenn sie depressiv werden oder noch nicht auf der geeigneten Station untergebracht werden konnten, um ihre Leiden zu lindern, wird man zu dem Schluss kommen, dass es viel einfacher, ja sogar viel barmherziger sei, sich ihrer zu entledigen. Unter diesen Voraussetzungen wird die Generationenbindung, die schon heutzutage aus unterschiedlichsten Gründen immer brüchiger wird, noch weniger Bestand haben.«[36]

Die Analyse Israëls erscheint mir gerade in Bezug auf die gesellschaftlichen Umbrüche, die sich seiner Meinung nach aus einer solchen Euthanasie-Kultur entwickeln, besonders hellsichtig: Man unterhöhlt auf diese Weise eben jenen Gesellschaftsvertrag, auf dem das menschliche Zusammenleben gründet. Und leider geht dies auf fast banale Art und Weise vonstatten, ohne dass sich jemand groß darüber Gedanken macht. Auch Lucien Israël sieht das so, wenn er schreibt: »Es war zu erwarten, dass die Forderung nach einer medizinischen Exekution beinahe zu einer Banalität verkommen würde. Ich für meinen Teil sehe in all dem Anzeichen für immer schwächer werdende Bindungen sowohl zwischen den einzelnen Menschen als auch zwischen den Generationen und gesellschaftlichen Gruppen. Heute sind genau jene Werte, die das Fundament unserer Gesellschaft bilden, in Gefahr. Einer funktionierenden Gesellschaft liegt stets ein stillschweigendes Übereinkommen zugrunde. Indikator dieses unausgesprochenen Konsenses ist dabei der Respekt vor dem Leben und das Bedürfnis, es nach Kräften bis zum Ende zu erhalten.«[37]

Führen wir einzelne Grenzfälle ins Feld, um gesetzliche Verfügungen zu rechtfertigen, laufen wir Gefahr, Prozesse in Gang zu setzen, die letztlich das damit verknüpfte Leben der anderen aus den Angeln heben. Wir alle sind uns einig, dass das Leiden ebenso angsteinflößend sein kann wie der Tod selbst. Also lässt man kein Mittel unversucht, um ein solches Leiden zu vermeiden. An diesem Punkt stellt sich nun aber auch die Frage, wie sehr die Gesellschaft sich unter anderem dafür einsetzt, Möglichkeiten der Schmerzlinderung zu erforschen, Palliativversorgung bereitzustellen oder proaktiv eben die ganze Gesellschaft einzubinden, auf dass niemand in den Stunden des Leidens allein gelassen werde.

Ich kann auch die Position derjenigen nicht nachvollziehen, die einen Einzelfall als ausreichende Grundlage für ein

Gesetz erachten.[38] Und ebenso unhaltbar ist, wie wir später noch sehen werden, die These der Befürworter einer legalisierten Euthanasie, die behauptet, ein solcher Schritt beträfe schließlich nur diejenigen, die explizit darum bitten würden. Es liege doch auf der Hand, hören wir von ihrer Seite, dass niemand zu dieser Bitte gezwungen werden könne. Und bestehen beharrlich auf ihrem Argument, dass selbstverständlich jeder, der bis zu seinem natürlichen Tod leben wolle, wohl das Recht, nicht aber die Pflicht zu leben habe und man somit aber auch niemandem das Sterben verbieten könne, wenn er sich aus freiem Willen dazu entschließe. Um dieses Argument zu untermauern, wird häufig hinzugefügt: Wenn in Italien versuchter Suizid nicht unter Strafe gestellt ist, warum sollte dann Euthanasie strafrechtlich verfolgt werden?

Auf diese und andere Fragestellungen werde ich später genauer eingehen.

Tatsächlich entwickelt sich gerade unter dem Trommelfeuer der Propaganda ein richtiggehender »Orwellscher Neusprech«: Der Tod durch Euthanasie wird uns als positives Ereignis präsentiert, das dem Wunsch nach einem Sterben auf würdige Art nachkomme. Doch leider findet auch hier wieder einmal eine gefährliche Umdeutung statt: einem Kranken zu »helfen«, bedeutet immer häufiger, ihm »sterben zu helfen« anstatt ihm »leben zu helfen«. Und darauf zu pochen, dass man »auf würdige Art sterbe«, meint immer seltener »einen natürlichen Tod sterben« (der oft als würdelos angesehen wird, insbesondere, wenn der Tod auf sich warten lässt) und immer öfter den medikamentös verabreichten Tod.

Ein gutes Beispiel für diese absichtlich verworrene und zweideutige Sprechweise findet sich in einem im Juni 2005 veröffentlichten Dossier über Euthanasie des renommierten Nachrichtenmagazins *The Economist:* »Nicht immer treffen selbst die zutiefst entschlossenen Menschen eine kluge Wahl, auch wenn sie zuvor gut beraten wurden. Es wäre jedoch falsch, allein aufgrund dieser Tatsache jedermann das Recht auf einen assistierten Tod abzusprechen. Jedem zurechnungsfähigen Erwachsenen ist es erlaubt, andere unwiderrufliche Entscheidungen von immenser Tragweite zu treffen: eine Geschlechtsumwandlung oder eine Abtreibung vornehmen zu lassen. Die Menschen verdienen dieselbe Entscheidungsbefugnis, wenn es um ihren eigenen Tod geht. *Anstatt umgeben von Fremden im grellen Licht einer Intensivstation zu sterben, sollte jeder Mensch die Möglichkeit haben, seine Existenz zu eben dem Zeitpunkt zu beenden, an dem er bereit dafür ist, umgeben von den eigenen Lieben.*«[39] Doch wer Sterbenskranken zur Seite steht und mit Achtsamkeit, Geduld und Liebe über sie wacht, weiß nur zu gut, dass der Wunsch nach Euthanasie oft keine Bitte um den Tod, sondern ein Ruf nach Begleitung und ein Hilfeschrei ist, endlich nicht mehr leiden zu müssen. Genau das ist es, was der oben zitierte Leitartikel des *Economist* fordert. Aber genau das ist es leider auch, wie wir weiter hinten sehen werden, was von der Mehrheit achtlos beiseitegeschoben wird. Der Arzt und Professor für Medizinethik Emmanuel Hirsch berichtet, dass er im Lauf der letzten Jahre immer wieder Gespräche mit Patienten geführt habe, die ihn darum gebeten hätten, sterben zu dürfen. Eines Tages schließlich habe er den wahren Hintergrund dieser Bitte verstanden und fortan sinngemäß geantwortet: »Sie verlangen etwas von mir, das ich nie tun werde, aber ich verspreche Ihnen, ich werde alles daransetzen, dass Sie keine Schmerzen verspüren und sich Ihr Leiden nicht unnötig verlängert, sollte sich Ihr Zustand verschlimmern.«[40] Bis auf einen einzigen Patienten, der geschwiegen habe, hätten daraufhin alle Patienten ausnahmslos mehr oder weniger dieselbe Antwort gegeben: »Genau das habe ich von Ihnen erwartet, nicht mehr und nicht weniger.«[41] Hirsch führt auch die kluge Feststellung Pierre Mazeauds, des ehemaligen Präsidenten des französischen Verfassungsgerichts, an, der diesem Thema im Rahmen der humanistischen europäischen Tradition eine bedeutende Rolle zuschrieb: »Der Fortschritt unserer heutigen Gesellschaft lässt sich, wie uns die Geschichte des zwanzigsten Jahrhunderts lehrt, an ihrer Fähigkeit zur Solidarität messen, also daran, wie sie sich um die Schwächeren kümmert und sie schützt, anstatt ihr Verschwinden zu fördern.«[42] Mitleid bedeutet echte Nähe und Verständnis seitens eines Begleiters und nicht, sich hinter der reinen Technik oder einem gefühllosen Gesetz zu verstecken, um dadurch eine Handlung in die Tat umzusetzen, die den Tod zur Folge hat. Johannes Paul II. entlarvt das Mitleid, das zur Rechtfertigung der Euthanasie ins Feld geführt wird, als Ausrede: »Auch wenn sie nicht durch die egoistische Weigerung motiviert ist, sich mit der Existenz des leidenden Menschen zu belasten, muss die Euthanasie als *falsches Mitleid*, ja als eine bedenkliche »Perversion« desselben bezeichnet werden: denn echtes ›Mitleid‹ solidarisiert sich mit dem Schmerz des anderen, tötet nicht den, dessen Leiden unerträglich ist. Die Tat der Euthanasie erscheint umso perverser, wenn sie von denen ausgeführt wird, die – wie die Angehörigen – ihrem Verwandten mit Geduld und Liebe beistehen sollten, oder von denen, die – wie die Ärzte – auf Grund ihres besonderen Berufes den Kranken auch im leidvollsten Zustand seines zu Ende gehenden Lebens behandeln müssten. Schwerwiegender wird die Entscheidung für die Euthanasie, wenn sie sich als *Mord* herausstellt, den die anderen an einem Menschen begehen, der sie keineswegs darum gebeten und niemals seine Zustimmung dazu gegeben hat. Der Höhepunkt der Willkür und des Unrechts wird dann erreicht, wenn sich einige Ärzte oder Gesetzgeber die Macht anmaßen darüber zu entscheiden, wer leben und wer sterben darf. [...] Doch Gott allein hat die Macht, zu töten und zum Leben zu erwecken: ›Ich bin es, der tötet und der lebendig macht.‹ (Dtn 32,39; vgl. 2 Kön 5,7; 1 Sam 2,6). [...] Wenn sich der Mensch im Bann einer Logik von Torheit und Egoismus diese Macht anmaßt, benützt er sie unweigerlich zu Unrecht und Tod. So wird das Leben des Schwächsten in die Hände des Stärksten gelegt; in der Gesellschaft geht der Sinn für Gerechtigkeit verloren und das gegenseitige Vertrauen, Grundlage jeder echten Beziehung zwischen den Menschen, wird an der Wurzel untergraben.«[43]

Zeit für neue Denkanstöße

Es ist höchste Zeit, diesen Dingen mit größerer Aufmerksamkeit, Besonnenheit und Gewissenhaftigkeit auf den Grund zu gehen, und das nicht zuletzt deshalb, weil es sich hierbei um Themen handelt, die sowohl den Einzelnen als auch die ganze Gesellschaft aufs Unmittelbarste betreffen, sei es bereits heute oder erst in Zukunft. Es muss einem zu denken geben, wenn Gustavo Zagrebelsky feststellt: »Man hinkt jeder dieser letzten Fragen hinterher. Und sämtliche Diskussionen darüber behandeln stets den ›Ist-Zustand‹ des Augenblicks. Wehe dem Dünkel. Bei Fragen dieser Art wird die Ungewissheit zur Pflicht.«[44] Ich würde noch weitergehen und sagen: Sie wird zur obersten Pflicht. Die aufgeworfenen Fragen bedürfen vieler Erwägungen und ernsthafter Diskussionen, und es zeugt von Klugheit, keine übereilten Entscheidungen zu treffen. Klug ist es auch, die Debatte auszuweiten und so viele Menschen wie möglich mit ins Boot zu holen. Jede vermeintlich schnelle Lösung, auch in Form eines Gesetzes, behebt die Probleme nicht nur nicht, sondern birgt die Gefahr in sich, irreparable Schäden anzurichten. Nirgendwo sonst ist die Eile eine so schlechte Ratgeberin wie auf diesem Gebiet. Der amerikanische Arzt und Professor für Medizingeschichte Sherwin Nuland warnte vor dem Risiko einer »Bürokratisierung« in Hinblick auf Situationen und Entscheidungen, die getroffen werden müssen, wenn es um Leben oder Tod eines Menschen geht, insbesondere dann, wenn der Wunsch, dem eigenen Leiden ein Ende zu setzen, im Raum steht. Wie, bitte sehr − so fragte er sich −, kann man sich bei seinem Tun in solchen Fällen nach einem *Standard*protokoll richten?

»Der Onkologe und ich«, berichtet Nuland über die Zweifel, die ihm aufgrund der übereifrigen Sterbehilfepraxis eines Kollegen gekommen seien, »wie übrigens die anderen Abertausende von Ärzten auch, die ihren Kranken ganz diskret geholfen haben zu sterben, haben das innerhalb dieses heiligen und ganz besonderen Bereichs getan, der die Arzt-Patient-Beziehung kennzeichnet. Wir haben es für Menschen getan, die wir gut kannten: Ihr verzweifelter Wunsch, endlich jene Erleichterung zu finden, die nur der Tod spenden kann, schien uns als Argument völlig ausreichend. Was mich beunruhigt, sind die verborgenen Aspekte solcher Entscheidungen. Viele Probleme bleiben für gewöhnlich unangetastet, wenn nur der Arzt und sein Patient wissen, dass sie diesen unvermeidbaren Schritt unternehmen müssen. Einige Ärzte denken, die eigene Moral und ihre lange, auf Empathie beruhende Beziehung mit dem Kranken sei Garantie genug, keinen Irrtum zu begehen. Ich persönlich glaube das nicht mehr, auch wenn ich immer noch in die Problematik der Euthanasie verstrickt bin. Andere, glücklicherweise sehr wenige, glauben, es sei angezeigt, jedem − auch einem ihnen unbekannten – leidenden Kranken das geeignete Mittel zum Sterben zur Verfügung zu stellen. Diesen Ärzten (ich spreche hier von Gestalten wie Jack Kevorkian) scheint jedes klinische und wohl auch moralische Urteilsvermögen abhandengekommen zu sein, das es erlaubt, die Konsequenzen einer solchen Geste in ihrer ganzen Tragweite zu verstehen.«[45] Wenn sogar die einzigartige Beziehung, die sich aus Empathie und vertraulicher Nähe zwischen einem Arzt und seinem Patient entwickelt, an ihre Grenzen stößt, sobald bestimmte Wünsche erfüllt werden sollen, wenn das von Nuland beschworene »Urteilsvermögen« – jene Fähigkeit also, hinter einer Bitte um den Tod (beziehungsweise um den Abbruch bestimmter Behandlungen) die Angst vor Schmerzen oder davor, allein gelassen zu werden, zu erkennen – einen langen und einfühlsamen Prozess persönlicher Anteilnahme erfordert, wie kann es dann möglich sein, all das einem Gesetz zu überantworten?

In Italien ist die öffentliche Debatte um die Euthanasie immer wieder neu entbrannt, meist angestoßen durch aufsehenerregende Einzelfälle wie zum Beispiel die tragischen Schicksale von Piergiorgio Welby und Eluana Englaro, auf die ich hier allerdings nicht weiter eingehen möchte, um eventuelle Polarisierungen zu vermeiden, die weder der Herausforderung, der wir uns stellen müssen, noch der Komplexität der Debatte gerecht würden. Meist werden diese beiden Geschichten, auch wenn sie keinerlei Gemeinsamkeit haben, pauschal in einen Topf geworfen – und es gibt noch etliche weitere Beispiele, die hier aufgelistet werden könnten. Doch wer all diese Fälle allein aus der juristischen Perspektive betrachtet, riskiert, die Problematik nur oberflächlich zu erfassen und keine befriedigenden Antworten zu erhalten. Die Diskussion darüber, ob und inwieweit eine Einmischung des Gesetzgebers überhaupt einen Sinn ergibt, sei an dieser Stelle dahingestellt. Dass wir es hier mit Situationen zu tun haben, die sich nur schwer in gesetzliche Normen fassen lassen, lässt sich auch der Tatsache entnehmen, dass etliche Positionen, die zwar aus ethischen Gründen jedwede Art von Legalisierung der Euthanasie ablehnen, dennoch Straffreiheit für den aktiven Sterbehelfer analog zur Notwehr[46] fordern. Und tatsächlich können Angeklagte, die einer solchen Tat bezichtigt wurden, oftmals auf ein mildes Strafmaß hoffen.

Dennoch gemahnen uns Urteile dieser Art, intensiv darüber nachzudenken, mit welcher Sorglosigkeit diese Debatte nach wie vor geführt wird und daraus Gesetze abgeleitet werden. Ich glaube, wir werden nicht umhinkommen, ernsthaft und mit allem gebotenen Respekt wirklich alle Facetten des Sterbens und des Todes zu beleuchten. Giuseppe Remuzzi, ein erfahrener Arzt, der seit vielen Jahren engen Kontakt zu sterbenden Patienten hat, meint in seinem jüngst erschienenen Buch: »›Das Gesetz ist der denkbar ungeeignetste und menschenfeindlichste Ort, an dem endgültige Vorstellungen bezüglich des Lebens niedergeschrieben werden sollten‹, schrieb Angelo Panebianco vor einigen Jahren im *Corriere della Sera*. Sicher können keine verbindlichen, allgemeingültigen Regeln festgelegt werden, schließlich handelt es sich um ein äußerst heikles Thema, bei dem es nur einige wenige Gewissheiten, dafür aber unendlich viele Gesichtspunkte gibt, die sich unmittelbar auf die Privatsphäre des Menschen auswirken. Eine Lösung wird viel Fingerspitzengefühl und viel gesunden Menschenverstand verlangen und die Regeln, so es denn welche geben wird, sollten wissensbasiert, so einfach wie möglich und niemals zu streng sein.«[47] Dies kommt einer Aufforderung gleich, in die Tiefen dieses sich ständig fortentwickelnden Themenkomplexes einzutauchen.

Ein weiteres Problem, über das es im Zusammenhang mit der Sterbehilfepraxis nachzudenken gilt, liegt in der Gefahr, dass sie von einzelnen Interessengruppen vorangetrieben werden könnte, die einen – nicht von der Hand zu weisenden – ökonomischen Vorteil darin sehen, sich der Kranken zu entledigen. Neben dem zu Beginn zitierten Roman *Der moderne Tod* stellte auch das *New England Journal of Medicine* erst vor einigen Jahren die Frage in den Raum, auf welche Höhe sich das Einsparpotenzial belaufen könne, das sich aus der Legalisierung des ärztlich assistierten medikamentösen Suizids ergeben würde.[48] Werden Versicherungsgesellschaften, Alten- und Pflegeheime nicht in Versuchung geraten, ihre Kunden zu einer entsprechenden Verfügung zu drängen, um so potenziell drohende, allzu hohe Kosten in Fällen wie Demenz oder Koma zu vermeiden? In den 70er-Jahren widmete Jean Ziegler, ein Genfer Soziologe, der einige Untersuchungen über den Tod in mehreren Kontinenten geleitet hat, dem, was er als »wirtschaftliche Euthanasie« bezeichnet, gleich ein ganzes Kapitel in einem seiner Bücher. Nicht wenige Ärzte befürworteten, so Ziegler, die »gesetzliche Verankerung der Tötung bestimmter Menschen aus wirtschaftlichen und sozialen Gründen.« [49]

Darüber hinaus spricht Ziegler von »sozialer Euthanasie«. Auch in diesem Fall trifft die Gesellschaft die Entscheidung, einer bestimmten Gruppe von Kranken Sterbehilfe zu leisten, weil diesen nicht genügend eigene finanzielle Mittel zur Verfügung stehen oder weil ihre Unterstützung einen zu hohen Kostenfaktor für die Allgemeinheit darstellt.[50] Bereits im Jahr 1969 regte William Sackett, ein Arzt aus Florida, ein Gesetzesprojekt in eben diesem Sinne an und argumentierte folgendermaßen, um seinen Vorschlag zu untermauern: »Wenn ich von schwerst behinderten Personen spreche, für die der Staat Florida an die 1500 Spezialanstalten eingerichtet hat und deren Zustand sich nicht bessern wird, sodass mancher zögern würde, sie als menschliche Wesen zu bezeichnen [...]. Nach den jetzt gemachten Fortschritten können diese Individuen 50 bis 60 Jahre leben. Allein im Staat Florida beläuft sich der für ihre Pflege erbrachte Aufwand auf vier bis sechs Millionen Dollar pro Jahr. Betrachtet man einen Einzelfall, zum Beispiel den des 25-jährigen Schwarzen da hinten in der Ecke des Zimmers, gekrümmt von Muskelkrämpfen, mit stierem Blick, dann kann man sich sowohl nach seinem Daseinsgrund wie nach den humanitären und wirtschaftlichen Gesichtspunkten fragen. [...] Ich begegnete einer Krankenschwester, die aus der Halle kam und eine Spritze hielt, die sie ihm verabreichen wollte. Auf meine Frage, was die Spritze enthalte, sagte sie mir, dass es ein Antibiotikum sei. Ich fragte [...]: ›Warum?‹ Sie antwortete: ›Er hat eine Infektion.‹ Ich wiederholte meine Frage: ›Warum?‹ Da sagte sie mit Nachdruck: ›Wir können ihn doch nicht sterben lassen ...!‹ Meine letzten Worte waren: ›Warum nicht?‹«[51] Wir befinden uns bei diesem Bericht am Ende der 60er-Jahre. Doch auch eine Statistik zur Euthanasie aus Holland aus unseren Tagen stimmt bedenklich: Im Jahr 2004 baten 32 Prozent der Krebspatienten um Sterbehilfe und erhielten sie auch, bei einem Prozent wurde Euthanasie ohne ausdrückliches Verlangen praktiziert.

Solch dramatische Verwerfungen ahnte zum Beispiel auch François Mitterand bereits voraus. Nachdem er sich einer Tumoroperation hatte unterziehen müssen, bekräftigte der französische Präsident in weiser menschlicher und politischer Voraussicht während eines Gesprächs mit einer Freundin nachdrücklich seine ablehnende Haltung der Sterbehilfe gegenüber: »Ich habe nicht die Todesstrafe abgeschafft, um sie hinterher in anderer Form wieder einzuführen!«[52] Und er fügte hinzu: »In einem demokratischen Land kann niemals ein derartiges Recht durch ein Gesetz geheiligt werden! Solange ich lebe, werde ich mich mit aller Macht dafür einsetzen, dass diese rote Linie niemals überschritten wird. Die Sache ist zu ernst! Wir können doch wohl nicht wirklich wollen, dass ein Berufsstand per Gesetz legitimiert wird, den Tod zu verwalten, nicht wahr?«[53] Wie könnte man François Mitterrands Meinung nicht zustimmen, dass eine Euthanasiekultur unsere Gesellschaft dem humanistischen Ideal entfremdet und wir Gefahr laufen, in die Barbarei abzurutschen?

Claudio Magris schreibt in seinem Kommentar zu Wijkmarks dystopischem Roman, der Autor wisse sehr wohl, dass eine solche »Demokratie des Todes« – proklamiert von jenen Pharisäern, die es so darstellten, als sei die bewusste Selbstvernichtung der Alten ein egalitäres Prinzip, das allein dazu diene, die Unterschiede zwischen den Kranken und Gesunden, zwischen den Einsamen und denen, die von ihren Lieben umgeben werden, auszugleichen – der Tod der Demokratie sei.[54] Man darf getrost annehmen, dass viele Kranke, stünde ihnen nicht die Option der Euthanasie zur Verfügung, ein solches Ende gar nicht erst in Erwägung ziehen oder nur in Momenten großer Schmerzen und tiefster Verzweiflung darum bitten würden. Ein Kranker kann selbst in seinen schwersten Stunden seinem Leben stets noch Sinn abgewinnen, wenn er liebevollen Beistand erhält. Und an der Seite eines kranken Menschen zu wachen, seine Leiden zu lindern, tut auch demjenigen, der ihn begleitet, ja der ganzen Gesellschaft, gut, weil es zu verstehen hilft, dass das Leben, auch wenn es schwach ist, stets von Wert bleibt. Mit dem Tod konfrontiert zu werden lässt das Wissen um unsere eigene Endlichkeit in uns reifen – nicht als Verurteilung, sondern als Rettung. Es ist unfassbar, dass man heute auf der einen Seite alles daransetzt, das Leben zu verlängern, während auf der anderen Seite die Euthanasiebewegung erstarkt. Wäre es nicht viel klüger, sich wieder mehr Gedanken darüber zu machen, wie man den Menschen gerade in ihren schwersten Stunden beistehen kann, was man tun kann, damit sie sich nicht verlassen fühlen? Doch was das Recht auf angemessene Versorgung und Begleitung angeht, um zu jedem Zeitpunkt ein Leben in Würde zu garantieren, herrscht im Gegenteil totales Schweigen – vom Ruf nach einer dringend erforderlichen gesetzlichen Regelung nicht die leiseste Spur.

Allerdings zeichnet sich ein schwacher Hoffnungsschimmer ab. Die Euthanasiewelle, die ab dem Jahr 2000 die Entwicklung der Gesetzgebung in einigen europäischen Ländern bestimmt hat, scheint wider Erwarten seit einiger Zeit abzuebben. Das britische Unterhaus hat im September 2015 die Legalisierung der aktiven Sterbehilfe abgelehnt. Kurz darauf wurden im November vom Deutschen Bundestag nach einer vierstündigen öffentlichen Debatte vier Gesetzesentwürfe nacheinander abgeschmettert, anhand derer der assistierte Suizid hätte geregelt werden können. Sowohl beim Nein der Briten und als auch beim Nein der Deutschen hat sich eine breite Mehrheit aus Parlamentariern verschiedenster Parteien mit unterschiedlichsten Auffassungen und religiösen Ansichten, vom Tiefgläubigen bis hin zum Agnostiker, zusammengefunden. In Deutschland wurde zudem ein Gesetz verabschiedet, das den organisierten Suizid, die sogenannte kommerzielle Sterbehilfe also, ahndet: Den »süßen Tod« gegen Bezahlung anzubieten und sich daran zu bereichern gilt fortan als Straftat. Vielleicht vollzieht sich in der Haltung und im Denken der Europäer gerade eine Wende. Die unkontrollierbar voranschreitenden Entwicklungen mit ihren unabsehbaren Folgen, wie wir sie in Ländern beobachten, die der Euthanasie Tür und Tor geöffnet haben, scheinen einen heilsamen Sinneswandel herbeizuführen. Die Erfahrungen aus Belgien sind meines Erachtens äußerst lehrreich, um die Implikationen zu begreifen, die dem Ja zur Euthanasie innewohnen, und welche Konsequenzen daraus erwachsen. Die Theorie der »schiefen Ebene« ist leider nicht nur eine abstrakte Idee, wie die Tatsachen beweisen: Einmal ins Rollen geraten, sind die Entwicklungen offensichtlich nicht mehr aufzuhalten.

Das Mysterium des Todes

Das Skandalon des Todes

Wie bereits anfangs erwähnt, ist es, um angemessen über Euthanasie zu sprechen, unerlässlich, über den eigentlichen Sinn des Todes nachzudenken, der uns in jedem Fall ein Rätsel bleibt, das beunruhigt und Furcht einflößt. Der Anthropologe Alfonso Di Nola bezeichnet den Tod, der im Italienischen weiblichen Geschlechts ist, als eiskalte »Schwarze Dame«[55], die seit jeher Fragen aufwirft und immer aufwerfen wird, die das Innere eines jeden Einzelnen und das der ganzen Gesellschaft quälen. Der Tod ist nicht nur die letzte Instanz des Lebens, sondern begleitet unsere ganze Existenz: Seien es Trennungsschmerz oder die Trauer über einen Verlust, ein plötzliches Zerbrechen von Beziehungen, sei es das stechende Gefühl der Endgültigkeit oder gar die Versuchung, zu töten oder sich das Leben zu nehmen. Der Tod wirft unzählige Fragen auf, doch eine wirklich überzeugende, befriedigende, zumindest Licht ins Dunkel bringende Antwort gibt es kaum.

Fest steht nur, dass der Tod jeden ereilt, ohne Ausnahme. Und er schlägt unerbittlich zu. Es stimmt nachdenklich, dass auf der Welt jeden Tag 155.000 Menschen sterben, also 57 Millionen jedes Jahr.[56] Natürlich ist uns bewusst, dass auch die Milliarden Menschen sterben werden, die nach uns kommen: Der Tod bleibt dramatisch und unausweichlich für alle und zu jeder Zeit. Mag sein, dass der eine oder andere versucht, nicht daran zu denken, und so der Illusion erliegt, sich nicht mit ihm beschäftigen zu müssen. Ludwig Feuerbach zum Beispiel schrieb in seinen *Gedanken über Tod und Unsterblichkeit*, die 1830 anonym veröffentlicht wurden: »[...] der Tod ist so ein gespenstisches Wesen, dass er nur ist, wenn er nicht ist, und nicht ist, wenn er ist [...] er ist Nichts an sich, nichts Positives oder Absolutes [...] außer in Deiner Vorstellung [...] Wirkliche Verneinung oder Vernichtung ist daher nur die, welche selbst nur etwas Bestimmtes oder Wirkliches verneint. [...] Der Tod ist selbst der Tod des Todes.«[57] Gewiss, schon Lukrez und Epikur zu Zeiten des alten Roms empfahlen, sich mit dem Tod nicht genauer zu befassen: »Solange wir da sind, ist er nicht da, und wenn er da ist, sind wir nicht mehr«.[58] Und auch heute noch versuchen viele sich auf eine solche Betrachtung zu stützen. Doch kommen wir schwerlich um die Mahnung von Blaise Pascal herum: Da die Menschen den Tod nicht vermeiden können, verdrängen sie ihn, um sich auf diese Weise glücklich zu wähnen. In Wahrheit haben wir alle Angst vor dem Tod und fühlen, dass er ein unlösbares Problem ist und bleibt: Niemand weiß wirklich, was er ist.

Es ist ein Paradoxon der heutigen Kultur, dass der Mensch, wenngleich er nie wirksamere Mittel hatte, den Tod zu bekämpfen oder ihn zumindest hinauszuzögern, ihm in kultureller Hinsicht noch nie so hilflos gegenüberstand. Der Tod ist zu einem Tabu geworden. Ganz anders als in den vergangenen Jahrhunderten, als die Weltreligionen ihre Anhänger nach Kräften bei dem Versuch unterstützten, den Sinn des Todes und seiner Präsenz in der Geschichte zu erfassen: Das Bedürfnis ist groß, Verzweiflung und Nihilismus abzuwehren.[59] Doch heutzutage findet der Mensch trotz der Fortschritte, die er in so vielen Bereichen gemacht hat, für den Tod keine Worte und setzt vielmehr alles daran, ihn auszublenden, zu leugnen und in letzter Konsequenz zu meiden.

Wenngleich auf der einen Seite eine offensichtliche Tendenz besteht, den Tod zu verschleiern, beschäftigen sich doch andererseits immer mehr Forschungen aus den verschiedensten Gebieten der Wissenschaft mit diesem Thema: sei es die Geschichte, die Religion, die Philosophie, die Medizin oder andere Humanwissenschaften. Man könnte sagen, noch nie ist der Tod so eingehend durchleuchtet worden wie heute.[60] Ernest Becker geht so weit zu sagen, dass es eine der vordringlichsten Aufgaben der heutigen Kultur sei, dem Menschen dazu zu verhelfen, sich vom Bewusstsein seiner eigenen Sterblichkeit zu befreien. Wie eine solche psychologische Negierung des Todes erreicht werden könnte, wird in verschiedenen hypothetischen Strategieentwürfen skizziert.[61] William M. Spellmann[62] beispielsweise stellt fest, während er die Herrschaft des Todes in den vergangenen Jahrhunderten – die übrigens fruchtbar und dramatisch zugleich war – hervorhebt, der Tod werde heute systematisch verborgen. Und das, obwohl wir uns mitten in einer »Revolution der Sterblichkeit« befänden und der prozentuale Anteil der typischen (vorzeitigen oder gewaltsamen) Todesfälle der Vergangenheit heute beträchtlich zurückgegangen sei. Laut Spellmann wirkt sich eine mangelnde Konfrontation mit dem Tod jedoch negativ auf unser Leben aus: »Die Haltung, die wir gegenüber dem Tod einnehmen, prägt unsere Einstellung zum Leben, liefert die Grundlagen für den persönlichen Verhaltenskodex genauso wie für größere ethische Systeme und rechtfertigt die Existenz oder die Geburt sozialer und politischer Strukturen.«[63]

Der Tod bleibt für uns alle ein geheimnisvolles Rätsel. Vielen mag er bei oberflächlicher Betrachtung schlichtweg als eines von vielen Ereignissen im Leben erscheinen, als eine Etappe wie jede andere auch. Doch Remo Bodei entgegnet klug: »Eine gewisse säkularisierte Kultur möchte den Tod zu einem banalen Ereignis machen. Der Tod jedoch ist niemals banal: Er ist feierlich und geheimnisvoll. Jedes Mal, wenn jemand stirbt, verschwindet eine ganze Welt, und das für immer.« Und er fügt hinzu: »Ich bin ein Verfechter dieses Mysteriums. Wir leben auf dieser Welt, dankbar, ihr Gast zu sein, und versuchen zu verstehen, wie es kommt, dass wir hier sind, und wie viel Zeit wir wohl haben.«[64] Der Tod besiegelt stets das Ende einer Existenz. Die Frage ist nur, mit welcher Haltung wir ihm begegnen. Manch einer empfiehlt, dieses Schicksal ohne Trübsal anzunehmen und die Lektion der Endlichkeit hinzunehmen wie einen Sonnenuntergang, dem nie wieder eine Morgenröte folgt. So die Worte Arrigo Levis, als ich mich mit ihm über dieses Thema unterhielt. Und Norberto Bobbio versucht vor dem Hintergrund seines Lebens und dem der »Sterblichen« auf wenigen Seiten den Sinn dessen zu erfassen, was nach dem Tod passiert – doch dies vermag ihm nicht zu gelingen.[65]

Doch gibt es auch andere – vermutlich die Mehrheit –, die es nicht schaffen, das Skandalon des Todes zu verdrängen. Mir kommt Miguel de Unamunos Schrei in den Sinn: »Ich will eben nicht sterben. Nein, ich will es nicht, und ich will es auch nicht wollen. Ich will immer, immer, immer leben! Und ich will leben, als das gleiche armselige Ich, als das ich mich heute und hier fühle, und eben deshalb quält mich die Frage nach der Fortdauer meiner ganz persönlichen Seele.«[66] Eines ist klar: Die heutige Kultur scheint nicht mehr in der Lage zu sein, den Gedanken an den Tod zu ertragen, und versucht, ihn zu verbergen.

Der verborgene Tod

Der englische Anthropologe Geoffrey Gorer zeigt in seiner Publikation aus dem Jahre 1955 eine grundlegende Veränderung im Laufe des 20. Jahrhunderts auf: Der »natürliche« Tod und die mit ihm verbundenen Riten verschwänden mehr und mehr von der öffentlichen Bühne. Sie würden als obszön, ja nahezu »pornografisch« empfunden.[67] Im 19. Jahrhundert hätten Sexualität und Geburt als Tabu gegolten, während der natürliche Tod als normales und kindgerechtes Schauspiel verstanden worden sei. Schriftsteller der Viktorianischen und Edwardischen Epoche widmeten dem Tod und seiner Inszenierung in ihren Romanen und anderen literarischen Werken geradezu erbauliche Seiten. Doch Mitte des 20. Jahrhunderts, so der englische Anthropologe, sei es zur Kehrtwende gekommen: Nun würde der Tod im Gegensatz zum Sex tabuisiert. Einige Jahre später, im Anschluss an einen Todesfall, der ihm persönlich nahegegangen war, verfasste der Autor einen neuen Text. In diesem beschreibt Gorer die Unmenschlichkeit, die den Tod umgibt. Nicht nur, dass es ohnehin zur Normalität geworden sei, einsam zu sterben, so Gorer,[68] auch reden könne man nicht mehr über den Tod, selbst wenn man gerne wollte. Er sei zu etwas Unaussprechlichem geworden, ergänzt Werner Fuchs: »Darüber zu sprechen, bedeutet einen Fauxpas zu begehen und gegen die Konventionen zu verstoßen.« In Bezug auf ihn herrsche eine Art »kommunikative Hemmschwelle.«[69]

Ein jeder von uns wird im Laufe des Lebens die Erfahrung machen, dass ein Familienangehöriger oder eine andere nahestehende Person, in der Regel fortgeschrittenen Alters, den Wunsch hegt, mit einem engen Vertrauten über den eigenen Tod zu reden: vielleicht, um den Inhalt des Testaments zu besprechen, vielleicht auch, um den letzten Willen hinsichtlich der Aufgaben und Modalitäten nach ihrem Ableben zu bekunden. Manch einer möchte sich versichern, dass er in der Stunde des Todes nicht allein gelassen werde, oder verspürt den Wunsch, Fragen über das Jenseits zu stellen, über die Zukunft, die ihn erwartet, über das »Danach«. Vielleicht möchte dieser Mensch auch einfach nur wissen, ob sich jemand an ihn erinnern und regelmäßig sein Grab besuchen wird, um dort Blumen niederzulegen. Fragen wie diese lösen beim Gegenüber den Impuls aus, das Gesprächsthema zu wechseln, scherzhaft zu antworten oder es damit abzutun, dass dafür der richtige Zeitpunkt doch noch gar nicht gekommen sei. Gespräche über den Tod sorgen regelmäßig für Verlegenheit. Wer jedoch langjährige Freundschaften mit älteren Menschen gepflegt hat und dadurch auf eine solide Erfahrung im Umgang mit ihnen zurückgreifen kann, weiß, dass dies »keine Gespräche sind, die vermieden werden sollten, um älteren Leuten nicht die Laune zu verderben. Denn das ist es nicht, was sie brauchen.«[70]

Der große Historiker Philippe Ariès, der sich mit der Geschichte des Todes befasste, beschreibt den signifikanten Umschwung in der Haltung zum Tod, der sich vor allem, doch längst nicht ausschließlich, in der westlichen Welt des 20. Jahrhunderts ereignete. Man denke daran, was Alexander Solschenizyn zu diesem Thema schreibt: »Am meisten fürchten wir uns heutzutage vor den Verstorbenen und dem Tod. Wenn der Tod jemanden in einer Familie aufgesucht hat, vermeiden wir es, ihr ein paar Zeilen zu schreiben oder sie gar zu besuchen. Wir wissen einfach nicht, was wir über den Tod sagen sollen ... [...] Ach, verschwindet ihr doch in die bemalte Holzkiste, wir haben die Nase voll, lasst uns in Ruhe! Aber wir selbst – nein, wir werden ja nie sterben!«[71] Der Tod wird vor den Sterbenden genauso wie vor den Verweilenden verborgen. Ariès bringt diesen Prozess mit dem folgenden Bild auf den Punkt: »Es sind nicht mehr die Kinder, die im Kohl geboren werden, sondern die Toten, die inmitten der Blumen verschwinden.«[72] In der Tat ist es mittlerweile zur festen Gewohnheit geworden, die Kinder nicht mehr zur Beerdigung mitzunehmen. Genauso wird ihnen der Zutritt zu Krankenhäusern und Pflegeheimen verwehrt. Das erschüttert sie doch nur, heißt es dann. Sie sind doch noch zu klein, um das zu verstehen. So vollzieht sich die Trennung der Kinder von den kranken Großeltern, indem ein Graben zwischen ihnen und der Generation ihrer Vorfahren gezogen wird. Auch Concita De Gregorio, Journalistin und Schriftstellerin, fällt diese Entwicklung auf: »Die Kinder werden also zu irgendwelchen Verwandten gebracht, um sie ›abzulenken‹. Dann erzählt man ihnen, der Opa wäre zu einer langen Reise aufgebrochen oder lebe jetzt auf einer Wolke. Kinder sind zwar klein, aber nicht dumm. Wenn eine Person, die man liebt, auf Reisen geht, erwartet man doch, dass sie einmal anruft oder schreibt. In manchen Fällen zieht sich das Warten über Jahre, ebenso der damit verbundene Trennungsschmerz. Wenn der Opa jetzt auf einer Wolke lebt, oder auf einem Stern, was macht er dann da, wieso hat er denn nicht Bescheid gegeben und wieso kommt er nicht zurück und erzählt, wie es dort ist – und überhaupt, wieso kann ich da nicht auch hin?«[73]

Noch klarer wird es uns durch diese Erzählung derselben Autorin: »Giovanni war zehn, als seine Mutter starb. Den Abend zuvor hatten sie ihn zum Übernachten zu seiner Tante gebracht. Als er nach Hause zurückkam, erzählte man ihm, seine Mutter sei zu einer sehr langen Reise aufgebrochen. Er wartete auf sie, Tag für Tag, Monat für Monat. Als der Sommer anbrach, kündigten ihm sein Vater und seine Tanten an: Morgen ziehen wir wieder aufs Land, da wartet eine ganz tolle Überraschung auf dich. ›Ich war so glücklich, es war der glücklichste Tag meines Lebens‹ – erzählt er mir heute, vierzig Jahre später, immer noch mit einem Leuchten in den Augen. […] ›Ich war mir so sicher, die besagte Überraschung musste meine Mutter sein. Sie war also zurückgekommen und wartete dort auf mich. Ich wusch und kämmte mich, legte Parfüm auf und zog mich extra schön für sie an. Schon bei der Abfahrt konnte ich meine Aufregung kaum bändigen. Als wir nach vielen Stunden Fahrt auf unserem alten Landsitz angekommen waren, ging mein Vater noch vor dem Hineingehen mit mir zur Kornkammer. Vielleicht war sie ja dort drinnen? Oder da drüben, hinter dem Baum? Dann sagte mein Vater: ›Schließ mal die Augen‹, und als ich sie wieder öffnete, präsentierte er mir mein Geschenk. Es war ein Fahrrad.«[74] Zeilen wie diese drängen uns dazu, sorgfältiger über die Themen im Zusammenhang mit Leben und Tod nachzudenken.

Und doch ist eine Art Verbissenheit darin festzustellen, den »Tod zu dekonstruieren«.[75] Der Tod bleibt ein unerträgliches Skandalon, wahrscheinlich, weil er das Urbild der Grenzen der menschlichen Möglichkeiten darstellt, das endgültige Scheitern des Traums, jedes Hindernis auf dem Weg zur höchsten Macht überwinden zu können. Unerbittlich besiegt der Tod jene *Hybris* der Allmacht, die den Menschen ergreift, wenn er Gottes Platz einnehmen will. Festzustellen ist in jedem Fall eine zunehmende »Dekomposition« des Todes, das Aufsplittern in einen Haufen sich wiederholender Verhaltensweisen, in der Hoffnung, sollte es nicht gelingen, ihn zu verbergen, ihn zumindest hinauszögern zu können. Gerade dieses Verbergen hat im Übrigen eine wichtige Funktion für die Aufrechterhaltung der für Konsumgesellschaften typischen Mechanismen als auch für das Phänomen des Massenegotismus, der die Person, seine Einheit und seine Beziehungen herabwürdigt. Paolo Ricca, ein waldensischer Theologe, hat recht, wenn er schreibt: »Das Wissen um den Tod ist stets kritischer Natur, während das gesellschaftliche Wissen um den Tod ein Faktor der sozialen Kritik ist. Die Tatsache, dass dieses Wissen in unserer Gesellschaft fehlt, fördert die bedingungslose und unkritische Akzeptanz des Systems.«[76]

Verstehen Sie mich richtig, ich will nicht sagen, dass das Sterben in vergangenen Zeiten leicht und erfreulich und deshalb viel einfacher war. Im Gegenteil, damals war der Tod oftmals sogar noch dramatischer. Halten wir uns nur einmal die ständig wiederkehrenden Epidemien und Krankheiten vor Augen, die das Leben von Kindern und Erwachsenen erbarmungslos und unter fürchterlichen Qualen auslöschten. Ein legendäres »goldenes Zeitalter« des einfachen und frohen Todes, dem man nachtrauern müsste, hat es nie gegeben. Möglicherweise war jedoch das Bewusstsein des Todes als Teil des Lebens stärker ausgeprägt: Menschen, die im Sterben lagen, wurden von ihren Familienangehörigen und Verwandten begleitet, unter Anteilnahme der ganzen Gesellschaft. All dies scheint heute überholt zu sein – nicht ohne bittere Konsequenzen: »Der Tod hat das Leben kolonisiert. Und die Bekämpfung des Todes hat sich zum Sinn des Lebens gewandelt«, schreibt Bauman.[77] Manifestiert hat sich eine Art kollektive Neurose zur »Verbannung« des Todes aus dem öffentlichen Leben, was einen der größten Brüche mit der Vergangenheit darstellt: das Ende des Todes in den eigenen vier Wänden. Heute stirbt man im Krankenhaus oder in der Klinik. Und diese Orte, die einst zur Genesung bestimmt waren, sind heute zu Orten geworden, wo wir für gewöhnlich sterben. Hier tritt das Verbergen des Todes in aller Deutlichkeit zutage.

Stirbt ein Mensch im Krankenhaus, wird er sofort aus seiner Umgebung herausgelöst: Alles um den Verstorbenen herum muss weitergehen wie zuvor. Ein Innehalten kommt nicht infrage. Und auch zu Hause gibt es ohne den Körper des Verstorbenen keinerlei Veränderung, nichts, was auf einen Sterbefall hindeuten würde. Vielleicht hat sie einen wahren Kern, die Behauptung des bekannten Anthropologen Louis-Vincent Thomas, jede Gesellschaft habe den Tod, den sie verdiene. Gleichwohl wünscht sich laut Guy Brown und anderen Autoren ein Großteil der Bevölkerung (in den USA sind es 70 Prozent), zu Hause zu sterben. Letztendlich jedoch stirbt die Mehrheit (75 Prozent in den USA) woanders, in Krankenhäusern oder Pflegeheimen zum Beispiel. Laut Brown hat sich hinsichtlich des Ortes, an dem die Menschen sterben, in den letzten hundert Jahren eine grundlegende Wandlung vollzogen. Der prozentuale Anteil derjenigen, die im Krankenhaus anstatt zu Hause sterben, sei während des gesamten 20. Jahrhunderts nahezu konstant gestiegen.[78]

Krankheit und Tod werden laut Geschichtsforschung zunehmend in den Kontext von Krankenhäusern verbannt, wo wir in der Regel Zeuge dessen werden, was Foucault als den Zustand der »bevölkerten Einsamkeit« bezeichnete.[79] Der Tod wird »medikalisiert«, also den Technikern und Spezialisten überlassen. Er tritt in steriler Umgebung ein, in der nicht selten ein geradezu unverschämter Mangel an Respekt gegenüber dem Schamgefühl der Sterbenden herrscht. Ein solcher Tod macht noch viel mehr Angst. Einen solchen Tod kann sich niemand wünschen. Wohl deshalb »hoffen die meisten Menschen heute, während man bis vor wenigen Jahrzehnten noch dafür betete, vom plötzlichen Tod verschont zu bleiben, schnell zu sterben, am liebsten ohne es zu merken, also einfach im Schlaf oder durch einen tödlichen Herz- oder Schlaganfall«.[80] Ohne Zweifel ist die Vorstellung entmutigend, sich auf den eigenen Tod vorzubereiten. In der Vergangenheit war jedoch genau diese Vorbereitung einer der wertvollsten Bestandteile der christlichen Seelsorge sowohl in der christlichen Ost- als auch Westkirche.[81]

Es ist bestimmt keine leichte Aufgabe, die in die Jahre gekommenen Angehörigen, vor allem, wenn sie im Sterben liegen, zu Hause zu behalten. Doch sollten wir die kurze Geschichte, die uns Schwester Emmanuelle Cinquin erzählt – eine Gläubige, die einen Großteil ihres Lebensabends in einem der ärmsten von *Chiffonniers* (Müllmenschen) bewohnten *Bidonvilles* von Kairo verbrachte –, im Gedächtnis behalten: »Michael gehörte zu den Ärmsten der Armen, ein tüchtiger *Chiffonnier*, der zusammen mit seiner Frau und den beiden Töchtern in einem Bretterverschlag wohnte. Als er krank wurde, versuchte ich, ihm zu helfen, indem ich einen Arzt kommen ließ, aber es war nichts mehr zu machen. Ich besuchte ihn, wie ich es auch bei vielen anderen Kranken tat. Als er auf seinem Strohsack im Sterben lag, saß seine Frau mit den beiden Töchtern an seiner Seite. Ab und zu kühlte sie ihm mit einem feuchten Lappen die Stirn. Das war alles, was sie für ihn tun konnte. Dieser todgeweihte Arme war derart von Liebe umgeben, dass er heiter und im Frieden des Herrn sterben konnte. Am Samstag nach seinem Tod kehrte ich wie immer zu meinen Schwestern zurück. Dort las ich in einer französischen Zeitung einen Artikel über den Tod von Onassis, eines der reichsten Männer der Welt. Er war in einer der besten Kliniken von Paris gewesen und von den besten Ärzten behandelt worden. Onassis hatte zwei Kinder. Der erste, Alexander, war am Steuer eines Flugzeugs, das sein Vater ihm geschenkt hatte, bei einem Testflug tödlich verunglückt. Seine Tochter Christina war mit ihrem neuen Lebensgefährten in Moskau. Niemand seiner Lieben war im Augenblick seines Todes an seiner

Seite. Onassis starb allein, umgeben von Ärzten und Pflegern. Der arme Michael starb umgeben von der Liebe seiner Frau und seiner Töchter.«[82]

Der Tod im Zeitalter der Technik

Betrachten wir die Geschichte des Todes in der westlichen Welt, stellen wir fest, dass er zunehmend ausgeblendet, entsymbolisiert und aus dem öffentlichen Raum verdrängt wurde. Der Tod ist im Laufe der Zeit immer unsinniger, obszöner und absurder geworden – zu einem Eindringling, wie der französische Philosoph Bertrand Vergely feststellt.[83] Manicardi, ein italienischer Mönch, bezeichnet die heutige Gesellschaft als eine postmortale, denn sie zeichne sich dadurch aus, dass die Menschen leben wollten, ohne zu altern, und stattdessen darauf aus seien, den Tod durch technische Mittel zu besiegen und das Leben solcherart auf unbestimmte Zeit zu verlängern.[84] Man kann jenen Gelehrten nur zustimmen, die behaupten, eines der größten Unterfangen unserer heutigen Kultur bestünde darin, den Tod in einer vitalistischen und prometheischen Illusion beharrlich zu leugnen. Wissenschaft und Technik jedenfalls werden diese »Grenze«, die uns Menschen ausmacht, nicht beseitigen können.[85] Eugenio Scalfari, der sich dank seines Intellekts der Gefahr einer solchen sich für allmächtig haltenden Wissenschaft bewusst war, mahnte seine Freunde aus der Wissenschaft, doch bitte nicht den Fehler zu begehen, den Verstand zu verabsolutieren und mit ihm die mathematische Betrachtung des Bewusstseins und der Welt. Auf diesem Weg, so fuhr Scalfari fort, würden sie, vielleicht in völliger intellektueller Naivität, jene metaphysische Absolutheit wiederherstellen, von der sie dachten, sie säkularisiert und

außer Kraft gesetzt zu haben. Ohne es zu wissen und vielleicht auch ohne es zu wollen, würden sie uns dadurch hilflos
der Herrschaft der Technologie ausliefern – und dies mit ver-
heerenden Folgen, von denen wir heute erst einen schwachen Vorgeschmack erleben. Dieser Entwicklung versucht
Scalfari mit einem einzigartigen Aufruf Einhalt zu gebieten:
»Vorsicht also, meine lieben Freunde aus der Wissenschaft,
denn die heutige technologisierte Welt reduziert uns ohnehin schon auf den Zustand geistiger Vierbeiner, was das
genaue Gegenteil jener Befreiung von der Göttlichkeit der
Transzendenz ist, die der Odem der freien Forschung an der
Schwelle zur Modernität zu realisieren versuchte.«[86]

Doch um wieder auf den Tod zurückzukommen, sei auf
die Worte von Umberto Veronesi verwiesen: »In der Welt
der Wissenschaft wird das Phänomen des Lebensendes in
seiner globalen Dimension betrachtet, die alle Lebewesen
betrifft: Menschen, Tiere und Pflanzen. Der Tod ist für die
Wissenschaft ein biologisches Ereignis und Teil des Exis-
tenzentwurfes jedes Lebens, das sich in drei fundamentale
Momente zur Fortsetzung und Regeneration des Lebens
selbst unterteilt: Überleben, Fortpflanzung, Tod. Es ist nicht
Aufgabe der Wissenschaft, festzustellen, ob der Tod der ab-
schließende Akt der Existenz sei oder nur eine Übergangsphase.«[87] Doch eine kühl-distanzierte technische Sichtweise
riskiert einen gefährlichen Kurzschluss herbeizuführen, der
uns in der Komplexität des persönlichen und gesellschaftlichen Lebens keine Hilfestellung bietet. Denn was wird in
einem solch technischen Horizont aus dem Gewissen, den
Wünschen und der Verantwortlichkeit eines jeden Menschen? Für Veronesi ist es »schwer, den Tod als etwas Gutes
zu sehen«, wenngleich es »nicht schwer ist, den biologischen Entwurf als etwas Gutes zu sehen, der uns zu ihm
führt«.[88] Völlig anders und tiefsinnig ist die Betrachtung

François Mitterrands, die es in ihrer interpellierenden Kraft zu erfassen gilt: »Vermutlich noch nie war das Verhältnis zum Tod so erbärmlich wie in der heutigen Zeit der spirituellen Dürre, in welcher die Menschen, in der Eile ihrer Existenz, dem Mysterium auszuweichen scheinen, ohne zu ahnen, dass sie auf diese Weise den essentiellen Quell der Lebensfreude austrocknen.«[89]

Aldo Schiavone, der eine humanistischere Zukunft der technischen Perspektive für möglich hält, ist der Überzeugung, die soeben eingeleitete technologische Revolution (nach der landwirtschaftlichen und industriellen Revolution die dritte der Menschheitsgeschichte) führe uns zu einer Schwelle, nach der uns eine Übergangszeit voller Risiken, doch ebenso voller außergewöhnlicher Möglichkeiten erwarte. Dank seines technischen Vermögens sei der Mensch auf dem Weg, die Kontrolle über seine biologische Form zu übernehmen. Folglich werde er auch sein Schicksal in die Hand nehmen und sich biologisch immer mehr so gestalten, »wie wir gerne wären«. Weiter fügt er hinzu: »Gott zu ähneln wäre nicht der Ausgangszustand (dies würde uns in einen gänzlich unglaubhaften Kreationismus verfallen lassen), sondern die Zielsituation, die wir uns ab einem gewissen Moment vorgenommen und erarbeitet haben: Das, was wir aus weltlicher Sicht nicht mehr Schicksal nennen könnten, sondern religiös unsere eschatologische Perspektive.«[90] Es ist ein erschütternder Wandel, den Tod und Geburt erleben, unser Eintritt in und Austritt aus dem Leben.

Der Eingriff durch die Technik, so der italienische Philosoph, wird so invasiv und stark sein, dass er die »Natürlichkeit« dieser so entscheidenden Ereignisse auf radikale Weise verändern wird. Zum Teil ist ein solcher Prozess schon im Gange. Was den Tod angeht, meint Schiavone, werden immer mehr wir selbst entscheiden, wann, wie und, in ferner

Zukunft, sogar, ob wir sterben. Er ist überzeugt, dass es in einigen Generationen auf der Erde eine »post-naturelle« Spezies, so bezeichnet er sie, geben wird. Diese neue Spezies wird selbstverständlich ein anderes Verhältnis zum Tod haben. Es heißt sich auf eine echte Kulturrevolution vorzubereiten, die den Tod nicht mehr einem unabänderlichen Naturgeschehen überlässt, sondern ihn in die Hände des Menschen gibt, der entscheidet, was zu tun sei. »Nach einem besonders langen und erfüllten Leben zu sagen: ›Es reicht, ich mag nicht mehr‹, wird möglicherweise vielen als die richtige Wahl erscheinen. Auf jeden Fall steht uns der komplette Umsturz jener tief verwurzelten Erfahrungen bevor, die den Menschen, wie wir ihn bisher kannten, ausmachen.«[91]

Aufgrund dieser Szenarien wünscht sich Schiavone einen »neuen Humanismus«, der sich nicht mit dem Ungleichgewicht zwischen einer immer mächtiger werdenden Wissenschaft und Technik und den politischen, ethischen und gesetzgebenden Kräften abfindet, die kaum noch in der Lage sind, passende und ausgereifte Regeln und Rahmenbedingungen zu schaffen, um für eine zuverlässige Transparenz und Kontrolle der wissenschaftlichen Prozesse und Resultate zu sorgen. Er warnt: »Wir sind aktuell dabei, enorme Risiken einzugehen.«[92] Die Macht der Technik exorziert man nicht, indem man der freien Forschung Riegel vorschiebt oder Grenzen setzt, sondern, indem das Verantwortungsbewusstsein des Menschen gesteigert und ihm die Mittel zu dessen Umsetzung an die Hand gegeben werden. Es ist dringend notwendig, sich einem neuen Humanismus zuzuwenden, einem Humanismus der Post-Naturalität. Der Philosoph erhofft sich von der Kirche, die seiner Meinung nach ein besonderer Quell ethischer Werte ist, sie möge gemeinsam mit der humanistisch-säkularisierten Kultur nachdrücklich in die kulturellen Bemühungen eingreifen, um das

Gleichgewicht zwischen technischer und ethischer Macht wiederherzustellen. Es ist jedenfalls sicherlich geboten, diesen Thematiken mit einer neuen Nachdenklichkeit zu begegnen. In diesen Horizont können wir auch die neueste Publikation des Mediziners Laurent Alexandre einordnen. Auf Basis aktueller wissenschaftlicher Ergebnisse und medizinischer Entwicklungen kommt er zu dem Schluss, dass in der Zukunft nicht mehr infrage stehen wird, ob man den Kampf gegen den Tod gewinnt, sondern welche Änderungen und Kollateralschäden dieser Sieg über die Definition der Menschlichkeit mit sich bringen wird. Er ist sich sicher, dass der Tod in nächster Zukunft ein lösbares Problem und nicht länger eine von der Natur gegebene Realität sein wird.[93]

Gläubige und Ungläubige im Angesicht des Todes

Nach allgemeiner Überzeugung ist es die Haltung dem Tod gegenüber, die den Gläubigen vom Ungläubigen trennt. Doch vielleicht ist es vielmehr die Vorstellung des Heils, die diese beiden Sichtweisen voneinander unterscheidet.[94] Salvatore Natoli schreibt: »Der fundamentale Unterschied zwischen dem Gläubigen und dem Ungläubigen ist bedingt durch ihre unterschiedliche Heilsauffassung. Der Ungläubige empfindet wie jeder Mensch ein Bedürfnis nach Hilfe, nicht jedoch nach Heil. Höchstens nach Mitgefühl. Der Gläubige dagegen glaubt nicht nur an die vollkommene Erlösung der Welt von Schmerz und Tod, sondern lebt und fühlt sich in Christus ohnehin als geheilt [...]. Wo liegt der Unterschied?«[95]

Überlegungen wie diese – das wiederhole ich nochmals – müssen viel gewissenhafter diskutiert werden, als dies derzeit geschieht. Es ist unumgänglich, die Debatte sowohl unter Gläubigen (der Heilsgedanke wird im heutigen Christentum, das die Verbindung zwischen Schuldgefühl und ewigem Heil im freien Fall erlebt, wieder zum zentralen Thema) als auch zwischen Gläubigen und Ungläubigen erneut in Gang zu bringen. Es ist ein Horizont, der die große griechisch-römische und jüdisch-christliche humanistische Tradition bis in die heutige Zeit miteinander verbunden hat. Heute bedarf es einer erneuten Reflexion, um einen breiten Horizont zu eröffnen, in dem die neuen Ängste und Hoffnungen der Menschen ihren Platz finden. Überall dort, wo diese Debatte ins Rollen kam, trug sie Früchte für alle. So gibt es beispielsweise eine ganze Reihe weltlicher Autoren, die sich nachdenklich und tiefgründig mit dem Thema Tod auseinandersetzen. Es ist ebenso angebracht wie notwendig, dass sich Freidenker und Gläubige gleichermaßen auf diesem Feld betätigen.

Mit Anerkennung denke ich an die Forschung des jüdischen Philosophen Vladimir Jankélévitch,[96] eines eingebürgerten Franzosen russischer Herkunft, der sich mit dem Sinn des Todes beschäftigte und dabei in die Tiefen der menschlichen Existenz vordrang. Bis heute bieten uns die Ausführungen, die der Philosoph seiner Leserschaft schon Mitte des vorigen Jahrhunderts darbot (die erste Ausgabe seines Textes erschien 1966), Anreiz zum Nachdenken. Er stellte fest, dass der Tod, auch wenn er uns einerseits als unpersönliche und abstrakte Notwendigkeit (alle Menschen und Lebewesen sterben), mithin als verständlich und rational nachvollziehbar erscheint, uns andererseits dennoch als konkrete, inakzeptable, tragische und skandalöse Bedrohung vorkommt, die über jedem einzelnen Individuum schwebt. Der Tod ist unwiederholbar und unaussprechlich, wenn wir uns vor Augen halten, dass niemand über ihn berichten kann. Jankélévitch hilft uns, die *Angst vor dem Tod* zu ergründen, die er als »ein Fenster ins Nichts« beschreibt. Genau daher rühre die Angst, die er verbreite. Das Nachdenken über den Tod bedeute: »Das ›Denken‹ des Nichts ist ein nichtiges Denken, da die Nichtigkeit des Objekts das Subjekt verneint: so wenig man die Abwesenheit sehen kann, so wenig kann man das Nichts denken, sodass *das* Nichts denken an nichts denken und folglich nicht denken heißt.«[97] Der Philosoph sieht daher nur eine Möglichkeit, mit dem Tod umzugehen, nämlich uns einzugestehen, nichts über ihn zu wissen und uns nicht auf ihn vorbereiten zu können. Doch ist es nicht eigentlich genau diese Demut vor dem Mysterium, die uns zu gemeinsamen Überlegungen antreiben sollte?

Iona Heath legt uns genau dies in einem ihrer Bücher nahe, wenn sie schreibt: »Wenden wir den Blick vom Tod ab, beeinträchtigen wir damit auch unsere Lebensfreude: Umso weniger wir den Tod wahrnehmen, umso weniger leben wir.«[98] Dieser enge Zusammenhang, der zwischen Leben und Tod besteht, veranlasst die Schriftstellerin, im Übrigen eine bekannte englische Ärztin, zu behaupten, es sei gerade das Wissen um den Tod, das dem Leben seinen »Geschmack« verleihe. In der Tat wirft der Tod doch unzählige Fragen auf! Heath fragt sich zum Beispiel, ob der Wunsch nach dem Fortbestand der irdischen engen Bindungen über den Tod hinaus vielleicht nur eine Illusion sei. Wir könnten dem noch weitere Fragen hinzufügen: Wird sich der Traum von einer besseren Zukunft für alle, auch für diejenigen, die es im Leben nicht so gut getroffen haben (denken wir nur an die vielen ungerecht behandelten Menschen, Männer wie Frauen) als trügerische Aussicht herausstellen? Wieso sollten wir die Existenz eines *Jenseits* vehement bestreiten, wenn es uns im tiefsten Inneren danach verlangt, davon zu träumen?

Die Worte Dario Fos, mit denen er über seine religiöse Erfahrung berichtet, stimmen einen nachdenklich.[99] Auch das Thema Tod kommt in diesem Zusammenhang zur Sprache: »Für den menschlichen Verstand ist der Gedanke unerträglich, dass wir für immer verschwinden werden. Wir sind Staub, sagt mir der Verstand. Doch die Fantasie, mein Wahnsinn bescheren mir Visionen einer anderen Dimension. Ich hoffe, überrascht zu werden.« Zutiefst menschlich spricht er über Franca, seine geliebte Frau, die einige Jahre zuvor verstorben war: »Wenn ich im Alltag nicht so zurechtkomme, formuliere ich instinktiv die Worte: ›Franca, hilf mir!‹« Dann fährt er fort: »Die Aussicht, Franca in einem Garten wiederzufinden, in dem wir beide in Bäume verwandelt sind, sie mit goldenen Blättern in der Farbe ihrer Haare, ist wunderbar. Sollte es im Jenseits wirklich etwas geben, wünsche ich mir, dass es so aussieht.«[100] Ist es nicht ein weiser Gedanke, dass das Mysterium des Todes bestehen bleibt und nicht so ohne Weiteres zu ergründen sein wird? Sprechen nicht auch Gründe dafür, das Rätsel offenzulassen und mit ihm gleichzeitig ein wenig Unruhe beizubehalten?

Dies sind nur einige wenige Fragen und es wäre ein Leichtes, sie im gemeinsamen Nachdenken durch weitere zu ergänzen, die bereits in der Geschichte des Denkens zu finden sind. Es genügt allein schon, sich auf Tolstoi zu besinnen, auf seinen berühmten Roman *Krieg und Frieden*, in dem er den im Sterben liegenden Fürst Andrej sagen lässt: »Alles ist, alles existiert nur, weil ich liebe. Alles ist nur durch sie verbunden. Liebe ist Gott, und sterben bedeutet, dass ich, ein Teil der Liebe, zurückkehre zu dem allen gemeinsamen und ewigen Urquell.« Doch so recht trösten wollte ihn dies nicht: »Diese Gedanken schienen ihm tröstlich. Doch es waren nur Gedanken. Etwas fehlte ihnen, da war etwas einseitig Persönliches, Verstandesmäßiges – da war keine Eindeutigkeit.«[101] Das Mysterium offenbarte sich ihm nicht. Doch ein Funke glomm in seinem Herzen: Es war und ist jener Wunsch nach *Ewigkeit*, nicht nach einer schemenhaften, sondern nach einer *persönlichen*, der sich schwer zunichtemachen lässt.

Simone de Beauvoir, auch sie geprägt von dieser Unruhe, sagte: »Es gibt keinen natürlichen Tod: Nichts an dem, was dem Menschen geschieht, ist natürlich, weil seine Gegenwart die Welt in Frage stellt.«[102] Norberto Bobbio, ein bedeutender italienischer Rechtsphilosoph und Publizist, hielt den Tod für das unvermeidliche Ende: »Alles, was einen Anfang hatte, hat ein Ende. Warum soll nicht auch mein Leben eines haben? Warum soll das Ende meines Lebens im Unterschied zu allen anderen Vorgängen, den natürlichen wie geschichtlichen, in einen neuen Anfang übergehen? Nur das, was keinen Anfang hatte, hat kein Ende. Was jedoch weder Anfang noch Ende hat, ist die Ewigkeit.«[103] Wie Bobbio begegnen auch viele andere dem Tod mit ebensolcher Gelassenheit, wie sie dem Leben mit Ernst begegneten.

Die Zeugnisse, von denen Marina Sozzi in einem Buch über den Tod und seine Riten berichtet, zeigen jedenfalls, dass es auch aus weltlicher Sicht über den Tod nachzudenken gilt, und zwar als gute Strategie, um das Leben zu verstehen: »Ich bin der Überzeugung, dass eine veränderte Haltung gegenüber Sterblichkeit und Tod unverzichtbar für die Gestaltung einer besseren Zukunft ist.«[104] Auch die Worte François Mitterrands über den Tod in einem Gespräch mit Marie de Hennezel stimmen nachdenklich. »Der Präsident fragt sich jetzt [nachdem er erfahren hat, dass er an Prostatakrebs erkrankt ist], ob die Gläubigen dem Tod mit mehr Gelassenheit gegenübertreten. Gibt es einen Zusammenhang zwischen Glauben und innerem Frieden? Unsere Gespräche über den Tod nehmen oft eine Wendung zum Mystischen. [...] Wie sollte es auch anders sein? Kann man über den Tod sprechen, der ein unfassbares Geheimnis bleibt, ohne sich mit dem Unsichtbaren zu beschäftigen? Lässt sich das Unerklärbare denn überhaupt anders als über die Sinne erfassen? [...] Der Präsident, der sich selbst als Agnostiker bezeichnet, sagt wiederum, dass er eine gewisse Religiosität empfindet. Es ist das Gefühl, mit einer Dimension verbunden zu sein, die ihn überragt. Diese fast schon ertastbare und ganz persönliche Erfahrung spricht in seinen Augen mehr für die Existenz Gottes als jeder religiöse Vortrag. ›Man kann dem Tod auch mit Gelassenheit gegenübertreten, ohne gläubig zu sein, sich auf den Tod vorbereiten wie auf eine Reise ins Unbekannte. Ist das Unbekannte schließlich nicht auch eine Art Jenseits?‹, fragt er.«[105]

Im ausklingenden letzten Jahrtausend leitete Franz Rosenzweig seinen außergewöhnlichen Text *Der Stern der Erlösung* mit einem Kapitel über den Tod ein und schloss mit einem über das Leben: »Vom Tode, von der Furcht des Todes«, beginnt er, »hebt alles Erkennen des All an. Die Angst des Irdischen abzuwerfen, dem Tod seinen Giftstachel, dem Hades seinen Pesthauch zu nehmen, des vermisst sich die Philosophie. Alles Sterbliche lebt in dieser Angst des Todes, jede neue Geburt mehrt die Angst um einen neuen Grund, denn sie mehrt das Sterbliche. Ohne Aufhören gebiert Neues der Schoß der unermüdlichen Erde, und ein jedes ist dem Tode verfallen, jedes wartet mit Furcht und Zittern auf den Tag seiner Fahrt ins Dunkel. Aber die Philosophie leugnet diese Ängste der Erde. Sie reißt über das Grab, das sich dem Fuß vor jedem Schritt auftut. Sie lässt den Leib dem Abgrund verfallen sein, aber die freie Seele flattert darüber hinweg.«[106] Er schließt mit den Worten: »Die Worte stehen über dem Tor, dem Tor, das aus dem geheimnisvoll-wunderbaren Leuchten des göttlichen Heiligtums, darin kein Mensch leben bleiben kann, herausführt. Wohinaus aber öffnen sich die Flügel des Tors? Du weißt es nicht? Ins Leben.« [107]

Diese Worte führen uns den Lauf der Geschichte – den persönlichen und den der ganzen Welt – vor Augen. Einige zeitgenössische Philosophen, ich denke da zum Beispiel an Heidegger, behaupten, Leben bedeute, »zum Tode hingeworfen« sein, was den Grundstock der menschlichen Existenz darstelle. Daher die unausweichliche Angst. Für Sartre ist der Tod dagegen eine Absurdität; [108] er erscheint zufällig, durch das Menschenmögliche nicht zu beeinflussen; er gibt nicht nur dem Leben keinen Sinn, er beraubt es sogar seiner Bedeutung. Der Tod, folgert der Philosoph, sei ein Beweis dafür, dass der Mensch nichts weiter als ein biologischer Organismus und auf alle Fälle »zeitlich begrenzt« sei.

Der »Glaube an den Menschen« hingegen – in dem sich Gläubige und Ungläubige einig sind – hilft dabei, darüber hinauszugehen und sich im Angesicht des unentrinnbaren Mysteriums des Sterbens nicht aufzugeben. Platon lässt Sokrates sagen: »Wenn ich nicht glaubte, zuerst zu anderen Göttern zu kommen, die auch weise und gut sind, und dann auch zu verstorbenen Menschen, welche besser sind als die hiesigen, so täte ich vielleicht unrecht, nicht unwillig zu sein über den Tod. Nun aber wisst ihr, dass ich zu wackeren Männern zu kommen hoffe, wenn ich das auch nicht so ganz sicher behaupten will.« [109] Hans-Georg Gadamer, der große Hermeneutiker des 20. Jahrhunderts, stellt sich der Herausforderung des Todes, denn er weiß genau, er kann ihm nicht entrinnen: »Mehr noch, an dieser Grenze kommt eine wahre Solidarität aller Menschen miteinander zum Ausdruck, indem sie alle das Geheimnis als solches verteidigen. Wer lebt, kann den Tod nicht annehmen. Wer lebt, *muss*

den Tod annehmen. Wir sind Grenzgänger zwischen Diesseits und Jenseits.«[110] Wir können uns also fragen: Hat dieses Gefühl der Transzendenz (über sich selbst hinauszugehen, die eigenen Grenzen und die der anderen zu
überschreiten), das wir in anderen Bereichen akzeptieren,
nicht auch seine Berechtigung im Tod? Maritain bestätigte
dies mit den Worten, wir seien alle »Bettler des Himmels«.
Jawohl, des Himmels, mit anderen Worten: dieses *Jenseits*,
das niemand eliminieren kann und das uns alle umhüllt.

Der Tod und der christliche Glaube

Bruder Tod?[111]

Das Christentum predigt weder die Todessehnsucht noch die Gleichgültigkeit dem Sterben gegenüber. Es ermutigt uns vielmehr dazu, den Tod, wann immer wir ihm begegnen, mit offenen Armen liebevoll zu umfangen, um ihn daran zu hindern, über die Hoffnung des Lebens zu triumphieren. Wenn die Umarmung auch nicht aus Liebe stattfindet, so doch zumindest, um ihm den Stachel zu nehmen. Doch triumphiert die nihilistische Seite des Todes, wenn die Verzweiflung in die gegenseitige Liebe eindringt und diese als vergebliche Mühe ohne jeden Sinn erscheinen lässt. Und sie triumphiert, wenn sich die Liebe in einer eigenmächtigen und übergriffigen Tat desjenigen äußert, der sich auf Kosten des anderen Lebens bestätigt sehen will. In diesem Fall verkaufen wir dem Tod sogar unsere Seele. Anstatt ihm zu verbieten, die dem Leben innewohnende Liebe zu zersetzen, gewähren wir ihm die vermeintliche Macht, die Liebe des Lebens auf ein Nichts zu reduzieren. Und so gewinnt er.

Die christliche Sicht des Todes ermutigt uns, dem Paradoxon zum Trotz, die zwei gegensätzlichen Spannungspole zu vereinen, ohne dabei mühsam ihren Widerspruch zu lösen. Einerseits lehrt uns der christliche Glaube, der Tod sei tatsächlich eine feindselige Erfahrung, mithin eine Demütigung des den Menschen von Gott geschenkten Lebens. Andererseits jedoch lädt er uns dazu ein, den Tod als das deutlichste Zeichen der Verwundbarkeit des Lebens anzuerkennen, das dennoch nach einem Ende verlangt. Deshalb wird der Tod nicht abgewiesen – was sowieso unmöglich wäre –, sondern freudig empfangen, ja man bezeichnet ihn gar als engen Freund oder, wie Franz von Assisi, als »Schwester«.[112] Im Herbst des Jahres 1226, so geht die Legende, bat Franziskus, der sein Ende nahen fühlte, seine Brüder, mit ihm zusammen den Herrn zu preisen, um sich eins mit der Schöpfung zu fühlen, und begann, indem er sich an den bevorstehenden Tod wandte: »Schwester Tod! Willkommen seist du!«[113] Die Brüder sangen währenddessen unter Tränen den *Cantico di Frate Sole,* bis Franziskus sie gegen Ende des Gesangs unterbrach und eine weitere Strophe intonierte: »Gelobt seist du, mein Herr, durch unsere Schwester, den leiblichen Tod; ihm kann kein Mensch lebend entrinnen. Wehe jenen, die in tödlicher Sünde sterben. Selig jene, die er findet in deinem heiligsten Willen, denn der zweite Tod wird ihnen kein Leid antun.«[114] Der Tod, eine seltsame »Schwester« fürwahr, und doch eine Schwester: Der Tod bringt Franziskus dem gekreuzigten Christus und allen Lebewesen nahe, die trotz ihrer Schwäche von Gott geliebt werden.

In seiner Tragik hilft der Tod dem Menschen, zwingt ihn, sich mit der Gebrechlichkeit des Lebens auseinanderzusetzen: »Bedenke Mensch, dass du Staub bist und wieder zum Staub zurückkehren wirst«, gemahnt uns die christliche Liturgie voller Strenge. Diese Gewissheit können wir vielleicht verdrängen, aber niemals außer Kraft setzen. Im Angesicht des Todes erscheint unsere Überheblichkeit – in all ihren Facetten – vollkommen lächerlich und das Wissen um die menschliche Schwäche zwingt uns zur Demut. Dennoch hat der Tod nicht das letzte Wort, versichert uns der christliche Glaube. Dieser »Staub« (Schwäche), der wir sind, wird nicht im Stich gelassen, nein, ihm wird im Gegenteil die Liebe Gottes zuteil – eine solch umfassende Liebe, dass Er selbst zu »Staub« wurde, nur um uns vom Tod zu befreien. Und diese Überzeugung, die bereits im Alten Testament im Bewusstsein der Gläubigen zu keimen begonnen hat, wird mit Jesus und dem Neuen Testament eindeutig und ohne jeden Zweifel bestätigt.

Der Tod erscheint stets wie ein Feind. Er wurde nicht von Gott erschaffen, wie wir im Buch der Weisheit lesen können: »Denn Gott hat den Tod nicht gemacht und hat keine Freude an dem Untergang der Lebenden.« (Weish 1,13) Im Gegenteil, »Gott hat ja den Menschen zur Unsterblichkeit erschaffen und ihn zum Abbild seines eigenen Wesens gemacht.« (Weish 2,23) Olivier Clément schreibt: »Wenn es einen Punkt gibt, auf den die Überlieferung pocht, dann ist das die Tatsache, dass Gott den Tod nicht erschaffen hat. Gott ist unschuldig und hat noch nicht einmal, wie Jean-Miguel Garrigues äußerst fundiert dargelegt hat, eine Vorstellung vom Bösen. Der lebende Gott ist die Fülle des Lebens.«[115] Der Tod macht uns Angst, weil er Gott fremd ist, ja man könnte beinahe sagen, er ist in gewisser Weise »wider die Natur«. Erinnern wir uns der Worte Jesu: »[Der Teufel] war ein Menschenmörder von Anfang an und steht nicht in der Wahrheit, weil keine Wahrheit in ihm ist. Wenn er lügt, dann redet er aus seinem eigensten Wissen, weil er ein Lügner ist und der Vater der Lüge.« (Joh 8,44) Der Tod wurzelt im Nichts und in der Lüge, oder, um es anders auszudrücken, in der Abwendung von Gott, der Verleugnung des Göttlichen. Der Glaube an den Herrn der Lebenden und der Toten siegt über die Angst vor dem Tod. Die Existenz des Todes, die dem irdischen Dasein eines jeden Menschen unentrinnbar ein Ende setzt, bedeutet nicht dessen vollständigen und endgültigen Sieg. So ist es im Glauben der Christenheit verankert. Der christliche Orient – auch hier sind die Gläubigen aufgefordert, den Tod nicht zu fürchten – sieht gar den Teufel, den »Misanthropen«, am Werk, der mithilfe des Todes einen Keil zwischen die Menschen und Gott zu treiben versuche, der ein »Philanthrop« sei und den Menschen stattdessen auch vom Tod befreien wolle.[116]

Manchmal ist die Rede von einem »Instinkt des Herzens«, der uns dazu bewegt, die Durchreise auf Erden als unvollständig im Vergleich zum Leben des Geistes, der uns erleuchtet, zu verstehen: Der Tod harrt der Erlösung und das Leben der Vollendung. Diese Erkenntnis unterscheidet sich grundlegend von der Idee der unsterblichen Seele, wie sie in der Antike zu finden ist. Die christliche Überzeugung sieht den Menschen vielmehr als innerlich tief zerrissen: Einerseits spürt er seine Vergänglichkeit, anderseits den unbezähmbaren Drang nach Dauerhaftigkeit. Der Mensch ist unvollendet und stirbt unvollendet. Unser irdischer Lebensweg gleicht einer Initiation: Am Ende unserer Tage, so verspricht uns der Glaube, bewahrheitet sich die wertvollste Erkenntnis unseres irdischen Daseins – das ganze Leben liegt noch vor uns.

Im Apostolischen Schreiben *Amoris laetitia* befasst sich Papst Franziskus näher mit dem Tod in eben jenem Moment, »wenn sein Stachel [in das Leben der Familie] eindringt«. So schreibt er: »Es tröstet uns, zu wissen, dass es keine vollständige Vernichtung derer gibt, die sterben, und der Glaube versichert uns, dass der Auferstandene uns nie verlassen wird. So können wir den Tod daran hindern, ›unser Leben zu vergiften, unsere Bindungen zu zerstören, uns in die finsterste Leere fallen zu lassen.‹ Die Bibel spricht von einem Gott, der uns aus Liebe geschaffen und uns so gemacht hat, dass unser Leben nicht mit dem Tod endet (vgl. Weish 3,2–3). Der heilige Paulus spricht uns von einer

Begegnung mit Christus unmittelbar nach dem Tod: ›Ich sehne mich danach, aufzubrechen und bei Christus zu sein‹ (Phil 1,23). Mit ihm erwartet uns nach dem Tod ›das Große, das Gott denen bereitet hat, die ihn lieben‹ (1 Kor 2,9). Die Präfation in der Liturgie für die Verstorbenen formuliert das sehr schön: ›Bedrückt uns auch das Los des sicheren Todes, so tröstet uns doch die Verheißung der künftigen Unsterblichkeit. Denn deinen Gläubigen, o Herr, wird das Leben gewandelt, nicht genommen.‹ Denn ›unsere Angehörigen sind nicht in der Finsternis des Nichts verschwunden: Die Hoffnung versichert uns, das sie in den guten und starken Händen Gottes sind.‹«[117]

Hilfreich mögen auch folgende Worte Hannah Arendts sein: »Ohne diese Fähigkeiten des Neubeginnens, des Anhaltens und des Eingreifens wäre ein Leben, das, wie das menschliche Leben, von Geburt an dem Tode ›zueilt‹, dazu verurteilt, alles spezifisch Menschliche immer wieder in seinen Untergang zu reißen und zu verderben. Gegen diese, natürlich immer bestehende, Gefahr steht die aus dem Handeln sich ergebende Verantwortlichkeit für die Welt, die anzeigt, dass Menschen zwar sterben müssen, aber deshalb noch nicht geboren werden, um zu sterben, sondern im Gegenteil, um etwas Neues anzufangen, solange der Lebensprozess das eigentlich personal-menschliche Substrat, das mit ihnen in die Welt kam, nicht zerrieben hat.«[118]

Keine Frage, die Ratlosigkeit angesichts des Todes eint uns alle zutiefst – und macht uns Angst. Ich bin jedoch überzeugt, dass unsere gesamte Zivilisation eine völlig andere wäre, wenn wir alle, ob Gläubige oder Atheisten, uns wirklich auf das gemeinsame Band besinnen könnten, das uns – vom Wunder der Geburt an bis zur Mühsal unseres Abschieds – im Ringen um den Sinn des Lebens und den Widersinn des Todes eint. Unsere tiefsten Ängste, und die Vereinfachungen, mit denen wir sie zu lösen versuchen, würden ganz andere Arten von Komplizenschaft untereinander entstehen lassen.

Der viel gepriesene technische Fortschritt wird in diesem Punkt niemals die passenden Worte und Gesten für uns bereithalten, die wir so dringend nötig hätten. Halten wir uns allein Folgendes vor Augen: Die immer schnellere Weiterentwicklung lebenserhaltender Technologien schreitet Hand in Hand mit der von Vernichtungstechnologien voran. Kaum brechen wir über ein »Wunder« ersten Ranges in Begeisterung aus, taucht auch schon dessen Gegenteil auf. Ein wahrhaft »edler« Kampf. Unser Eifer, den Tod zu einer himmelschreiend widerwärtigen Angelegenheit zu machen, steht den Kräften, mit denen wir das Leben zu erhalten suchen und auf die wir mit Recht stolz sein können, in nichts nach.

Tatsächlich erschwert die Abkehr von nur einem menschlichen Wesen bei seinem Tod, egal wie gleichgültig oder schuldbewusst, den Tod eines jeden von uns. Gott weicht der Frage des Menschen auch in der Stunde der Verzweiflung nicht aus: So lehrt es uns das Buch Hiob. Doch wenn wir ehrlich sein wollen, müsste diese Frage immer an uns alle, die gesamte Menschheit also, gerichtet werden. Denn eines ist sicher: Wir alle sind Komplizen jenes Todes, der die Liebe zum Leben mit Füßen tritt. Die an Gott gerichtete Frage »Wo warst du?«, wenn wir an Auschwitz denken, hat sicherlich einen Sinn. Aber sie bleibt gleichwohl beschämend, wenn wir sie nicht noch mutiger formuliert an unsere Mitmenschen richten: »Was hast du getan?« Die übereilte Abhandlung des Skandalons in den abstrakten theologischen Theorien vergisst allzu oft (und allzu unbekümmert), den Menschen in dieser konkreten Angelegenheit zur Verantwortung zu ziehen.

Dieses tatsächlich vermeidbare Skandalon des Todes – des Bösen also – darf weder leichtfertig beiseitegewischt werden, noch dürfen wir versuchen, uns seiner durch Oberflächlichkeit zu entledigen, so geschickt wir sie auch durch hehre Gedanken kaschieren mögen. Jedes Mal, wenn wir Menschen uns über den Tod unterhalten, sind wir in der Pflicht: Entweder helfen wir uns gegenseitig, sein Geheimnis zu ergründen, oder wir bereiten dem Nihilismus den Boden. Gerade die Christen dürfen dabei keinesfalls davon ausgehen, der Glaube habe sie ihrer Beweislast enthoben, und sie könnten sich so ihrer Verantwortung entziehen. Im Gegenteil sind gerade sie es, die vor Gott selbst zugunsten der anderen ein Gutteil der gesamten Last schultern müssen: indem sie sein Paradoxon annehmen und sich seinem Zeugnis aussetzen. Kein Gespräch über Gott ist wirklich von Wert, wenn es letzten Endes nicht der Anrufung den Vortritt lässt: Der Gläubige steht immer auf der Seite des sterblichen und sündigen Menschen, auch vor Gott.[119]

Dies haben die Christen von ihrem Herrn gelernt. Hierin liegt das Neuartige des Christentums. Gott wälzt die – unmögliche – Verantwortung, aus den dunklen Fängen des Todes und der Schuld zu entkommen, nicht auf die Menschen ab. Er nimmt sie auf sich. Sicher, es ist wahr, der Tod und die Schuld haben nichts mit ihm zu tun, beide sind sie dem Leben Gottes völlig fremd. Und dennoch, trotz dieser Fremdheit, begibt sich der Sohn Gottes in ihre Hand: Nun, da Gott ins Leben übergetreten ist, öffnet sich dieser Durchgang auch wieder dem Leben, das im Tod und in der Schuld verharrt. Und niemand kann ihn mehr verschließen.

Jesu »Tod am Kreuz«

An diesem Punkt setzt der christliche Diskurs über den Tod
an. Nicht bei einer mehr oder weniger tiefgründigen Theologie über Gott, sondern bei der Geschichte Jesu selbst. Der
Tod und die Auferstehung Jesu öffnen uns den Weg, der,
wie der Tod uns glauben machen möchte, angeblich verschlossen ist. Jesus nimmt den Tod auf sich und wendet ihn
so von seinen Freunden und Feinden ab. Er schließt keinen
Pakt mit ihm, er fleht ihn nicht als Entschädigung für seine
Verurteilung herbei, er entzieht sich ihm nicht, indem er
sein Leben verleugnet und seinem Zeugnis untreu wird. Ar-
mand Puig schreibt: »Jesus von Nazareth hat seinen Tod ge-
ahnt, aber nicht gesucht, wie einer, der den Wunsch hat,
sich selbst zu opfern. Dieser Tod war das Ergebnis vieler
Faktoren, die sich wie eine Art Spinnennetz um ihn zusam-
menzogen, und am Ende war dieses Netz undurchdringlich.
Jesus sieht sich einem Tod ausgeliefert, den er nicht veranlasst, aber auch nicht vermeidet und ihm ausweicht. Er stellt
sich ihm einfach entgegen, bietet ihm die Stirn und akzeptiert ihn. Trotz der Zweifel in seiner letzten Stunde im Garten Gethsemane weist er einen unmittelbar bevorstehenden
Tod nicht zurück, sondern deutet ihn als Ergebnis dessen,
was Gott von ihm will. Jesus sieht also im Sterben einen
Sinn, der nicht aus ihm selbst kommt, sondern aus der
engen Beziehung zwischen ihm und Gott, seinem Vater.
Gott gibt dem Tod Jesu einen Sinn, weil sein Leiden zum
Mittel für die Befreiung und das Heil wird.«[120]

Der Tod Jesu, der als Strafe für die »Lästerung« Gottes
verhängt wurde, deckt das absolute Skandalon auf: Im
Namen Gottes den zu töten, der durch den Sieg über den
Tod Gott geoffenbart hat. Dennoch heilt der Tod nicht den
Tod und lässt dem Leben keine Gerechtigkeit widerfahren.

Der über den verletzlichen und sündigen Menschen verhängte Tod verdoppelt ihn schlicht: Er rettet nichts, verliert alles. Die Andauer der Liebe Gottes trotzt der Macht des Todes, indem sie ihn auf sich lenkt: Jesus verwandelt den Tod in einen Akt der Liebe für das Leben des Nächsten und entzieht ihm zugleich seine Legitimation als Zeichen eines göttlichen Fluches. Und, zum Erstaunen des auserwählten Volkes und der Wächter des Gesetzes bis zum Skandalon, weigert er sich, Krankheit oder Tod als Werkzeuge der Offenbarung einzusetzen. Er stellt dem die Erniedrigung entgegen, und er tut das »im Namen Gottes«. Er hat vielmehr gelehrt, Gottes elementare Anordnung zu erkennen, die darin besteht, die Hungernden zu speisen, die Verwundeten zu heilen, die Kranken zu pflegen, die Fremden aufzunehmen und die Gefangenen zu besuchen. Und sogar durch das Zeichen der Auferweckung der Toten. Es gibt keine Komplizenschaft zwischen Jesus und dem Tod. Es gibt keinen Grund, sich dafür zu schämen, dass man Lazarus beweint. Und es gibt keine Rechtfertigung dafür, sich nicht um den Blindgeborenen oder den von Räubern Niedergemetzelten zu kümmern. Wie rein oder unrein er auch sein mag.

Gleichzeitig leuchtet genau diese Distanz zwischen Gott und dem Tod aus der unerhörten – und völlig undenkbaren – Kohärenz mit dieser Offenbarung hervor, die die todbringende Umarmung des Kreuzes als einen Akt der Liebe sieht. Sie ist der Höhepunkt der Offenbarung. Die Liebe Gottes, die den Menschen vom Bösen befreit, ist der Kern dieser Offenbarung: Jesu Gebet auf dem Ölberg – »Vater, wenn du willst, lass diesen Kelch an mir vorübergehen« (Lk 22,42) – ist mit diesem Zeugnis kohärent. Und doch wird es von Jesu Gehorsam der »Notwendigkeit« gegenüber besiegelt, den Tod zu umarmen, um ihm den scheinbaren Triumph zu nehmen und ihn daran zu hindern, sich als Beweis des Fluchs zu bestätigen. Die Fleischwerdung des Gottessohns ist kein schmerzensfreier Weg. Sie ist keine Inszenierung. Die Kirchenväter waren von Anfang an überzeugt: Wir sind sicher, dass Jesus eine echte Schicksalsgemeinschaft zwischen Gott und den Menschen errichtet hat, weil er unseren Tod wirklich »erlitten« hat. In Jesus kann Gott ohne Verlegenheit tatsächlich die Prüfung der Geschichte erbringen. Jesus hat Gott – und uns – das Recht erkämpft, dass dem Wort des Glaubens Gehör geschenkt werde.

Für den Apostel Paulus ist die Bejahung Jesu als des gekreuzigten Gottes das Herz der christlichen Botschaft. Das Kreuz steht nicht nur im Mittelpunkt der Offenbarung, sondern des Mysteriums Gottes selbst: »Während nämlich die Juden Zeichen fordern und die Griechen Weisheit suchen, predigen wir Christus, den Gekreuzigten: für die Juden ein Ärgernis und für die Heiden eine Torheit.« (1 Kor 1,22–23) Für Jesus war der Tod, wie schon gesagt, ein dramatischer Weg. Nicht nur, weil er keines natürlichen Todes, sondern »hingeschlachtet« starb. Selbstverständlich auch deshalb, denn so war es in der Tat, vor allem aber, weil er in diesem Moment die peinigende Abkehr Gottes spürte. Von Gethsemane an: Die Evangelien sprechen von Schweiß wie Blutstropfen vor Todesangst – jener Todesangst, die Jesus dazu bringt zu beten, der Vater möge diesen bitteren Kelch – wenn möglich – an ihm vorübergehen lassen. Mehrere Male hatte er zuvor auf seiner Reise nach Jerusalem mit seinen Jüngern über seinen gewaltsamen Tod gesprochen. Doch sie achteten nicht auf seine Worte, so sehr mangelte es ihnen an Feinfühligkeit. Als Jesus spürte, dass seine Tage gezählt waren, floh er nicht. Er blieb seiner Sendung treu. Folgt man der Erzählung des Johannesevangeliums, ergriff sogar er die Initiative, indem er Judas entgegenging, der die Truppe derer anführte, die ihn gefangen nehmen wollte.

Jesus – so geht aus den Evangelien hervor – stand der »Passion« nicht gleichgültig gegenüber: Er würde den Tod auf sich nehmen, wie er schon das für Versuchungen und Verfall empfängliche Fleisch angenommen hatte. Eines jedoch konnte er nicht akzeptieren: Gott fern zu sein, verlassen, allein, am Kreuz, der nackten Gewalt des Bösen ausgeliefert. Mit jenen verzweifelten Worten im Garten Gethsemane schien er – zumindest für einen Moment – die Passion als einzigen Weg zur Erlösung der Menschen infrage zu stellen: Gab es nicht vielleicht noch einen anderen, ihm verborgenen Weg, den nur Gott sehen konnte, einen Weg ohne das Kreuz?[121] In dieser Nacht im Olivengarten stellte Jesus eine schwerwiegende Frage – und er erwartete eine Antwort. Im ergebensten der vier Evangelien, dem von Lukas, erschien Jesus »ein Engel vom Himmel und stärkte ihn«: ein von Gott gesandtes Zeichen des Trostes. Matthäus und Markus hingegen mildern den Abgrund, der sich für einen Augenblick zwischen Vater und Sohn auftut, in keiner Weise ab. Kein göttliches Wort, kein Engel, kein Trost von oben: Die Jünger, die ihm am nächsten standen, waren eingeschlafen, der Himmel blieb stumm. Und falls der Vater etwas sagte, verstand es nur Jesus. Wir wissen es nicht. Die Evangelien lassen uns nur mit dem furchtbaren Schweigen Gottes und der Entscheidung Jesu, sich dem Tod nicht zu entziehen, zurück. Der große, gläubige Dichter David Maria Turoldo findet folgende Worte für jene Nacht:

Er rief dich an mit zärtlichem Namen:
Das Gesicht zur Erde,
und Steine und Erde
Von Bluttropfen nass:
Die Hände umklammerten
Grasbüschel und Schlamm:

Er wiederholte das Weltengebet:
»Vater, Abba, mach's möglich ...«
Nur ein Olivzweig über seinem Haupt
Bebte leise
Im Schweigen des Winds ... [122]

Noch immer im Garten Gethsemane, entfernt Jesus sich ein zweites Mal von den Jüngern und vertieft sich erneut ins Gebet. Diesmal jedoch ist es keine Frage mehr wie beim ersten Mal, sondern eine Erwiderung – eine Erwiderung Jesu auf eine unbekannte Antwort Gottes: »Mein Vater, wenn dieser Kelch nicht an mir vorübergehen kann, ohne dass ich ihn trinke, so geschehe dein Wille.« (Mt 26,42)

An diesem Punkt fallen alle Bedenken, alle Zweifel und Ängste von ihm ab: Jesus akzeptiert es, den bitteren Kelch zu trinken. Er begibt sich auf den Leidensweg, er besteigt das Kreuz und nimmt das dramatische Mysterium des Todes bis zum Ende an. In diesem letzten Augenblick erscheint Jesus als ein zutiefst verletzlicher Mensch: Mit rücksichtsloser Härte hat sich die menschliche Gewalt über ihm entladen – die der Henker und der in Strömen herbeigeeilten Menge. Nur eine winzige Gruppe, fast durchweg Frauen, bleibt aus Liebe an seiner Seite. Ab hier haben die Jünger aller Zeiten begriffen, wie man einem Sterbenden beistehen soll, nämlich indem man sich von der Herzenskälte der drei Jünger in Gethsemane lossagt, die es nicht verstanden, neben dem Freund in Todesangst zu wachen. Jesus durchlebt diesen bitteren Moment bis zum Ende.

Noch einmal steigt sein Gebet vom Kreuz hinauf zum Vater. Die Evangelien überliefern uns einen Vers dieses Gebets, des Psalms 22. Der Leidende spricht nur dessen Beginn: »Mein Gott, mein Gott, warum hast du mich verlassen!« (Ps 22,2) Es ist wie ein Schrei zum Himmel. Und doch ist es nicht ohne Hoffnung, trotz seiner furchtbaren Tragik. Jesus weiß sehr wohl, dass der Psalm im weiteren Verlauf die sichere Hilfe verspricht: »Denn er hat nicht verschmäht noch verachtet das Elend des Armen, vor ihm nicht verborgen sein Angesicht, er hat ihn gehört, da er schrie zu ihm.« (Ps 22,25) Jesus trinkt den Kelch, den der Vater für ihn bereithält, bis zur bitteren Neige. Er ist sich sicher, dass Er ihn nicht verlassen wird. Gott vollbringt nicht das Wunder, ihn vom Kreuz herabsteigen zu lassen. Er vollbringt vielmehr das Wunder, ihn an das Holz geschlagen zu lassen, aus Liebe und trotz allem voller Hoffnung. Anstatt des Wunders, vom Kreuz herabzusteigen, entscheidet sich der Vater für das Wunder des Glaubens.

Mit Blick auf den Gekreuzigten steht der Gläubige dem Leiden und dem Tod nicht mehr allein gegenüber. Und mit Jesus an seiner Seite hat er einen Maßstab, aus dem er Raum für neue Hoffnung schöpfen kann. Nicht die Hoffnung, den Tod zu verhindern, sondern jene, ihn zu überwinden, indem man ihn durchschreitet. Es sind die beiden Gesichter des Kreuzes, die die Evangelien uns aufzeigen: den Tod und die Auferstehung – Letztere unbegreiflich ohne Ersteren. Schon der Tod birgt tatsächlich den Keim einer Liebe in sich, die stärker ist als er selbst.

Die christliche Erfahrung ist immer von der conditio humana, der menschlichen Bedingtheit in ihrer ganzen Dramatik geprägt. Doch gibt es ein »Mehr«, das nicht aus dem Menschen kommt, sondern im Glauben empfangen wird: Jene beharrliche Hoffnung über den Tod und die Endgültigkeit hinaus, die aus der neuen Dimension des Evangeliums verstanden wird. Man könnte sagen, dass das Christentum ohne solch eine Neuigkeit nichts mitzuteilen hätte. Und niemand würde ihm Gehör schenken, wenn nicht Jesus selbst das menschliche Drama durchlebt hätte. Das rettende Ereignis ist paradoxerweise weder das Kreuz noch die Auferstehung allein. Es ist das Aufeinandertreffen dieser beiden Dimensionen, das Grund zur Hoffnung gibt.

Die Auferstehung Jesu

Die Auferstehung – mehrmals hatte Jesus während der drei Jahre seines öffentlichen Lebens mit seinen Jüngern darüber gesprochen – ist der Höhepunkt seines Lebens und der Beginn der Geschichte der Christenheit. Ihre Ankündigung war für die Jünger eine absolute »Überraschung«. Die Evangelien heben deutlich hervor, wie schwer es den Jüngern fiel, an die Auferstehung Jesu zu glauben oder, besser gesagt, zu glauben, dass Jesus tatsächlich auferweckt würde. Von allen Geschehnissen rund um Jesus war dies die Tatsache, die sie am wenigsten akzeptieren konnten. Als Söhne der jüdischen Kultur waren sie sowohl vom Denken als auch vom Vorstellungsvermögen her vollkommen unvorbereitet. Im Alten Testament hatte sich noch keine klare Idee einer Auferstehung der Toten entwickelt. Es gab die Voraussetzungen, damit sie später verstanden würde. Die Israeliten waren vom Bewusstsein durchdrungen, Gott mache »tot und lebendig« (1 Sam 2,6) und führe »hinab zu den Pforten der Unterwelt und wieder herauf« (Weish 16,13), sie erkannten also die Macht Gottes über das Leben und den Tod an. Die Bestätigung Jesajas: »Er [Gott] vernichtet den Tod auf immer« (Jes 25,8), lässt in der Tat an die Erwartung einer eschatologischen Auferstehung denken. Dennoch sollte sich diese Erwartung Israels erst mit Jesus erfüllen.

Genau betrachtet, hatte Jesus während der gesamten drei Jahre seine Jünger darauf vorzubereiten versucht, nach dem gewaltsamen Tod, den er würde erleiden müssen, auf seine Auferstehung zu warten, doch sie begriffen nichts. Die Auferstehung überstieg sowieso jegliche ihrer (wie auch unsere) Erwartungen, Prophezeiungen oder Vorstellungen um ein Tausendfaches. Der griechischen Welt war sie völlig fremd. Man denke nur an das entscheidende Streitgespräch zwischen dem Apostel Paulus und den Athenern, das sich genau um die Auferstehung des Fleisches drehte. Die griechischen Philosophen hörten Paulus mit großem Interesse zu, solange er von den religiösen Dimensionen des Lebens und vom Wirken Jesu sowie dessen göttlichem Ursprung sprach. Doch kaum brachte er die Rede auf die Auferstehung der Toten, unterbrachen sie ihn: »Darüber wollen wir dich ein andermal hören.« Wenngleich die Athener Philosophen die Unsterblichkeit der Seele für einen vernünftigen Gedanken hielten, kam die Auferstehung des Fleisches für sie nicht einmal als hypothetische Frage in Betracht. Die Meinungsverschiedenheiten schienen vom ersten Moment an unüberbrückbar.

Aus Paulus' Sicht hatte Jesus den Tod – den »größten Feind« – gerade durch die Auferstehung seines Leibes besiegt. Doch Jesus hat den Tod bis auf seine Wurzeln zerstört, indem er ihn auf sich genommen und bis zum bitteren Ende durchlebt hat. Und er hat uns ein neues Leben eröffnet, ein vollkommen neues und bis dahin absolut undenkbares Leben. Bis heute undenkbar aus Sicht der menschlichen Vernunft. Die Auferstehung besagt, dass Jesus kein Überlebender wie Lazarus ist. Tatsächlich erkannten die Jünger und das Volk Lazarus sofort, als er sich aus dem Grab erhob. Doch sie waren nicht in der Lage, Jesus wiederzuerkennen, als er ihnen hinter verschlossenen Türen erschien. Und das nicht nur einmal, sondern gleich mehrere Male. Jesus musste erst »zu ihnen sprechen«, damit sie ihn erkannten.

Mit dem auferstandenen Christus tritt eine neue Schöpfung auf die Bühne des Lebens, eine vollkommen neue Dimension der Existenz – ein neues Leben, das Raum und Zeit überwindet. In Kontinuität und Diskontinuität mit unserem Leben, sodass es nicht auf den ersten Blick offensichtlich ist. Diese Auferstehung ist der Dreh- und Angelpunkt der christlichen Verkündigung. Dieser Jesus, der gekreuzigt wurde, wurde von den Toten auferweckt und lebt für immer.

Mit anderen Worten, das Werk Jesu, seine Sicht der Welt, die Verkündigung seiner Wertvorstellungen gäbe es auch ohne seine Auferstehung. Aber wäre Jesus nicht lebendig, wäre die Geschichte nach Christus eine völlig andere geworden. Deshalb auch hat der Apostel Paulus fortwährend und unbeirrt die Auferstehung Jesu und die daraus folgende Auferstehung des Leibes seiner Jünger aller Zeiten verteidigt. Für den Apostel gründet der christliche Glaube voll und ganz auf der Tatsache, dass Jesus von den Toten auferweckt wurde.[123] Und das – darauf beharrt Paulus – sei von Anbeginn an der Kern der christlichen Überlieferung. Er spricht das den Christen von Korinth gegenüber sehr deutlich aus: »Wenn es keine Auferstehung der Toten gibt, ist auch Christus nicht auferweckt worden. Ist aber Christus nicht auferweckt worden, dann ist damit auch unsere Verkündigung nichtig und nichtig ist euer Glaube.« (1 Kor 15,13–14) Man könnte sagen, dass Paulus ohne Unterlass für alle glaubte und hoffte: Der (mit seinem Leib) auferstandene Christus ist unser aller Zukunft, unser aller Jenseits. Die Auferstehung der Jünger ergibt sich als logische Konsequenz aus der Auferstehung Jesu: Sie ist Teil ihres Mysteriums. Verleugnet man den Sieg Jesu über den Tod, verleugnet man Jesus selbst: Was würde uns von der Macht seines Todes bleiben? Wenn die Auferstehung der Toten keine

Geltung mehr hätte, würde die gesamte christliche Erfahrung in sich zusammenfallen. Im christlichen Credo ist die Zukunft nicht einfach nur ein Ort der Belohnung und erst recht kein Köder für ein gottgefälliges Benehmen auf Erden (auch wenn sich nicht leugnen lässt, dass die Angst vor der Hölle bisweilen allzu sehr geschürt wurde, anstatt die viel wichtigere Liebe als Anreiz in den Mittelpunkt zu stellen). Für die Christen ist die Zukunft (das Jenseits) die Gemeinschaft Christi mit den Auferweckten und die neue Schöpfung selbst.

Diese Bestätigungen lassen sich aus einer Sprache heraus verstehen, die über die Kategorien von Raum und Zeit hinausgeht. Das, was die Christen »ewiges Leben« nennen, ist die Vereinigung mit dem auferstandenen Christus. Dies ist der Schlussstein der christlichen Existenz.[124] Paulus schreibt: »Denn keiner von uns lebt für sich selbst und keiner stirbt für sich selbst. Denn wenn wir leben, so leben wir für den Herrn; und wenn wir sterben, so sterben wir für den Herrn. Ob wir leben oder sterben, wir gehören dem Herrn.« (Röm 14,7–8) Die Anspannung, sich mit Christus zu identifizieren, erklärt das Leben und den Tod des Christen. In diesem Horizont sind die biblischen Texte zu interpretieren. Deshalb wäre es auch zu banal, das Jenseits nur als Belohnung für ein gottgefälliges Benehmen zu betrachten. In Wirklichkeit ist es Gottes Geschenk an die Gläubigen, für immer vereint mit dem Auferstandenen zu sein. Es ist ein Geschenk, das sich allein mit der menschlichen Vernunft nicht fassen lässt. Und doch ist es die Antwort auf eine latente Sehnsucht nach einem Leben, das niemals enden möge, das mitsamt seiner Geschichte, den geliebten Gesichtern (der Sinn der Auferstehung des Fleisches ist in diese Richtung zu verstehen) gerettet werden möge. Nun, solch ein Wunsch, der wie die Vernunft zutiefst menschlich ist, findet im auferstandenen Christus eine ungeschuldete Antwort.

Die Wiederkunft des Auferstandenen nimmt den Widerspruch des Todes tatsächlich an und löst ihn auf: So, wie der Tod Jesu das Ende seines irdischen Lebens besiegelt hat, setzt seine Auferstehung dem Tod ein Ende und leitet den Beginn eines »neuen Lebens« ein. In diesem Sinne könnten wir auch sagen, dass weder der Tod noch das Leben ewig sind. Das Fleisch – sei es das Leben oder der Tod des Menschen – ist Fleisch. Die Auferstehung – dieses Eindringen der Macht des Geistes in die Geschichte der Menschheit – bereitet sowohl dem Tod als auch dem Leben ein Ende und leitet den Beginn eines »neuen Lebens« ein, das wir als »auferstanden« bezeichnen. Wir befinden uns nicht mehr in der irdischen Dimension, sondern in der der Ewigkeit.[125] Ein christlicher Gelehrter des späten Mittelalters, Johannes von Tepl, schreibt in seinem Werk *Der Ackermann aus Böhmen*: »Sobald ein Mensch zum Leben kommt, sogleich ist er alt genug zu sterben.« Nur das »wiederauferstandene Leben« ist ewig. Und wenn die Vereinigung mit dem Auferstandenen schon auf dieser Erde stattfindet, bedeutet das nichts anderes, als dass das »ewige Leben« schon im Hier und Jetzt beginnt, wie Jesus selbst sagt: »Wer an den Sohn glaubt, hat das ewige Leben.« (Joh 3,36)

Die Einsamkeit des Sterbenden

Wenn die Barmherzigkeit stirbt

Durch das Verdrängen des Todes aus dem öffentlichen Leben hat die Gesellschaft allmählich auch den Sterbenden seinem Schicksal überlassen. Wer stirbt, stirbt allein, ohne irgendjemanden an der Seite, so die Regel. Dies ist Ausdruck eines tiefgreifenden Kulturwandels – ich würde von Verrohung sprechen – dem Wandel von einer Kultur, in der man um »Barmherzigkeit für den Sterbenden« bat, zu einer, die um den »Tod aus Barmherzigkeit« bittet. Norbert Elias, deutscher Soziologe jüdischer Abstammung, veröffentlichte als 90-Jähriger Anfang der 80er-Jahre des letzten Jahrhunderts einen kurzen Text, *Über die Einsamkeit der Sterbenden in unseren Tagen*, der sofort zum Klassiker wurde. Er prangerte als eines der akutesten Probleme des 20. Jahrhunderts die Unfähigkeit an, dem Sterbenden jene Hilfe und Aufmerksamkeit zu widmen, die er benötigt. Geschuldet ist dies allein schon der Flucht vor dem Gedanken an den eigenen Tod: »[...] eben weil der Tod des Anderen als Mahnzeichen des eigenen Todes erscheint.« Allein schon »[d]er Anblick eines Sterbenden rüttelt an der Phantasieabwehr, die Menschen wie eine Schutzmauer gegen den Gedanken des eigenen Todes aufzubauen neigen. Die Selbstliebe flüstert ihnen zu, sie seien unsterblich. Allzu nahe Berührungen mit Sterbenden bedroht diesen Wunschtraum.«[126]

Olivier Clément beklagte diesen kulturellen und spirituellen Wandel rund um den Tod: »Wir halten keine Totenwache mehr. Beerdigung und Trauer bringen wir schnell hinter uns. Den Sterbenden umgibt nichts weiter als Stille, beschwichtigende, banale Lüge und tiefe Einsamkeit.« Weiter fügt er hinzu: »Im Übrigen wird der Tod, der irgendwie unschicklich ist, immer öfter in die Krankenhäuser verbannt, wo man zum Sterben hingeht. Zum ersten Mal in der Menschheitsgeschichte hat die Gemeinschaft und die Familie dem Sterbenden nichts mehr zu sagen und sie erwartet sich auch nichts mehr von ihm. Der Tod ist vollständig entweiht und wird zu einer medizinischen Angelegenheit im Verborgenen. Ohnehin ist er zum größten Tabu unserer heutigen Gesellschaft geworden.«[127]

Der Tod ist in der Tat gesellschaftlich verdrängt worden. Eine Öffentlichkeit wie in der Vergangenheit hat er nicht mehr. Folglich sind auch keine Riten mehr mit ihm verbunden: Er muss von der Bildfläche und aus dem gesellschaftlichen Leben verschwinden. Elias prangert an: »Gegenwärtig haben die den Sterbenden verbundenen Menschen wohl oft nicht mehr das Vermögen, ihnen Halt und Trost zu geben durch den Beweis ihrer Zuneigung und Zärtlichkeit. Sie finden es schwer, Sterbenden die Hand zu drücken oder sie zu streicheln, um ihnen das Gefühl der unverminderten Zugehörigkeit und Geborgenheit zu geben. [...] Unwillkürlich ziehen sie sich dann von den Sterbenden zurück. Dabei ist, wie bei jedem Abschied von vertrauten Menschen, deren Geste unverminderter Zuneigung für die endgültig Scheidenden vielleicht die größte Hilfe, abgesehen von der Linderung der physischen Schmerzen, die die Zurückbleibenden ihnen geben können.«[128] Der Rückzug der Gesellschaft und bisweilen auch der Angehörigen vor den Sterbenden setzt sich auch nach dem Tod fort, mit dessen Abwicklung

Bestattungsinstitute betraut werden, »Spezialisten« also: Von der Vorbereitung des Leichnams bis zum Begräbnis. Aus den Händen der Familienangehörigen wird er an die Krankenhäuser gereicht und von dort weiter an die beauftragten Institute. Elias brandmarkt diese Entwicklung anhand eines beeindruckenden Bildes, der *Pietà* von Michelangelo. Diese Darstellung von einstmals universellem symbolischen Wert sei heute vollkommen aus der Mode: »Heute nimmt niemand mehr einen Toten in die Arme. Heute sterben wir einsam und in der Einsamkeit erlöschen die Träume des Einzelnen. Unsere kleine Welt.«[129] Der »Pietà«, des Mitleids, haben wir uns einfach entledigt. Zurück bleibt der Mensch, der nun in einem Moment allein gelassen wird, in dem er besonders auf Hilfe angewiesen wäre, dem Moment seines Todes. Gleiches geschieht nach seinem Tod.

Ich erinnere mich an ein von der Gemeinschaft Sant'Egidio für einen Obdachlosen abgehaltenes Begräbnis, der irgendwann einfach verschwunden war. Einige Nachforschungen hatten zu einer Kühlzelle in der Poliklinik Rom geführt, in der seine Leiche eingelagert war. Niemand hatte um die Herausgabe des Leichnams gebeten. Die Gemeinschaft hatte darum gebeten, man möge ihr den Körper des Toten überlassen, als wäre er ein Verwandter, und hatte seine Beerdigung in der Basilika Santa Maria in Trastevere organisiert. Neben den Mitgliedern der Gemeinschaft luden sie auch Obdachlose ein, die mit dem Verstorbenen befreundet gewesen waren. Es war ein außergewöhnliches Erlebnis. Viele der Obdachlosen, die dieser Trauerfeier in der Kirche beiwohnten, baten darum, eines Tages ebenfalls ein solches Begräbnis zu bekommen, bei dem sie endlich einen Namen, eine Würde und eine große Familie haben würden. Die Messe war von großer »Feierlichkeit« geprägt, verliehen durch die Schönheit einer sorgfältigen Liturgie, bei der gemeinsam gesungen wurde und viele Freunde anwesend waren. Es ist ein kleines Beispiel dafür, wie auch in der christlichen Welt die Begleitung, sowohl im Leben als auch im Tod, nachgeholt werden kann. Leider erlebte sie dieser Obdachlose erst nach seinem Tod. Durch Gesten wie diese kann ein Band, das der Tod zu zerreißen droht, neu geknüpft werden. Während jener Messe konnten die Fäden der Solidarität und Freundschaft wieder aufgenommen und zu einer neuen Verbindung zusammengeführt werden, die sich als stärker erweist als der Riss, der durch den Tod in Einsamkeit entstanden war.

Einsamkeit und Tod

Einsamkeit ist niemals schön, doch in Momenten der Schwäche und Krankheit ist sie noch viel schlimmer. Unter Schmerzen wird sie unerträglich. So unerträglich, dass wir lieber sterben, als weiter einsam zu leiden. Häufig rührt der Wunsch nach Euthanasie genau daher. Die bekannte französische Psychologin und Psychoanalytikerin Marie de Hennezel, die sich der Sterbebegleitung verschrieben hat und diese auf einer Palliativstation der städtischen Uniklinik Paris leistete, erzählt von einem Gespräch mit einem Mann, der sich dazu entschlossen hatte, Sterbehilfe zu verlangen: »In seiner Stimme schwang eine Art Verzweiflung mit. Mir wurde klar, dass es ihm ernst war, und ich hörte ihm aufmerksam zu. Was genau verlangte er von mir? Euthanasie, also getötet zu werden? In mir stieg eine gewisse Wut auf: Niemand kann von einem anderen verlangen, ein Leben auszulöschen. Alles in mir sträubte sich und rebellierte. Alle möglichen Einwände stiegen in mir auf und wären mir fast über die Lippen gekommen: Hast du eigentlich jemals an die anderen gedacht? An die, die dich gern haben? Wieso setzt du voraus, dass das Alter unerträglich sein wird? Es gibt alte Leute, deren Leben zu Ende geht und die dabei Glück und Weisheit ausstrahlen – wieso solltest du nicht einer von ihnen sein können? Doch was bringt das schon?, dachte ich. Ich wäre nicht die Erste, die ihm das sagt. In diesem Moment entschied ich, genauer auf das zu hören, was er mir sagen wollte. ›Ich bitte weder darum, dass mir jemand dabei hilft, mich umzubringen, noch, dass sich jemand zu meinem Komplizen macht, oder mir zustimmt. Ich bitte nur darum, ob nicht vielleicht jemand da sein kann, ein stiller Zeuge, der mir Beistand leistet, damit ich nicht allein bleibe ... Damit ich nicht allein sterben muss.‹«[130] Dieser alte Mann hatte einfach ein großes Bedürfnis nach Zuspruch. Als er bemerkte, dass seinem Wunsch Gehör geschenkt wurde, schwand seine Verzweiflung langsam und sein Wunsch zu leben wuchs erneut. Die Antwort auf seine Einsamkeit waren Liebe und Beistand in seiner Angst gewesen. Die Flucht vor dem Tod geht, wie schon gesagt, auch über den Tod hinaus. Die Familienangehörigen werden dazu angehalten, sich abzulenken: Der Schmerz, so sagt man, sei »krankhaft, ungesund, demoralisierend«.[131] Nachdenklich macht die vor einiger Zeit sowohl in der französischen als auch in der amerikanischen Presse losgetretene Debatte über die »Entsorgung« von Leichen. Voller Bitterkeit bemerkt Umberto Galimberti, dass analog zu den herkömmlichen Mülldeponien, die nach und nach durch Verbrennungsanlagen und Mülltrennung zum Zwecke des Recyclings ersetzt würden, inzwischen auch die traditionellen Gräber auf dem Friedhof durch das Angebot der Einäscherung (»Entsorgung«!) der Leichen oder der Wiederverwertung (»Recycling«!) der Organe substituiert würden.

Auch wenn die Absichten durchaus ehrenwert seien, so Galimberti, lasse sich doch die perfide Philosophie nicht verbergen, die den Menschen als Ware und die Leiche als einen recycelbaren oder einzuäschernden Überrest sehe.[132]

Galimberti ist hiermit, wie mir scheint, eine zutiefst traurige, aber beeindruckende Demaskierung des szientistisch-technologischen Lockrufs gelungen, der uns dazu treibt, den Menschen als beliebige Ware zu sehen. Er meint dazu: »Seiner religiösen, metaphysischen und symbolischen Werte beraubt, nimmt der Tod heute einen eher schmucklosen, nackten und sinnlosen Zug an, er erscheint fast wie ein überflüssiges Wegwerfprodukt des Lebens, etwas völlig Fremdes in einer hektischen Welt, die nicht etwa, wie einst aus religiöser oder humanistischer Sicht, bestrebt ist, eine wahre oder vermeintliche Bestimmung zu erfüllen, sondern deren einziges Ziel darin besteht, den Tod zu verbannen, indem man ihn isoliert, absondert und auf Nimmerwiedersehen auf der Mülldeponie verschwinden lässt, dem Schlund der Vergessenheit.«[133]

In einer Welt, die den Tod auf solche Art verdrängt, muss die Euthanasie fast schon zwangsläufig als wünschenswerter Tod erscheinen. Dies ist auch der Grund, weshalb man so sehr auf das »Recht« zu sterben pocht, das als edle und humane Wahlmöglichkeit dargestellt wird. Doch ist dies tatsächlich der neue Humanismus, den wir alle brauchen? Ist dies tatsächlich die Perspektive, die unsere Gesellschaft jenen bietet, die vor allem Unterstützung, Zuspruch und Liebe benötigen? Didier Sicard, Präsident der nationalen Ethikkommission Frankreichs, stellt scharfsinnig fest: »Der Fortschritt unserer heutigen Gesellschaft, den uns das 20. Jahrhundert beschert hat, misst sich an der Fähigkeit, die Solidarität weiterzuentwickeln und den Schwächsten von uns Schutz und Beistand zu gewähren, anstatt ihr Verschwinden zu erleichtern.«[134] Dies ist der Humanismus, den wir brauchen.

Was uns der Sterbende lehrt

Es gibt noch etwas, das wir nicht außer Acht lassen dürfen: den Wert, den uns ein Mensch vermittelt, der am Ende seiner Tage angelangt ist. »Gut, bereite denn alles vor, auf dass ich sterben möge, wie es sich für einen Bischof oder Papst anschickt. Genaue Anweisungen liegen dir bereits vor, sie sind im *Caeremoniale Episcoporum* enthalten. Wir haben unser Werk getan und der Kirche gedient. Wir haben uns nicht damit aufgehalten, die Steine aufzulesen, die von verschiedenen Seiten auf uns geworfen wurden. Ebenso wenig haben wir sie auf irgendjemanden zurückgeworfen.«[135] So antwortete Papst Johannes XXIII. seinem Sekretär Monsignor Capovilla, als dieser ihm seinen bevorstehenden Tod ankündigte mit den Worten: »Die Stunde ist gekommen: Der Herr ruft Sie.« Es ist ein großartiges Beispiel, wie wir dem letzten Ereignis des Lebens entgegentreten können: Ein schöner Tod ist sowohl für das eigene als auch das Leben der anderen erhebend, im wahrsten Sinne des Wortes. Die Christen sind dazu aufgerufen – gerade weil der Tod in der heutigen Gedankenwelt verdunkelt wird –, Worte wie die Papst Johannes' XXIII. zu finden, die den heutigen Menschen zu helfen vermögen, diesen letzten Lebensabschnitt zu begehen.[136]

Die Erfahrungen, die Menschen bei der Begleitung von Sterbenden machen, zeigen, dass sich in den letzten Zügen häufig eine neue oder zumindest unbekannte Sicht auf das Leben auftut. Eine Gesellschaft, die dem Tod nicht ins Gesicht schauen will beziehungsweise ihn sogar von sich fernhält, wenngleich dies nie völlig gelingen mag, versagt sich selbst einen außergewöhnlichen und vielleicht unentbehrlichen Wissensschatz. Wer hingegen einem Sterbenden liebevollen Beistand leistet, wird sich bewusst, wie viel Leben noch in einem solchen Menschen steckt und wie viel wir von ihm noch lernen können, gerade weil er diesen Moment gerade durchlebt. Rabbiner Brand erinnerte in einem Gespräch mit dem Anwalt Frank Serfati, dem Moderator eines jüdischen Radiosenders, daran, dass in einer *Mishna* des Traktats *Shabbat* geschrieben stehe, es sei verboten, eine sterbende Person zu bewegen, da dies ihr Leben verkürzen könne, sei es auch nur um wenige Sekunden: Wer dieses Verbot missachte, mache sich des Mordes schuldig. »Was kann man denn in zehn Sekunden schon machen?«, fragt der Rabbiner. »Oder gar in einer Sekunde?« Und antwortet, eine Sekunde des Lebens könne die Unendlichkeit enthalten.[137]

Wie wahr. In einer Sekunde kann sich das Herz verändern und es können Worte unermesslichen Gewichts fallen. Ein Mensch, der weiß, was es heißt, Todesangst zu haben, kann jemandem, der ihm zuhört, eine Lehre mit auf den Weg geben, die für das weitere Leben prägend und unvergesslich sein wird. Ein Sterbender kann in diesem Moment lebendiger als jeder andere Mensch sein, gerade weil er uns an den bevorstehenden Tod und das Bedürfnis nach Hoffnung erinnert. Daher brauchen die Lebenden die Sterbenden, die übrigens bis zum letzten Atemzug lebendige Menschen sind. Schon immer haben die Kulturen den letzten Worten eines Sterbenden eine besondere Bedeutung beigemessen (natürlich nur, solange er noch bei vollem Bewusstsein ist): In ihnen schwingt etwas Einzigartiges mit, sie sind glaubwürdig und aufrichtig. Sie zu verpassen ist ein unermesslicher Verlust. Die Gesellschaft könnte viel Wissen wiedererlangen, wenn sie den Tod nicht verbergen und ihm seinen Platz in der Gemeinschaft zurückgeben würde. Das Gegenteil öffnet der Unmenschlichkeit Tür und Tor: Wer stirbt, bleibt allein, und wer zurückbleibt, wird dessen Anwesenheit und dessen Worten beraubt.

Auf dem Sterbebett wird manch einer zum wahren »Meister« seines Schmerzes. Marie de Hennezel betont in ihrem Buch *Den Tod erleben*, Frucht ihrer siebenjährigen Erfahrung in der Sterbebegleitung, die Bedeutung ihrer Tätigkeit. In der Einleitung verleiht sie ihrem Wunsch Ausdruck, es möge ihr gelingen, dem Leser nahezubringen, wie bereichernd es sei, eine geliebte Person in der Stunde ihres Todes zu begleiten. »Ich hoffe, dem Leser vermitteln zu können, wie wertvoll es ist, einen geliebten Menschen während des Sterbens zu begleiten. Ich selbst habe dies im Laufe der Jahre immer wieder erfahren. Mein Leben hat sich dadurch verändert. Der Übergang vom Leben zum Tod ist nicht, wie wir oft glauben, ein absurder und sinnloser Lebensabschnitt. Ohne die Trauer und den Verlust verharmlosen zu wollen, möchte ich verdeutlichen, wie die Zeit des Sterbens die Vollendung eines Menschen und eine Veränderung seiner Mitmenschen bewirken kann. Vieles kann auch dann noch gelebt werden, auf einer subtileren, tieferen Ebene: die der zwischenmenschlichen Beziehungen. Auch wenn der Körper nichts mehr zu leisten vermag, kann der Mensch noch lieben und sich geliebt fühlen. Und viele Sterbende haben uns, als sie das Leben verließen, diese ergreifende Botschaft übermittelt: ›Geht nicht am Leben und an der Liebe vorbei.‹ Den letzten Momenten eines geliebten Menschen beizuwohnen ist eine Gelegenheit, seinen Lebensweg bis zum Ende zu teilen. Wie viele unter uns ergreifen diese Möglichkeit?«[138]

Elisabeth Kübler-Ross[139] untersuchte die psychischen Reaktionen rund zweitausend im Sterben liegender Kranker, die für »klinisch tot« erklärt worden waren, und bestätigt die soeben angeführte Erfahrung. Wenn sich der Kranke des bevorstehenden Todes bewusst wird, löst dies eine Reihe von Gefühlen und verschiedene Reaktionen aus. Die Psychiaterin konnte feststellen, dass zu einem gewissen Zeitpunkt der Wunsch aufkommt, den Verbleibenden zu vermitteln, worauf es im Leben wirklich ankommt. Dem Sterbenden wird klar, dass er demjenigen, der ihm beisteht, seine eigenen Gedanken über den Sinn des Lebens hinterlassen kann, etwas, worüber dieser nachdenken und das er in die Tat umsetzen soll. Selbst wenn der Tod schon nahe ist, können Liebesbeziehungen mit einer nie erlebten Intensität und Tiefe erlebt werden.

Um jene »Weisheit« zu bezeugen, die aus dem Wissen um den bevorstehenden Tod erwachsen kann, dürften, wie ich meine, abschließend auch einige Ausschnitte aus einem Text von Zvi Kolitz hilfreich sein: Es handelt sich um das »Testament« Jossel Rakovers, eines Juden, der – während der Angriff der Deutschen wütete, der fünftausend Juden das Leben kostete – im Ghetto von Warschau eingeschlossen war. Der Protagonist ist 43, doch er weiß, dass er am Ende seiner Tage angekommen ist. Seine gläubigen Worte kommen aus tiefstem Herzen. Unter anderem sagt er: »Ich glaube an den Gott Israels, auch wenn er alles getan hat, um meinen Glauben an Ihn zu zerstören. Meine Beziehung zu Ihm ist nicht die eines Sklaven seinem Herrn gegenüber, sondern die eines Schülers zu seinem Lehrer. Ich glaube an Seine Gesetze, auch wenn ich die Rechtmäßigkeit Seiner Handlungen bestreite. Ich verneige mich vor Seiner Größe, aber ich werde nicht den Stock küssen, der mich schlägt. Ich liebe Ihn, doch noch mehr liebe ich Sein Gesetz. Und auch wenn ich mich in Ihm getäuscht haben sollte, werde ich doch nicht aufhören, Sein Gesetz zu befolgen. Gott bedeutet

Religion, aber Sein Gesetz bedeutet Lebensweisheit. Du sagst, wir haben gesündigt. Sicherlich haben wir gesündigt. Daher ist es gerecht, dass wir unsere Strafe erhalten. Doch sage mir bitte, gibt es tatsächlich eine Sünde auf Erden, die eine solche Strafe verdient? All das sage ich Dir, mein Gott, weil ich an Dich glaube, an Dich allein mehr denn je, weil ich jetzt weiß, dass Du mein Gott bist und nicht der Gott all jener, deren Taten die Früchte ihrer Leere sind ... Ich sterbe sanft, aber ich bin nicht zufrieden; geschlagen, aber nicht verzweifelt; ich sterbe im Glauben, aber ohne um Gnade zu flehen, ich sterbe, indem ich meine Liebe zu Gott gestehe, aber ohne blind ›Amen‹ zu sagen.«[140]

Aus diesen Zeilen spricht ein Glaube, der in jener schrecklichen Zeit gereift ist, die sich als größtes Drama des 20. Jahrhunderts erwiesen hat. Worte wie diese helfen auch uns, auf eine bessere Zukunft zu hoffen, in der wir nie wieder eine Tragödie wie die Schoah erleben müssen.

Vom »Recht« zu sterben zur »Pflicht« zu sterben

Das Recht auf Selbsttötung?

Der Grat zwischen dem »Recht« zu sterben und der »Pflicht« zu sterben ist schmaler, als bisweilen angenommen.[141] In einer Gesellschaft, in der die Selbstständigkeit im Sinne totaler Unabhängigkeit zur unangefochtenen Norm geworden ist, kann, wer diese Autarkie nicht wahrt oder sie nicht erreicht (erreichen kann), leicht den Mut und sogar den Lebenswillen verlieren. Solch eine Grundvoraussetzung führt dazu, die Ausgrenzung zu internalisieren und letztendlich zu entschuldigen, ja sogar als Recht zu verankern. Hans Jonas, der das »Prinzip Verantwortung« in den Mittelpunkt der menschlichen Existenz stellt, bemerkte in einer Konferenz in den 70er-Jahren: »Wie sonderbar, dass wir heutzutage von einem Recht zu *sterben* sprechen sollen, wenn seit je alles Reden von Rechten überhaupt auf das fundamentalste aller Rechte: das Recht zu *leben,* rückbezogen war. In der Tat, jedes sonstige Recht, das je erwogen, verlangt, gewährt oder versagt worden ist, kann als eine Ausdehnung dieses Primärrechts angesehen werden [...]«[142] Er betonte, dass der Einzug der Technik im Umgang mit dem Tod völlig neue und ernste Fragen aufwerfe. Es müsse zu denken geben, dass Selbstmord im Lauf der Zeit als Recht der freien Wahl, einschließlich der, sich das Leben zu nehmen, legitimiert worden sei. Als eine Geste des »Mutes«.

Einige moderne Autoren kommen zu dem Schluss, Selbstmord sei nicht immer zu verurteilen. Offen gesagt fällt es mir schwer, deren Argumentation zu folgen, die meiner Meinung nach gleichgültig, kalt und bar jeden Mitgefühls ist. So wie es mir schwerfällt, Eser – den Hans Küng in einem schmalen Band über Euthanasie zitiert – zu folgen, für den das Recht weiterzuleben nicht zur Pflicht werden darf, und das Recht auf Leben nicht mit Nötigung zum Leben gleichzusetzen ist.[143] Und ebenso wenig begreife ich Alfons Auer, einen Moraltheologen aus Tübingen, wenn er behauptet, der traditionelle theologische Grundpfeiler der Unantastbarkeit des menschlichen Lebens (»seine Relationalität zu Gott«), sei »letztlich nicht überzeugend«. Nicht »jede Selbsttötung des Menschen (und damit auch nicht aktive Euthanasie)« sei deshalb »von vornherein absolut und dezisiv als unsittlich auszuschließen«.[144] Das Problem des Selbstmords liegt weniger in seiner Unmoral als in seiner Tragik, die ich nicht beiseitewischen kann. Wie ist es möglich zu behaupten, Selbstmord sei ein »schöner und würdiger« Tod? Ist er nicht vielmehr eine schreckliche, tragische, rätselhafte Entscheidung, die auch ein unauslöschliches Scheitern des Lebens in sich birgt? Für ebenso unangebracht halte ich die Meinung, Suizid sei – wenngleich nur ausnahmsweise – zulässig, da er im antiken Christentum nicht eindeutig verurteilt worden sei, wie Albert Bayet in seiner bekannten Arbeit über den Selbstmord postuliert.[145]

Doch anstatt mich auf solch eine Debatte einzulassen, möchte ich auf die Arbeit von Jean-Claude Larchet, eines orthodoxen Theologen, verweisen, der in einem Buch über die Position der orthodoxen Kirche zu den Themen Tod und Sterben die Ambiguität der oben erwähnten These entlarvt.[146] Er legt dar, dass sich den biblischen Autoren die Frage des Selbstmordes aufgrund ihres kulturellen Hintergrundes gar nicht erst stellte. Das unumstößliche fünfte Gebot »Du sollst nicht morden« (Ex 20,13) war mehr als ausreichend. Wie kann man behaupten, das beziehe sich nur auf den Nächsten und nicht auf sich selbst? Man denke zudem an die mahnenden Bibelworte »Der Herr macht tot und lebendig«. (1 Sam 2,6) Und wenn jemand – um zu untermauern, dass es in manchen Fällen gerechtfertigt sei, sich selbst oder jemand anderem das Leben zu nehmen – sagt, Gott habe das Leben in die Hände des Menschen gelegt, lautet die Antwort ganz einfach: Gott hat dem Menschen das Leben anvertraut, damit er es wachsen und gedeihen lasse, damit er es verteidige, und gewiss nicht, um es zerstören! So wie es auch für die Schöpfung gilt, die Gott dem Menschen mit Sicherheit nicht anvertraut hat, auf dass er sie zerstöre, sondern damit er über sie wache, sie schütze und sie als Lebensraum aller Kreaturen erhalte. Auf jeden Fall ist der Selbstmord niemals von den Kirchenvätern legitimiert oder gar mit dem Martyrium verglichen worden – eine These, die Marco Cavina meiner Meinung nach in seinem Buch vertritt.[147]

Wenn ich näher auf die Problematik des Selbstmords eingegangen bin, so vor allem deshalb, weil man sich seiner zuweilen als Argumentationshilfe bedient, wenn es um bestimmte Formen der Euthanasie wie den assistierten Suizid geht. Gerade in Hinblick auf Selbsttötung hat sich die Position der Kirche dem gegenüber, der sich das Leben nimmt, einschneidend verändert. Inzwischen ist das Verbot des kirchlichen Begräbnisses im Falle der Selbsttötung aus freiem Willen (*deliberato consilio*), wie es das kanonische Kirchenrecht von 1917 (Can. 1240) vorschrieb, nicht nur aufgehoben worden, sondern es wird angemahnt, die Opfer angemessen aufzunehmen. Auch wenn dies ein außerordentlicher Fortschritt ist, heißt das jedoch keineswegs, dass die Kirche den Akt der Selbsttötung an sich billigt. Er ist und bleibt immer eine Tragödie, die sich sicherlich nicht mittels gesetzlicher Vorschriften und Verboten beurteilen lässt. Ich persönlich habe solche Begräbnisfeiern stets mit besonders viel Achtsamkeit und Mitleid zelebriert und dabei versucht, die Angehörigen – und auch den Verstorbenen – jene Liebe spüren zu lassen, die der Verstorbene in den letzten Augenblicken seines Lebens entweder nicht besaß oder nicht verspürte. Jene Liebe, die er vielleicht mit seinem »Abschied« zum Ausdruck bringen wollte, um niemandem mehr »zur Last zu fallen« oder weil ihm das scheinbar Normale unerträglich geworden war. Die wichtigste Aufgabe solcher Begräbnisfeiern ist es, dieses Vakuum der Liebe auszufüllen und denjenigen, der uns auf so tragische Weise verlassen hat, mit grenzenloser Zuneigung zu umfangen. Deshalb würde es mir niemals in den Sinn kommen, den Selbstmord rechtfertigen zu wollen. Wir müssen uns allenfalls fragen, wie wir die Liebe dort aufkeimen lassen, wo sie gefehlt hat und wo sie noch immer fehlt.

Ich halte es für unerlässlich, dass gerade die Gläubigen – ohne sich überlegen zu fühlen, aber mit Nachdruck – an vorderster Front gegen jene »Kultur des Todes« Stellung beziehen, die mehr und mehr gesellschaftsfähig zu werden scheint. Wir brauchen mehr Liebe, mehr Mitleid, mehr Anteilnahme. Auch die Kirche hat erste wichtige Schritte in dieser Richtung unternommen, denen hoffentlich noch weitere folgen werden. Denken wir zum Beispiel an die strikte Verurteilung der Todesstrafe: ein Novum für die Kirche und zahlreiche Länder weltweit seit der Konstantinischen Wende. Was könnte in diesem Zusammenhang passender sein als die Antwort Papst Johannes' XXIII. an seine Kritiker, die ihn für das »Aggiornamento«, die Öffnung der Katholischen Kirche, tadelten: »Nicht das Evangelium ist es, das sich verändert, nein, wir sind es, die gerade anfangen, es besser zu verstehen.« Ich glaube, dass unser Verständnis des Evangeliums Hand in Hand mit unserem Verständnis der heutigen Gesellschaft voranschreitet. Wie sagte Karl Barth einmal so klug? Ein Christ liest die Bibel *und* die Zeitung.

Muss es uns nicht nachdenklich stimmen, wenn die steigende Zahl an Selbstmorden scheinbar nicht ins Bewusstsein der Öffentlichkeit vordringt? Die Gesellschaft blendet schlicht aus, dass sich mit jedem Selbstmord aufs Neue der letzte Akt einer persönlichen menschlichen Tragödie und gleichzeitig eine bittere Niederlage für uns alle wiederholt. Wo bleibt der Aufschrei der Entrüstung? Was wir hier sehen, ist ein klares Indiz für die gleichgültige Weigerung der Gesellschaft, dem Hilferuf nach Liebe nachzukommen, der sich in jener verzweifelten Geste, sich das Leben zu nehmen, anstatt es zu bewahren, äußert. Es ist eine Abstumpfung des moralischen Kollektivgewissens, die ihresgleichen sucht. Darüber hinaus verkehrt sich das Ganze heute sogar noch ins Gegenteil: Wer die Meinung vertritt, man müsse versuchen, Selbstmordkandidaten von ihrem Vorhaben abzubringen, gilt zunehmend als *politically incorrect*. Und das, obwohl wir genau wissen, dass jemand, der sich das Leben nimmt, »wider seine Natur« handelt, getrieben von abgrundtiefer Verzweiflung und bodenlosem Schmerz. Dass er es vorzieht, einen Schlussstrich unter ein Leben zu ziehen, das ihm unerträglich erscheint, weil er sich von allen verlassen oder unverstanden fühlt, oder weil er kein würdiges Dasein mehr für möglich hält.[148] Ein noch bittererer Nachgeschmack bleibt, wenn es sich um einen Freund oder einen Familienangehörigen, vielleicht sogar um einen Jugendlichen handelt. Doch nach wie vor ist die Empörung nicht groß genug, um einen Ruck durch die Gesellschaft gehen zu lassen. Im Gegenteil begeben wir uns in solchen Fällen stets bereitwillig auf die Suche nach plausiblen Erklärungen oder Rechtfertigungen. Aber bedeutet dies nicht auch, sich vor der Verantwortung zu drücken, seine »Hände in Unschuld zu waschen«, wenn es um das Leben der anderen geht? Wie steht es um die Verantwortung der Medien? Leider ist es oftmals ihre Berichterstattung nach solch tragischen Fällen, die gerade Jugendliche zu Nachahmungstaten verleiten kann. Ein schwieriges Thema, das mit besonderer Sorgfalt behandelt werden sollte.

Wir wissen im Übrigen, dass sich vor den Hinterbliebenen ein mühevoller Leidensweg voller Fragen auftut, auf die es keine befriedigenden Antworten gibt. Die Wunden sind tief und kaum zu heilen. Wieder und wieder machen sie sich Vorwürfe, warum sie nicht in der Lage waren, den Schmerz zu erkennen, oder sie lehnen sich – was sogar heilsam ist – in Gedanken voller Empörung gegen einen Akt auf, der, wenn auch ungewollt, doch immer ein Akt der Gewalt den Hinterbliebenen gegenüber bleibt.[149] Es ist eine bittere Schlacht, die es zu schlagen gilt. Ein jeder Selbstmord – und mehr noch der eines Freundes – sollte uns sowohl die persönliche Existenz als auch die der ganzen Gesellschaft vielleicht noch eindringlicher ins Bewusstsein rufen. Einer Gesellschaft, in der eine solch dramatische Geste fast schon als normal angesehen wird, bleibt eine stärkere Sensibilität zu wünschen.

Ich kann die traurigen Worte Luciana Castellinas bestens nachvollziehen, die (obwohl sie ein Sterbehilfegesetz befürwortet) ihrem Freund Lucio Magri seine Entscheidung, sich das Leben zu nehmen, nicht verzeihen kann: »Ich kann ihm noch immer nicht verzeihen. Ich bin unendlich wütend auf ihn. Das soll nicht heißen, dass ich ihm das Recht abspreche, selbst über sein Leben zu entscheiden, schließlich kämpfe ich selbst für dessen Legalisierung. Aber ich bin zutiefst gekränkt. Seine Tat war ein Akt reiner Selbstbezüglichkeit, unsere Freundschaft spielte bei seinem Entschluss keine Rolle. Sein eigener Schmerz zählte mehr als der Schmerz, den er verursachte.«[150] Zutiefst menschliche Worte, wie ich finde. Doch sollten wir unsere Wut nicht auf den konzentrieren, der uns verlässt. Wir sollten sie besser darauf verwenden, eine Kultur zu entwickeln, die aus diesen tragischen Folgen neue Ideen entstehen lässt. Nehmen wir diese Worte als Ausgangspunkt, jenen Humanismus neu aufleben zu lassen, den unsere Gesellschaft heute nötiger hat denn je.

Jeder Selbstmord beraubt uns, die wir am Leben bleiben, eines Potenzials an Liebe, Kreativität und Mitwirkung bei der Gestaltung einer weniger selbstbezogenen und solidarischeren Welt. Wenn wir vor dem dunklen Abgrund des Selbstmords stehen, sprechen wir nicht nur vom Ende eines Menschen, sondern auch von der Leere, die er hinterlässt – eine sehr, sehr bittere Leere. Der Verlust einer geliebten Person durch Suizid ist für den, der sie geliebt hat, schockierend und schmerzhaft. Zahlreiche Studien über die sogenannten *survivors*, die Angehörigen von Selbstmördern, belegen, wie Familie und Freunde des Verstorbenen in einem Netz aus Schmerz verstrickt sind. Es ist Teil jenes Netzes des Bösen, das mit seinen vielen Fäden eine traurige Verbindung zu einer Kultur des Todes knüpft. Es sollte uns zu denken geben, dass Kinder von Selbstmördern sehr viel häufiger den Weg ihrer Eltern wählen als andere.

Was, wenn es Jugendliche sind?

Die entscheidende Frage, die wir uns angesichts all jener stellen müssen, deren Leben (zumindest aus ihrer Sicht) eine derart tragische Wende erfahren hat, dass sie den Tod herbeisehnen, lautet: Wie können wir ihnen zur Seite stehen, wie können wir sie unsere Liebe spüren lassen, wie können wir ihnen den Wert begreiflich machen, den ihr Leben für die anderen hat? Ein Leben voller Leere, ein Leben ohne Freundschaft, ohne Beistand, ohne Sinn verleiht der Leere, dem Selbstmord, eine fatale Anziehungskraft. Die unglaublich hohe Selbstmordrate unter Jugendlichen müsste uns alle weit mehr in Alarmbereitschaft versetzen, als es tatsächlich der Fall ist. Und sie müsste uns den Sinn des Fortschritts hinterfragen lassen, wie wir ihn umgesetzt haben. Paolo Crepet macht dafür die falschen Versprechungen der Gesellschaft an die Jugendlichen verantwortlich: »Der Selbstmord eines Jugendlichen ist nicht das Resultat großer Probleme, sondern unmerklicher kleiner Erschütterungen, täglicher kleiner Niederlagen, die wie Ölflecken auf dem Meer der Gleichgültigkeit der Erwachsenenwelt schwimmen.«[151] Es gebe einen ausschlaggebenden Aspekt, auf dem das Unbehagen der Jugend gründe und der sich auch in dramatischen Gesten wie dem Selbstmord äußere: Jugendliche würden dazu angetrieben, Äußerlichkeiten, die Jagd nach Erfolg, Geld, die unmittelbare Befriedigung aller Wünsche als das Wichtigste anzusehen. Gleichzeitig vergesse man, sie dazu zu erziehen und zu ermuntern, nach dem Sinn des Lebens, nach dem Sinn ihrer Existenz zu suchen.[152]

Wie soll man ruhig bleiben, wenn Selbstmord als die zweithäufigste Todesursache unter den Jugendlichen zwischen 16 und 25 Jahren gilt, gleich hinter Verkehrsunfällen? Was soll man zum Selbstmord von sieben-, acht-, neunjährigen Kindern sagen, ein inzwischen immer häufigeres Phänomen? Kann man in diesem Alter überhaupt schon von Selbstmord sprechen? Der französische Neurologe und Psychiater Boris Cyrulnik stellt in einer Studie zum Selbstmord bei Kindern fest, prozentual betrachtet sei der Anteil von Jugendlichen beim Selbstmord zwar noch gering, doch zeichne sich in vielen Ländern eine steigende Tendenz ab, die als Indikator für eine Entwicklungsstörung im Kindesalter zu deuten sei. »Warum ist der Suizid unter Kindern gerade in Ländern, die sich in einer Phase des gesellschaftlichen Umbruchs befinden, so häufig? In Frankreich wird die Zahl der Selbstmorde von Kindern im Jahr 2003 auf etwa 0,4 Promille geschätzt. In Bosnien-Herzegowina liegt die Rate heute bei 2,6 Promille. In Estland, Kasachstan oder in Russland bewegen sich die Zahlen um etwa drei Fälle pro Hunderttausend. Warum ist der Anteil Jungen, die sich umbringen, in diesen Ländern fünfmal so hoch wie der von Mädchen?«[153]

Keith Hawton, der ebenfalls zum Phänomen des Selbstmords von Jugendlichen forscht, weist auf das Zusammentreffen zweier maßgeblicher Faktoren hin, die diese soziale Notlage begünstigen: Erstens das Auseinanderbrechen der Familie als Institution, die dadurch kein sicheres Netz mehr gegen die Orientierungslosigkeit bietet, sondern im Gegenteil die psychische und emotionale Unsicherheit fördert. Zweitens die Desorientierung der Jugendlichen, hervorgerufen durch die dramatischen Folgen von Normverstößen wie tödlicher Drogenkonsum, Geisterfahrerrennen auf der Autobahn, wahnsinnige Motorradduelle und so weiter. All diese tragischen Rituale sind auf den ersten Blick nicht mit Selbstmord zu vergleichen, aber sie tragen zur Verbreitung und Akzeptanz jener Kultur des Todes bei, die auch dem Selbstmord als Hintergrund dient.[154] Auch was die Zunahme der Selbstmordrate weltweit betrifft, gibt es durchaus Grund zur Beunruhigung: Analysiert man die Daten der WHO von 2000 bis 2012 aus 172 Ländern, ergeben sich mehr als 80.000 Selbstmorde pro Jahr, mit anderen Worten: ein Suizid alle 40 Sekunden. Die Herausgeber der Studie drängen darauf, dass schnellstmöglich Präventionsmaßnahmen entwickelt und durchgeführt werden sollten, die dieser Tendenz entgegenwirken. Eine im Jahr 2002 in Frankreich durchgeführte Untersuchung belegt, dass 13.000 von 200.000 versuchten Suiziden tatsächlich gelungen sind – und viele davon wurden von Jugendlichen verübt.[155]

Sich das Leben nehmen: eine bittere Niederlage

Gewiss kann sich jeder das Leben in dem Sinn nehmen, dass er die Möglichkeit dazu hat. Aber ist die Entscheidung, sich das Leben zu nehmen, tatsächlich ein Akt der Freiheit? Leider treten heutzutage viele hierfür ein und halten diese Entscheidung für ein Recht. Man führt die Entscheidungsfreiheit und den Wunsch nach einem Tod in Würde ins Feld, der möglichst noch vor einem schweren Leiden eintreten soll, das als unwürdig gilt. So sieht es zum Beispiel auch François de Closets: als die letzte Freiheit des Menschen.[156] Doch fragen wir uns einmal ganz in Ruhe, ob derjenige wirklich frei ist, der sich dazu entschließt, sich das Leben zu nehmen. Solch eine Entscheidung birgt in Wahrheit eine Tragödie in sich. Wie viel Leid hat jemand ertragen müssen, um an den Punkt zu gelangen, sich umzubringen? Wer sich auf den Weg macht, eine Begründung für das Recht auf den selbstbestimmten Tod zu suchen, riskiert meiner Meinung nach eine dramatische Verwerfung, die eben diese Freiheit leugnet. Die Gesellschaft gibt ein entsprechendes Bild von sich ab, wenn sie ihre Solidarität in Aussicht stellt. Braucht es das? Steckt hinter dieser Selbstbestimmung nicht maßlose Einsamkeit? Ich glaube, der richtige Weg wäre vielmehr, die menschliche Würde und Solidarität eng miteinander zu verknüpfen. Die Entscheidung, sich das Leben zu nehmen, kann auch das Gegenteil von Freiheit bedeuten: ein Zerbrechen unter dem Gewicht einer unerträglichen

Angst. Sie ist eher ein totalitärer Auswuchs, wie Bertrand Vergely bemerkt.[157] Freiheit des Willens setzt die Abwesenheit jeglichen Zwangs voraus. Zudem darf sie nur über das ausgeübt werden, worüber der Einzelne die alleinige und volle Verfügungsmacht hat.

Lassen Sie mich an dieser Stelle zum besseren Verständnis einige Grundüberlegungen anstellen, wobei ich mich zuerst dem Objekt der Freiheit zuwenden möchte. Was verstehen wir überhaupt unter »Leben«? Ist damit im übergeordneten Sinn die (molekulare) Gesamtheit aller Individuen gemeint, oder bezieht es sich auf die Einzelperson, deren Leben und Geschichte mit den Leben und Geschichten der anderen verwoben ist? Die italienische Verfassung spricht in der Tradition von Mounier und Maritain von den unverletzlichen Rechten der »Einzelperson«, wobei sie gleichzeitig auch die soziale Einbindung und Verantwortung des Einzelnen als unverrückbare Werte miteinschließt. Hieraus ergibt sich das Problem, ob der Körper, das Leben nicht nur als ein persönliches, sondern auch als ein gesellschaftliches Gut zu bewerten seien. Weiterhin haben wir das Thema der Entscheidungsfreiheit, das die volle Kenntnis eines Sachverhalts – wie zum Beispiel im Falle einer degenerativen Erkrankung deren Verlauf oder die Möglichkeiten der Schmerztherapie – voraussetzt. Es gibt Phasen der Einsamkeit und Angst, die sich maßgeblich auf die freie Wahl auswirken. Wenn diese durch Nähe und Solidarität ausgeglichen würden, könnte manche Entscheidung wahrscheinlich auch anders ausfallen. Schmerz, Angst, Einsamkeit, Verzweiflung. Die Furcht, nicht den kulturellen und gesellschaftlichen Standards zu entsprechen, die es den Menschen nicht mehr erlauben wollen, sich mit einem nicht perfekten Körper, der verfällt und hässlich wird, zu arrangieren. Ein Leben, das sich zwischen Arbeit und gesellschaftlichen Verpflichtungen aufreibt und die Menschen einander immer mehr entfremdet. Wie kann man unter solchen Voraussetzungen von freier Wahl sprechen? Das gilt auch für die Ärzte: Wo ist die Grenze des »Erträglichen«?

Der Psychiater Maurizio Pompili hebt in aller Deutlichkeit hervor: »Manche berufen sich auf die persönliche Freiheit des Menschen, sich für oder gegen den Tod zu entscheiden. Die Erfahrung hingegen lehrt, dass jeder, der Selbstmord als mögliche Lösung in Erwägung zieht, sich in einem Stadium des Leidens befindet, das jedes erträgliche Maß übersteigt.«[158] Der Autor verweist auf das Werk Edwin Shneidmans, dem Begründer der Suizidologie, der nach langen Jahren der Forschung einen unerträglichen psychischen Schmerz als eine der Hauptursachen für Selbstmord sieht. Eine psychische Qual, die den Menschen, nachdem er keine Linderung gefunden hat, unverschuldet und nach vielen Zweifeln dazu treibt, den Selbstmord als letzte Rettung zu sehen. Eben weil dieser Akt so absurd ist, stellt das italienische Strafgesetzbuch den Selbstmord nicht unter Strafe. In der juristischen Praxis, die bestimmte Taten oder auch Werteverstöße als nicht strafbar toleriert, ist für den Selbstmord aus nachvollziehbaren Gründen schon allein deshalb keine Strafe vorgesehen, weil dies einer effizienteren Planung des Selbstmords Vorschub leisten könnte. Zu Recht strafbar dagegen sind Anstiftung oder Beihilfe zum Selbstmord oder auch die Tötung auf Verlangen.[159]

Der französische Ethikrat, das *Comité Consultatif National d'Etique pour les Sciences de la vie et de la santé* (CCNE), untersuchte in einem Gutachten über die aktuellen Problematiken des Lebensendes die Unterschiede zwischen »Beihilfe zum Selbstmord«, »assistierter Selbstmord« und »Euthanasie«. Es ist der Versuch einer graduellen Abstufung der verschiedenen Fälle, die heute eng mit der Sterbehilfethematik verknüpft sind. Im ersten Fall – der »Beihilfe zum Selbstmord« – handelt es sich darum, einer Person, die beschlossen hat zu sterben, die notwendigen »Instrumente« zur Verfügung zu stellen, damit sie den tödlichen Akt selbst in die Tat umsetzen kann. Beim »assistierten Selbstmord« dagegen findet eine direktere Beteiligung des Helfers statt, da der Kranke körperlich nicht mehr in der Lage ist, die Euthanasie selbstständig durchzuführen. Man kann jedoch kaum umhin, eine gewisse Heuchelei in der Unterscheidung dieser Methoden zu sehen, die doch alle ein Ziel haben, nämlich dem Leben eines Menschen ein Ende zu setzen. Es gibt auch Stimmen, die – ausgehend von einem Experiment in Oregon[160] – sagen, dass ein Drittel der Personen, die um Unterstützung bei der Selbsttötung gebeten hätten, keinen Gebrauch davon machten, als ihrer Bitte stattgegeben wurde. Doch die Forderung nach einer Legalisierung des assistierten Suizids oder der Beihilfe, die einer Person geleistet wird, damit sie ihre »Freiheit« ausüben kann – so steht es im Text des Ethikrats –, zeugt von einem fundamentalen Perspektivenwechsel und wird sich ohne jeden Zweifel als ein Akt von extremer Tragweite erweisen.

In diesem Zusammenhang ist es dienlich, den Text von Johannes Paul II. aus dem *Evangelium Vitae* zu zitieren, der uns die Verbindung zwischen Euthanasie, Selbstmord und Mord vor Augen führt: »Nun ist der Selbstmord immer ebenso sittlich unannehmbar wie Mord. Die Tradition der Kirche hat ihn immer als schwerwiegend böse Entscheidung zurückgewiesen. Obwohl bestimmte psychologische, kulturelle und soziale Gegebenheiten einen Menschen dazu bringen können, eine Tat zu begehen, die der natürlichen Neigung eines jeden zum Leben so radikal widerspricht, und dadurch die subjektive Verantwortlichkeit vermindert oder aufgehoben sein mag, ist der *Selbstmord* aus objektiver

Sicht eine schwer unsittliche Tat, weil er verbunden ist mit der Absage an die Eigenliebe und mit der Ausschlagung der Verpflichtung zu Gerechtigkeit und Liebe gegenüber dem Nächsten, gegenüber den verschiedenen Gemeinschaften, denen der Betreffende angehört, und gegenüber der Gesellschaft als Ganzer. In seinem tiefsten Kern stellt der Selbstmord eine Zurückweisung der absoluten Souveränität Gottes über Leben und Tod dar, wie sie im Gebet des alten Weisen Israels verkündet wird: »Du hast Gewalt über Leben und Tod; du führst zu den Toren der Unterwelt hinab und wieder herauf.« (Weish 16,13; vgl. Tob 13,2)[161] Die Selbstmordabsicht eines anderen zu kennen und ihm mittels des sogenannten »assistierten Suizids« dabei zu helfen, seine Entscheidung in die Tat umzusetzen, bedeutet nichts anderes, als sich zum Komplizen oder manchmal gar Haupttäter eines Unrechts zu machen, das niemals gerechtfertigt werden kann, selbst wenn es auf Verlangen durchgeführt wurde. »Es ist niemals erlaubt«, schreibt mit überraschender Aktualität der heilige Augustinus, »einen anderen zu töten: auch wenn er es wollte, ja selbst, wenn er darum bitten würde, weil er, zwischen Leben und Tod schwebend, fleht, ihm zu helfen die Seele zu befreien, die gegen die Fesseln des Leibes kämpft und sich von ihnen zu lösen sucht; es ist nicht einmal dann erlaubt, wenn ein Kranker nicht mehr zu leben imstande wäre.«[162]

Der Mensch – ein »Weltkulturerbe« in seiner Einmaligkeit

Das Leben ist ein gemeinsames Gut, das uns alle verbindet und einhüllt. Niemand ist uneingeschränkter und alleiniger Herr über das Leben, auch weil es uns alle fest zusammenschweißt. Aldo Schiavone betont – wohlgemerkt aus nicht katholischer Sicht – ausdrücklich, dass das Leben ein Gut sei, über das der einzelne Mensch nicht gänzlich frei verfügen könne. Das Leben jeder Person drücke in seiner Einzigartigkeit und Konkretheit einen solch unschätzbaren Wert und ein derart großes gesellschaftliches Potenzial aus, dass es nicht allein demjenigen anvertraut werden könne, der es lebe. Jeder einzelne Mensch sei somit als »Weltkulturerbe« zu betrachten – und als solches auch zu behüten, zu unterstützen und zu verteidigen.

Um den einzigartigen Reichtum zu unterstreichen, den jeder einzelne Mensch verkörpert, schreibt Schiavone: »Wenn wir uns einmal wirklich bewusst machen, dass es niemals zwei (biologisch und kulturell) identische Leben geben wird, dass jedes Leben ein einzigartiges und unverwechselbares Erbe in sich trägt, dürfen wir auch getrost davon ausgehen, dass diese unendliche Vervielfachung von Unterschieden ein Reichtum unserer Spezies ist, ein Erbe, das bis zum letzten Glied der gesamten Menschheit gehört. Jeder Tod ist, wenn auch nur zu einem geringen Teil, unser Tod: »Verlange nie zu wissen, wem die Stunde schlägt, sie schlägt dir selbst.« Wie auch immer, der alleinige Herr über das eigene Leben zu sein, erteilt einem noch lange nicht die Erlaubnis, es aufgrund einer subjektiven Laune auszulöschen. [...] Wir müssen Regeln hinnehmen, nach denen sich die individuelle Freiheit (in ihrem Extrem, dem eigenen Leben ein Ende zu setzen) dem Interesse der Allgemeinheit (nämlich ein jedes Leben so lange wie möglich zu erhalten) unterzuordnen hat.«[163] Hier führt Schiavone etwas wie ein Prinzip der Spezies ins Feld, aus dem folgt, dass alle daran beteiligt sein müssen, den Wert des Lebens und des Todes zu beurteilen. Der neue »post-naturelle« Kontext, in den auch der Tod eingefügt wird, verlangt danach, sich erneut gedanklich mit dem Rätsel der Gegenwart der anderen auseinanderzusetzen. Die uralte Frage »Kain, wo ist dein Bruder?« hat nichts von ihrer Kraft verloren.

Der Onkologe Lucien Israël begründet seinen Widerwillen gegen die Euthanasie nicht zuletzt mit dem einzigartigen Wert eines jeden Menschen: »Das menschliche Gehirn besitzt 100 Milliarden Nervenzellen. Jede einzelne Zelle kann variable Verknüpfungen zu 10.000 anderen Zellen herstellen. Mathematisch betrachtet sind somit 10^{80} potenzielle neuronale Schaltungen möglich, eine Zahl, die laut Roger Penrose, dem Kollegen von Stephen Hawking, der Anzahl der Teilchen des Universums entspricht. Diese neuronalen Netze verändern sich fortwährend. Es gibt bevorzugte Pfade, die in einem engen Zusammenhang mit Erfahrungen, Gewohnheiten, Vorstellungen stehen ... Andere Unterschiede sind an die Gene gekoppelt. Also werden selbst in 5 Milliarden Jahren, nachdem die Sonne in einer Supernova erloschen und die Erde mit ihr verschwunden sein wird, niemals zwei identische Menschen existiert haben. Und das bedeutet, dass jeder Mensch absolut einzigartig ist.« Israël sieht die Aufgabe des Arztes darin, ein Bewusstsein für diese Einzigartigkeit zu schaffen, um sie zu bewahren: »Entweder erkennt der Arzt, Schutzschild gegen die Widrigkeiten des irdischen Lebens, diesen einzigartigen Status an und beweist dies auch durch seinen Willen und seine Fähigkeit, dem Patienten die richtige Behandlung, aber auch Respekt, Mitleid und Orientierung zu geben. Oder aber er verweigert sich der Einsicht, dass ihm eine einzigartige, unersetzliche Existenz anvertraut worden ist, was für die Gesellschaften im Allgemeinen und den Status des *Homo sapiens sapiens* im Besonderen eine katastrophale Bedrohung darstellt.«[164]

Auch Hans Jonas gibt uns zu bedenken, welche Verantwortung jeder Einzelne von uns dem Leben der anderen gegenüber hat: »Ich kann Verantwortungen für andere haben, deren Wohlfahrt von meiner abhängt, z. B. als Versorger einer Familie, als Mutter kleiner Kinder, als maßgeblicher Träger einer öffentlichen Aufgabe, und solche Verantwortungen beschränken zwar nicht legal, aber sittlich meine Freiheit, ärztliche Hilfe abzulehnen. Es sind dies dem Wesen nach dieselben Rücksichten wie die, welche auch mein Recht zum Selbstmord sittlich beschränken, selbst wenn hierin kein religiöses Verbot für mich mehr zählt.«[165] Und er hält es für die moralische Pflicht eines jeden, die anderen vom Selbstmord abzuhalten: »Andere, einschließlich öffentlicher Gewalten, in der Tat jeder Umstehende, haben das Recht (weiterhin sogar als Pflicht betrachtet), einen *aktiven* Selbstmord durch rechtzeitige Intervention zu vereiteln, die nicht einmal Gewalt ausschließt.«[166] Auch wenn man dadurch natürlich in die Intimsphäre der persönlichen Freiheit eindringe, sei dies doch nur vorübergehend und stünde in direktem Bezug zur Freiheit des Einzelnen: »Der Gerettete hat es in der Hand, diese Imputation zu widerlegen. Der entschlossene Selbstmörder behält immer das letzte Wort. Ich erörtere hier nicht die Ethik des Freitodes selbst, sondern nur die Rechte (oder Pflichten) anderer, darin einzugreifen.«[167]

Der Segen eines langen Lebens

Die wachsende Zahl alter Menschen

Carl-Henning Wijkmark, der Autor des anfangs zitierten Romans, stellt einen engen Zusammenhang zwischen der wachsenden Zahl älterer Menschen und der Euthanasie her. Ja, er lässt dies sogar zur Begründung werden, diese Praxis im großen Stil anzubieten. Die wachsende Zahl älterer Menschen in der Gesellschaft erfordere ihre Elimination: »Die Idee, dass es in einem gewissen Alter eine Pflicht sei zu sterben«, lässt der Autor den Beamten sagen, »stellt in gewisser Weise eine Art Demokratie des Todes dar, die zweifellos einer der ältesten Träume der Menschheit ist. Ich kann mir kaum vorstellen, welche Kräfte einen derartigen Vorschlag stoppen oder auch nur maßgeblich verlangsamen könnten.«[168]

Die immer größer werdende Zahl älterer Menschen zählt ohne Zweifel zu den größten Errungenschaften der vergangenen Jahrzehnte. Es ist ein Sieg der Zivilisation, das Leben verlängert zu haben, auch wenn dies nicht auf homogene Weise geschehen ist. Es gibt viele Gegenden, in denen die Alterssterblichkeit noch heute sehr hoch ist. Fest steht, dass man in den am weitesten entwickelten Ländern bereits von einem »Kontinent der Alten«[169] sprechen kann. In der *Zweiten Weltversammlung über das Altern* der Vereinten Nationen in Madrid im Jahre 2002 wurden Hochrechnungen über die wachsende Zahl älterer Menschen in der Welt präsentiert: Wenn im Jahre 1950 die Zahl älterer Menschen 8 Prozent

und im Jahre 2000 10 Prozent der Weltbevölkerung aus-
machten, dann wird ihr Anteil Mitte des 21. Jahrhunderts
(im Jahre 2050) die 21-Prozent-Hürde erreichen. Von einer
geschätzten Anzahl älterer Menschen von 629 Millionen bewegen wir uns also auf eine Zahl von über zwei Milliarden
zu. Dies ist ganz klar dem Sieg des Fortschritts in vielen Bereichen geschuldet. Allerdings hat sich mit dem Anstieg der
Lebenserwartung auch das Spektrum der Krankheiten deutlich verändert: Viele Erkrankungen, die sich über lange Zeit
negativ auf die Gesundheit auswirkten, sind verschwunden.
Stattdessen machen nun Diabetes, Bluthochdruck, Emphy-
sem, Arteriosklerose, Gelenk- und Knochenerkrankungen,
kognitive Störungen und Gedächtnisstörungen die Menschen vor allem im fortgeschrittenen Alter gebrechlich.[170]

Gleichwohl ist zu unterstreichen, dass trotz der verbes-
serten Behandlungsmöglichkeiten und Heilungschancen
die Gebrechlichkeit nicht aus unserem menschlichen Horizont verbannt werden kann. Der Alterungsprozess führt
uns am deutlichsten vor Augen, dass die Dimension der Gebrechlichkeit des Lebens gleichwohl weiterbestehen wird.
Der gealterte Mensch verkörpert geradezu die Gebrechlichkeit des Menschseins. Doch diese Feststellung ist kein
Grund zur Traurigkeit. Sie sollte vielmehr zu einem wachsenden Bewusstsein führen, dass diese Prozesse sich in
einer unauflösbaren Abhängigkeit gegenseitig bedingen. Es
ist einer der heikelsten Punkte, mit denen wir uns auseinan-
dersetzten müssen, und doch schieben wir gerade diese
Auseinandersetzung hartnäckig auf. In der Tat kommt das
Alter urplötzlich. Jean-Pierre Dubois-Dumée, ein französischer Journalist, beschreibt seine Erfahrung mit dem Alt-
werden: »Nicht immer fühlt man, dass man alt wird, doch
auf einmal ist man es: Nichts hatte sich verändert, eigentlich
war ich es ja schon lange, es hatte ganz langsam Besitz von

mir ergriffen – und doch hatte sich alles verändert und die anderen ließen es mich spüren.«[171] Man könnte sagen, das Alter hat sich zu einer richtiggehenden Art neuer Armut entwickelt: Es betrifft alle, auch die finanziell Gutgestellten, gerade weil es von der Gebrechlichkeit und einem Gefühl von Verlassenheit und Nutzlosigkeit gekennzeichnet ist. Améry schreibt, das Altern sei ein trostloser Lebensabschnitt, darüber dürfe man sich keine Illusionen machen.[172]

So tritt die Grausamkeit einer Gesellschaft noch deutlicher zutage, die die alten Menschen, während sie zusieht, wie deren Zahl wächst, einfach links liegenlässt oder sogar völlig ausgrenzt, weil sie eine Last darstellen. Der Gerontologe Jérome Pellissier schreibt: »Es ist kein Zufall, dass die beherrschenden Gesprächsthemen im Zusammenhang mit alten Menschen demografischer, medizinischer oder wirtschaftlicher Natur sind. Anstatt über das Altsein nachzudenken, konzentriert sich alles auf die Zahlen, den Körper und die Kosten.«[173] Der Moment, in dem man in Rente geht, wird weithin als Endstation des Lebens empfunden: Man steigt aus der gewohnten Existenz aus und verliert damit eine Rolle, die Bedeutung, die Freunde, ja den Sinn der Existenz selbst. Unerbittlich wird einem der Stempel der Nutzlosigkeit aufgedrückt. Die Alten werden aus ihren Häusern in Einrichtungen verfrachtet, die sich in der Tat als triste Vorzimmer des Todes erweisen. Es ist ein grausamer und paradoxer Widerspruch, dass eine Gesellschaft, die das (seit Jahrhunderten ersehnte) Wunder vollbracht hat, das Leben zu verlängern, es nicht erfolgreich mit Sinn zu füllen vermag. Es ist unbedingt notwendig, eine neue Kultur zu fördern, die die Gesellschaft in all ihren Bereichen – seien es die familiären, sozialen oder religiösen – dazu bringt, den alten Menschen gegenüber eine solidarische Denkweise und Sensibilität zu entwickeln und eine entsprechende Politik zu betreiben.

Arrigo Levi, der ein Buch über das Altern geschrieben hat,[174] beteuert den Wert der Jahre im Alter. Doch schreibt er scharfsinnig, man altere so, wie man gelebt habe. Tatsächlich betrifft das Altern in gewisser Weise die gesamte Existenz des Menschen. In jedem von uns steckt ein alter Mensch, der nach und nach zum Vorschein kommt, sich formt und zu einem Ganzen fügt. Don Giuseppe De Luca, der neben einem Altersheim in Rom wohnte, schrieb: »Wir behandeln unsere Greise nicht gut. Wir schenken ihnen ein Lächeln, Freundlichkeit, Aufmerksamkeit, Respekt und Herzlichkeit, doch letztendlich können wir es kaum erwarten, sie loszuwerden. Wir sitzen wie auf Kohlen, wenn wir mit ihnen zu tun haben, verbergen unseren Überdruss und unsere Unduldsamkeit.«[175] Woher kommt dieses Unbehagen, dieser Überdruss? Wir können wohl die Alten aus den Häusern, aus unserem Leben verbannen, doch den Alten, der in jedem von uns steckt, den werden wir nicht los. Dieser alte Körper, dieses alte Gesicht, das sich aus jedem Körper, Gesicht und Herzen hervorschält, lässt sich nicht verbannen. Es ist wie eine Geburt – keine kurze und schmerzlose, sondern eine mühselige und anstrengende Geburt. Niemandem gefällt es, zu altern, zu sehen und zu fühlen, wie der eigene Körper immer schwächer wird, nicht mehr richtig antworten zu können: Ab einem gewissen Zeitpunkt sind es nicht mehr wir, die dem Körper Befehle erteilen, sondern er ist es, der sie uns aufzwingt. Und in einer vom Mythos der eremitenhaften Unabhängigkeit dominierten Zeit, im Jahrhundert des selbstbestimmenden Ichs, in einer Welt, in der jeder Wunsch in Erfüllung zu gehen vermag, erscheint das Alter wie ein Unglück.

Das Alter ist eine der größten Herausforderungen, denen sich die heutige Gesellschaft stellen muss. Das eben erst angebrochene Jahrhundert zeichnet sich durch einen exponentiellen Anstieg der Zahl älterer Menschen aus. Italien ist eines der ersten Länder, in denen die Zahl der Alten die der Jungen inzwischen übersteigt. Wir müssen dieser nie dagewesenen Situation mit Weitsicht begegnen, auch, um anderen Ländern mit gutem Beispiel voranzugehen. Wissenschaftler, die sich mit der Demografie befassen, sprechen von einer »Unterjüngung« der Gesellschaft: Die Zahl der Alten wächst und die der Jungen sinkt. Zu Beginn der 90er-Jahre des vergangenen Jahrhunderts lebten in Italien fast doppelt so viele junge Menschen zwischen 15 und 24 Jahren wie ältere Menschen zwischen 65 und 74 Jahren. Derzeit bewegen sich die Zahlen dieser beiden Altersschichten auf gleichem Niveau; im europäischen Vergleich bleibt der Anteil der Italiener unter 25 Jahren mit 25 Prozent hinter der durchschnittlichen Quote von 30 Prozent in vielen anderen Ländern zurück. Italien ist – so könnte man sagen, um auf einen Romantitel des amerikanischen Schriftstellers Cormac McCarthy zurückzugreifen – »kein Land für alte Männer«. Wenngleich die Zahl der Alten gestiegen ist, gilt dies doch nicht für eine entsprechende Aufmerksamkeit ihnen gegenüber. Papst Benedikt XVI. sagte es bei seinem Besuch im Seniorenheim der Gemeinschaft Sant'Egidio in aller Deutlichkeit: »Die Qualität einer Gesellschaft, ich möchte sagen einer Zivilisation, beurteilt sich auch danach, wie die alten Menschen behandelt werden und welcher Platz ihnen im gemeinsamen Leben vorbehalten ist.«[176]

Das Alter: Abstellgleis oder Berufung?

Die Versuchung, Menschen fortgeschrittenen Alters aus dem gesellschaftlichen Leben auszuschließen, ist genauso gefährlich wie aktuell. Papst Franziskus macht immer wieder auf diesen Umstand aufmerksam, um dieser Unmensch-lichkeit etwas entgegenzusetzen. Schon als Kardinal schrieb er: »Auch die alten Menschen sind vielfach sich selbst über-lassen, nicht nur mit ihren materiellen Nöten. Sie sind allein-gelassen, weil wir egoistisch und unfähig sind, Ja zu ihren Grenzen zu sagen – worin sich unsere eigenen Grenzen spie-geln. Sie haben heutzutage zahlreiche Schwierigkeiten zu überwinden, um in einer Gesellschaft zu überleben, die es ihnen oft nicht gestattet zu partizipieren, die eigene Mei-nung zu sagen und als Bezugsperson geachtet zu werden; denn in unserer Konsumgesellschaft gelten nur »die Jun-gen« als nützlich ... dabei wären diese alten Menschen für die ganze Gesellschaft, für das ganze Volk eine Art Weisheitsre-servoir! Wie schnell stumpft das Gewissen ab, wenn die Liebe abhanden kommt!«[177] Seine Kritik ist durchaus ange-bracht.

Schon immer beeindruckte mich ein Satz von Gregor dem Großen, einem der Päpste, die die Spiritualität und das christliche Leben in besonderem Maße prägten: »Es wurde nämlich ein armer alter Mann zu mir gebracht, und da mir eine Unterhaltung mit alten Leuten immer sehr lieb ist, er-kundigte ich mich angelegentlich, wo er zu Hause sei.« Die-ses Gefühl für Zärtlichkeit entspringt zweifelsohne der auf-merksamen Lektüre der Bibel. Vielleicht erinnerte sich dieser Papst der mahnenden Worte des Buches Jesus Sirach: »Verschmähe nicht, was du von den Alten hören kannst, denn auch sie haben es wieder von ihren Vätern vernom-men. Denn so wirst du Einsicht gewinnen, um zur rechten Zeit Antwort geben zu können.« (Sir 8,9) Die Kirche kann auf eine lange Geschichte der Freundschaft mit den alten Menschen zurückblicken, die auf diesen knappen Seiten nicht wiedergegeben werden kann. Es ist eine Freundschaft, die sich sowohl aus dem Wissen um eine Zeit der Schwäche, in der Begleitung und Unterstützung notwendig sind, als auch aus dem Reichtum, den das Alter mit sich bringt, speist.

Von großer Bedeutung sind auch die folgenden Worte von Papst Franziskus in seinem Apostolischen Schreiben *Amoris laetitia*, aus denen sein ungebrochenes Interesse für das Alter spricht. Er schreibt: »Je mehr versucht wird, auf alle mögliche Weise den Moment des Todes auszublenden, desto notwendiger wird heute die Wertschätzung der abschließenden Lebensphase. Schwäche und Abhängigkeit der alten Menschen werden manchmal auf bösartige Weise zum reinen wirtschaftlichen Vorteil ausgenutzt. Zahlreiche Familien lehren uns, dass es möglich ist, den letzten Abschnitten des Lebens zu begegnen, indem der Sinn der Vollendung und der Einbindung des ganzen Daseins in das Ostergeheimnis hervorgehoben wird. Eine große Zahl alter Menschen wird in kirchlichen Einrichtungen aufgenommen, wo sie auf materieller und geistlicher Ebene in einem ruhigen und familiären Ambiente leben können. Euthanasie und assistierter Suizid stellen für die Familien auf der ganzen Welt eine schwere Bedrohung dar. In vielen Staaten ist diese Praxis erlaubt. Die Kirche, die sich entschieden gegen diese Praxis wendet, fühlt sich verpflichtet, den Familien zu helfen, die sich um ihre alten und kranken Mitglieder kümmern.«[178]

Papst Franziskus versäumt es auch nicht, sich direkt an die alten Menschen zu wenden, indem er sie dazu einlädt, die Jahre, die ihnen zusätzlich geschenkt wurden, weise zu nutzen: »[Der Herr] ruft uns in jedem Lebensalter zur Nachfolge, und auch das Alter birgt eine Gnade und eine Sendung in sich, eine wahre Berufung des Herrn. [...] Es ist noch nicht der Augenblick, die Ruder einzuziehen. Dieser Lebensabschnitt ist anders als die vorangegangenen, daran besteht kein Zweifel; wir müssen ihn auch selbst ein wenig zu gestalten wissen, denn unsere Gesellschaften sind geistlich und moralisch noch nicht bereit, diesem Augenblick des Lebens seinen vollen Wert zu geben. Früher war es in der Tat nicht so selbstverständlich, Zeit zur Verfügung zu haben; heute ist es viel normaler. Leider traf dies auch die christliche Spiritualität etwas überraschend, und auch wir müssen uns daher verstärkt bemühen, den Älteren eine wahre Spiritualität aufzuzeigen.«[179]

In erster Linie müssen wir ihnen heute wieder mehr Aufmerksamkeit schenken. Es liegt auf der Hand, dass wir den fortschreitenden Kräfteverfall nicht länger leugnen dürfen, wie es so oft der Fall ist. Es ist im Gegenteil sogar vernünftig, sich mit der unvermeidbar zunehmenden Schwäche auseinanderzusetzen, die der Alterungsprozess mit sich bringt. Andrea Riccardi schreibt dazu: »Sicher, die Alten sind schwach. Sie alle sind schwach, ob es ihnen schlecht oder gut geht; am schwächsten aber sind die Alten, die ihre Selbstständigkeit verloren haben, die Bettlägerigen, die vollkommen abhängig von anderen sind, die nicht mehr in der Lage sind, auf sich aufmerksam zu machen oder Interesse auf sich zu ziehen. Doch die Ausgrenzung dieser Alten aus dem Familienleben und aus der Gesellschaft ist das sichtbare Zeichen einer abscheulichen Entwicklung hin zu einer Welt, in der es keine Dankbarkeit, keine Großzügigkeit, keinen Gefühlsreichtum mehr gibt, die Dinge also, die dafür sorgen, dass das Leben nicht nur ein Geben und Nehmen, ein reiner Markt ist. Die Gegenwart der Alten im gesellschaftlichen und kirchlichen Leben offenbart die Qualität einer Zivilisation.«[180]

Eine neue Kultur: Jung und Alt gemeinsam

Angesichts dessen, was also auf uns zukommen wird, ist es mehr als angebracht, eine Allianz zwischen der jungen und alten Generation zu schließen. Die langjährige und enge Freundschaft, die von den beiden Generationen der Gemeinschaft Sant'Egidio gelebt wird, zeigt uns die schöpferische Kraft einer solchen Perspektive. Johannes Paul II. hob genau dies bei seinem ersten Besuch in der Gemeinschaft im Jahre 1980 hervor: »Ich habe viele junge und alte Menschen zusammmen gesehen und das nicht zum ersten Mal. Ihr seid eine jugendliche Gemeinschaft, die zusammen mit den alten Menschen eine Gemeinschaft verjüngter Alter bildet [...]. Vermag ein Mensch den Osterglauben zu entdecken, fürchtet er das Alter und die Alten nicht mehr. Im Gegenteil, er sucht den Kontakt zu ihnen und dies aus zahlreichen Gründen: Um ihnen zu helfen, das ohne Zweifel, doch auch, um einer Reife nahe zu sein, die einem jungen Menschen noch nicht erschlossen ist, wie auch, um aus dem Erfahrungs- und Weisheitsschatz der Alten zu schöpfen. So kommt es, dass die Jungen die Alten nicht länger als alt, sondern als genauso jung wie sie empfinden [...]. Ich bin Ihnen ganz besonders dankbar für die Entdeckung der Alten, für eine so große Entdeckung. Dies ist wirklich schöpferisch und österlich, und ich bin überzeugt, dass Sie sich durch diese Erfahrung, diese Entdeckung, auch selbst wieder als jünger wahrnehmen.«[181]

Auch Benedikt XVI. richtete sich bei einem Besuch, wenige Wochen vor seinem damals noch nicht bekannt gegebenen Rücktritt, mit den Worten an die Gemeinschaft: »Durch die Solidarität zwischen jungen und alten Menschen hat [die Gemeinschaft Sant'Egidio] dazu beigetragen, zu verstehen, dass die Kirche tatsächlich eine Familie aller Generationen ist, in der jeder sich ›zu Hause‹ fühlen soll und wo nicht die Logik des Profits und das Habens herrscht, sondern der Unentgeltlichkeit und der Liebe. Wenn das Leben im Alter gebrechlich wird, so verliert es nie seinen Wert und seine Würde: Jeder von uns ist in jedem Abschnitt seines Lebens von Gott gewollt, geliebt, jeder ist wichtig und wird gebraucht.« Und fügte folgende Worte hinzu, als wollte er die besondere Berufung unterstreichen, die alten Menschen zukommt und die er wenige Monate später selbst als seine neue Aufgabe annahm: »Das Gebet der alten Menschen kann die Welt schützen und ihr vielleicht entscheidender helfen als die rastlosen Anstrengungen vieler Menschen.«[182]

Was die heutigen Gesellschaften am dringendsten benötigen, sind neue Bande der Freundschaft zwischen den Alten und vor allem (aber nicht nur) den jungen Leuten. Gemeint ist, zusammen mit ihnen eine Beziehung aufzubauen, die sich in schwierigen Momenten in fürsorglicher Aufmerksamkeit ausdrückt und dadurch Beistand und Trost zu spenden vermag.[183]

Aus der Bibel: »betagt und lebenssatt« sterben

In der Bibel gibt es einen wunderbaren Ausdruck, der sich auf den Tod der großen Weisen bezieht und den ich besonders hervorheben möchte: Sie starben »betagt und lebenssatt«. In der Bibel werden verschiedene Arten des Sterbens beschrieben, die von tiefster Todesangst bis hin zu heiterer Gelassenheit reichen. Ein Beispiel für Letztere ist der Tod Abrahams (Gen 25,8), der, wie gesagt, »betagt und lebenssatt« starb. Dieser biblische Ausdruck suggeriert einen Tod ohne Dramatik, ein Leben, das ohne Trauma erlischt, nachdem es am Endes seines Weges angekommen ist. Ein solcher

Tod wird nicht von Angst begleitet, selbst wenn er Leiden mit sich bringt. Isaak zum Beispiel stirbt »alt und lebenssatt.« (Gen 35,29) Jakob stirbt unbeschwert, auch wenn seine Kinder um ihn weinen. (Gen 50,1) In der Bibel verbindet sich diese Dimension der Lebenssattheit mit einem bewusst gelebten Alter, wie es auch das Buch der Sprüche zeigt: »Der Ruhm der Jungen ist ihre Kraft, die Zier der Alten das graue Haar« (Spr 20,29), ohne jedoch die Traurigkeit über die nachlassenden Kräfte abzustreiten: »Vertrocknet wie eine Scherbe ist meine Kehle, die Zunge klebt mir am Gaumen, du hast mich hinabgeführt zum Staub des Todes.« (Ps 22, 16) Das Buch Kohelet (12, 1–7) beschreibt das Hereinbrechen des Alters ungemein realistisch mit dem Bild eines herrschaftlichen Hauses, einst voller Leben und emsigem Treiben, das nun zerfällt.

Das zweite Buch Samuel (2 Sam 19,32–38) erzählt von einem weisen alten Mann, der, nachdem er David zur Flucht vor Abschalom verholfen hat, vom König eingeladen wird, in seinem Palast zu wohnen. Der Alte antwortet dem König: »Wie viel Lebensjahre habe ich noch, dass ich mit dem König nach Jerusalem ziehen sollte? Ich bin jetzt achtzig Jahre alt. Kann ich da noch Gutes und Schlechtes unterscheiden? Schmeckt da noch deinem Knecht, was er isst und trinkt? Kann ich noch der Stimme der Sänger und Sängerinnen lauschen? Wozu soll dein Knecht noch meinem Herrn, dem König, zur Last fallen? Dein Knecht wird gerade noch mit dem König über den Jordan ziehen, aber warum will der König mir eine solche Vergeltung anbieten? Lass deinen Knecht umkehren, damit er in seiner Stadt beim Grab seines Vaters und seiner Mutter sterben kann!« Dies sind Worte voller Lebensweisheit.

Wir dürfen jedoch nicht vergessen, dass das Alter ebenso sein hässliches Gesicht zeigen kann. Die Bibel berichtet von Alten, die egoistisch, böse und verbittert sind und jeder Neuerung ablehnend gegenüberstehen. Ebenfalls im Buch Kohelet steht geschrieben: »Besser ein junger Mann, arm, aber weise, als ein König, alt, aber töricht, der nicht mehr die Einsicht hat, sich warnen zu lassen.« (4,13) Im Buch Jesus Sirach ist eines der abscheulichsten Dinge der falsche und verstandslose Alte; deshalb werden die Alten dazu angehalten, den Gesängen der Jungen Platz zu gewähren: »Ergreife das Wort, Alter, es geziemt dir, doch halt dich zurück mit Belehrung und stör den Gesang nicht. Während des Singens, wer wird da Gespräche führen, wer zur Unzeit sein Wissen anbringen?« (Sir 32,3–4) Die Verbindung zwischen Alter und Weisheit versteht sich keineswegs von selbst. Es gilt, was bereits zuvor bezüglich eines weisen Lebens gesagt wurde, das die Existenz eines jeden durchquert.

»Betagt und lebenssatt« zu sein heißt also nicht, eines zu langen Lebens müde zu sein. Allenfalls kann sich eine Unzufriedenheit einstellen, weil man seine Tage nicht intensiv genug gelebt hat. Doch dies führt wohl eher zu einer Depression. Leider riskieren wir heute viel zu oft, den Moment verewigen zu wollen, und daher »nach einem Zeitplan leben zu wollen, der keine Aufeinanderfolge der biologischen Lebensabschnitte duldet«.[184] Deshalb fühlen wir uns eher lebensmüde als lebenssatt. Natürlich kommt einem die Frage in den Sinn, ob denn überhaupt noch Platz für eine »Lebenssattheit« (die für ein versöhnliches Leben steht) vorhanden ist, wenn das blinde Vertrauen in Wissenschaft und Technik dazu führt, die Grundidee des natürlichen Todes zu untergraben, fast so, als könne ein »langsamer, aber unaufhaltsamer Sieg der Wissenschaft über den Tod vorstellbar werden«.[185]

Die Einsamkeit überwinden

Es muss ein Ruck durch das politische und spirituelle Denken gehen, um eine neue Gesellschaft zu entwerfen, die die verschiedenen Lebensphasen, auch die der Alten, nicht nur respektiert, sondern auch wertschätzt. Ich wäre sehr vorsichtig mit der Behauptung – wie sie zum Beispiel Hans Küng aufstellt – dass »das Leben Gnade Gottes ist. [...] Ich habe es nicht selber erworben. Das ist mir [...] durch die Eltern von Gott geschenkt.« Doch wenn es verlängert wird (mithilfe der Technik), »ist das natürlich ein zusätzliches Leben, eine zusätzliche Periode, die aber nicht einfach von Gott geschaffen worden ist. Die ist vom Menschen erschaffen worden.«[186] Das ganze Leben – wir sprechen hier natürlich nicht vom therapeutischen Übereifer – ist gleichzeitig sowohl ein Geschenk Gottes als auch eine Aufgabe, die Gott dem Menschen übertragen hat, auf dass dieser es pflegen, schützen und unterstützen möge. Auf jeden Fall muss der Zustand der Isolation, in dem sich viele der Älteren befinden, mit aller Entschiedenheit bekämpft werden.

Die meisten alten Menschen – doch nicht nur sie – fürchten die Einsamkeit mehr als eine Krankheit oder den eigenen Tod. Auf das Abstellgleis geschoben zu werden tut weh und ist grundsätzlich schwer zu akzeptieren und zu ertragen. Solch ein trauriger Zustand, der im fortgeschrittenen Alter an Intensität zunimmt, lässt sich durch einen Humanismus besiegen, der die menschliche Person, seine Existenz, Würde und Freiheit in den Mittelpunkt rückt. Daher die Entrüstung über die effizienzorientierte und merkantilistische Auffassung des menschlichen Lebens, dem nur ein Wert zugesprochen wird, wenn es im Zeichen des Tuns und Schaffens gelebt wird. Wer krank, schwach oder nicht mehr in der Lage ist, sich zu bewegen, wird nicht nur als überflüssig, als nutzlos empfunden, sondern geradezu als Klotz am Bein, dessen es sich zu entledigen gilt. Die Erfahrungen derjenigen, die ältere Menschen liebevoll begleiten, beweisen indes im Gegenteil, dass der Sinn des Lebens nicht an dessen Produktivität gebunden ist. Ja, manchmal erweist sich das »wertlose« Leben eines alten Menschen als unschätzbarer Wert für die Gesellschaft. Und man versteht die Kraft noch besser, die aus dem Wissen, geliebt und gewollt zu werden, geschöpft werden kann: Die Tage werden wieder bunter und das Leben füllt sich erneut mit Sinn.

Die Worte einer 90-jährigen Frau der Gemeinschaft Sant'Egidio, mit denen sie sich Papst Franziskus vorstellte, machen vieles deutlich: »Heiliger Vater, ich heiße Irma und bin 90 Jahre alt. Vor allem möchte ich Ihnen für Ihre Liebe zu den alten Menschen danken, für die vielen Reden, die Sie gehalten haben, um sie zu verteidigen. Es ist nicht normal, solche Reden zu hören. Leider ist die Kultur des Wegwerfens vorherrschend. Doch die Zeit des Alters ist nicht die Zeit des Wegwerfens. Das kann ich bezeugen. Als ich älter wurde, fühlte ich die Traurigkeit der Vergänglichkeit: die großen Kinder, die Enkel wurden älter ... lange und leere Tage, wenige Aufgaben, wenige Begegnungen ... Ich fühlte mich ein wenig nutzlos. Manchmal geschah es, dass ich voller Sehnsucht an die Vergangenheit dachte und meiner Jugend nachtrauerte. Genau in diesem Augenblick vor über 20 Jahren lernte ich die Gemeinschaft Sant'Egidio kennen. Ich fing an, andere alte Menschen wie mich im Heim zu besuchen. Ich hatte nie an Menschen gedacht, die ihre letzten Lebenstage auf diese Weise fern von ihren Wohnungen und vergessen verbringen müssen. Ich werde nie den Satz einer alten Frau vergessen: ›Was habe ich denn Schlechtes getan? Warum bin ich hier?‹ Wie viele alte Menschen leiden, weil niemand auf sie zugeht, manchmal nicht einmal die Kirche! Auch die

Priester vernachlässigen sie. Seit Jahren bete ich jede Woche mit ihnen. Viele alte Menschen fragen sich: ›Welchen Nutzen hat mein Leben? Bin ich nur eine Last?‹ Das Gebet ist unser wichtigster Dienst. Dadurch können wir auch die Fernen erreichen, wenn wir nicht mehr allein laufen können. Wir können die Kranken, die Armen, die Gefangenen, die Todeskandidaten, die Menschen im Krieg unterstützen. Durch das Gebet kann auch derjenige helfen, der ganz schwach ist. Alle haben das Gebet nötig, auch wenn es ihnen nicht deutlich bewusst ist. Heute bin ich eine gebrechliche Frau, ich brauche Begleitung und Hilfe, ich kann nicht mehr wie früher hingehen, wohin ich will. Doch ich empfinde das nicht als Verdammung. Als alte Frau habe ich gelernt, dass es eine Verdammung in jedem Alter gibt, nämlich im Leben allein unterwegs sein zu müssen. Auch die Jugendlichen besuchen mit mir alte Menschen im Heim. Sie begleiten mich, und ich begleite sie: Wenn sie nicht genau wissen, wie sie sich verhalten sollen, gebe ich ein paar Ratschläge ... als Großmutter oder besser als Urgroßmutter! Die Begegnung mit ärmeren Menschen hat mir sehr geholfen. Es hat meinem Leben Fülle geschenkt. Es hat auch meinen Glauben gestärkt, denn dadurch habe ich Jesus besser kennengelernt. Denn wenn man die Armen kennenlernt, berührt man wirklich, wie Sie gesagt haben, das Fleisch Christi. Als alte Frau kann ich sagen, dass ich das Geheimnis des Lebens besser verstehe als früher: ›Geben ist seliger als nehmen.‹ (Apg 20,35) Darin steckt eine tiefe Wahrheit, die uns erklärt, warum wir so oft traurig sind: Wer anderen etwas gibt, wird glücklich.«[187]

Dieses außergewöhnliche Zeugnis unterstreicht unter anderem den hohen Stellenwert der religiösen Dimension für die alten Menschen, die diese leben. Der Glaube nimmt in ihrem Leben einen äußerst wichtigen Platz ein: Vielleicht ist es als alter Mensch leichter, den Halt, den Gott bietet, wiederzuentdecken. Wer sich auch nur ein wenig mit alten Menschen beschäftigt, weiß nur zu gut, wie viel Rückhalt ihnen der Glaube bietet. Das geht so weit, dass er zu einer echten Energiequelle wird, zu einer hochwirksamen Medizin, die jene Lebenskraft wiedererweckt, die im Herzen eines jeden Menschen ruht. Der Glaube verhilft der älteren Generation dazu, die Zeit des Alters als Berufung zu erfahren: den anderen auch aus der eigenen Schwäche heraus eine Hilfe zu sein. Denn aus eben dieser Schwäche lässt sich eine Lehre ziehen: Sie gemahnt an jene, die jeder in sich trägt, selbst wenn er sich noch einer guten Gesundheit erfreut. Dank ihrer geschwächten Existenz schütteln die Alten die unsinnige Forderung nach grenzenloser Selbstständigkeit ab und zeigen allen, dass der eigentliche Sinn des Lebens in der gegenseitigen Abhängigkeit liegt: Es ist die Brüderlichkeit, das Recht und die Pflicht gegenseitiger Liebe.

Gläubige alte Menschen können im Gebet wieder zu neuer spirituelle Vitalität gelangen und eine Berufung für sich entdecken: beten, nicht nur für sich selbst, sondern auch für andere, ob nah oder fern. Olivier Clément schrieb: »Eine Kultur, in der nicht mehr gebetet wird, ist eine Kultur, in der das Leben im Alter keinen Sinn mehr hat. Und dies wäre schrecklich. Wir brauchen unbedingt alte Menschen, die beten, denn dafür ist das Alter da.«[188] Die Zeit im Alter bietet Gelegenheit zum Gebet. Johannes Chrysostomos, Erzbischof im Konstantinopel des 4. Jahrhunderts, schrieb über einen Gläubigen, der wie so viele alte Menschen nachts häufig aufwachte beziehungsweise wenig Schlaf fand: »Wenn du nachts wach liegst, um zu beten, denk nicht an die Qual, die dir das Wachen bereitet, sondern an das freudige Vertrauen, mit dem das Gebet dich erfüllt […] Im Herzen der Nacht, wenn alle Menschen und Tiere im tiefsten Schlaf, in tiefster Ruhe versunken sind, bist du allein es, der wacht, und voller innigem Vertrauen sprichst du mit dem Herrn über die ganze Welt: Das ist etwas Großartiges und Schönes. Sicherlich, auch der Schlaf ist süß; aber nichts ist süßer als das Gebet. Während du, ganz allein, mit Ihm sprichst, während nichts dich beschäftigt, während nichts dein Gebet stört, kannst du wahrhaft vieles bewirken. Eben diese Stunden der Nacht verleihen deinen Bitten mehr Kraft, und all deine Wünsche werden erhört.«[189]

Anderen zur Last fallen

Oft habe ich von alten Menschen gehört, dass sie niemandem zur Last fallen wollen und sich deshalb wünschen, früh zu sterben, sich still und leise von dannen zu machen, eben um keine Umstände zu bereiten, um keine Bürde zu sein. Diesen wiederkehrenden Refrain hört man regelmäßig, ohne sich der darin verborgenen Traurigkeit bewusst zu werden. Diese geschwächten und hilfsbedürftigen Alten – die vielleicht selbst unglaubliche Opfer gebracht haben, um Familienangehörigen zu helfen – scheinen es aufgrund ihres Gewissens für richtig zu halten, Hilfe abzulehnen, doch in Wahrheit rührt dieser Gedanke von der mangelnden Großzügigkeit der anderen her. Aber wie kann es sein, dass man sich schuldig fühlt, wenn man in einem Moment der Schwäche Hilfe benötigt? Und wenn man sich der Tatsache bewusst wird, dass einer von fünf Menschen im Alter von 85 Jahren nicht mehr selbstständig und somit auf Hilfe angewiesen ist, begreift man auch die Grausamkeit einer solchen Überzeugung, die aus der Kaltherzigkeit jener erwächst, die weder helfen noch Beistand leisten wollen. Leider rechtfertigt die Härte der Gesunden die Resignation der Alten. Nicht wenige Alte (und auch Jüngere, die gerade erst anfangen, in die Jahre zu kommen) werden unter anderem durch diesen Gedanken dazu getrieben, an Sterbehilfe zu denken.

Marina Sozzi erzählt von einer öffentlichen Versammlung, bei der über Euthanasie und Leben im Alter diskutiert wurde. Eine Frau mittleren Alters berichtete von der langen und ungemein anstrengenden Betreuung ihrer Mutter. Und sie schloss damit, sie würde niemals zulassen, dass ihre eigenen Kinder auf ihr Leben verzichteten, um sie zu pflegen. Deshalb trat sie für die Legalisierung der Euthanasie ein. Die Autorin kommentiert dies mit den Worten: »An jenem Abend herrschte eine seltsame und schwer zu beschreibende Stimmung – ein krasser Enthusiasmus angesichts der Themen Euthanasie und Selbstmord, wo doch beides immer den Tod eines Menschen bedeutet, wenn auch einen gewollten. Die Verbindung zwischen der Krankheit alter Menschen und Euthanasie, die diese Frau sah, beunruhigte mich, denn es erschien ein bisschen so, als wolle man einen Tod nach Plan für alte Menschen festlegen.« Sie schließt mit den Worten: »In den Überzeugungen dieser Frau schwingt für mich die Gefahr mit, dass sich das Recht zu sterben in eine Pflicht zu sterben verwandeln könnte, die insbesondere für die Alten gilt.«[190] Viele sagen inzwischen, sie würden ihren Kindern keine Bürde sein wollen, und wären daher bereit, sollten sie später einmal krank und dadurch abhängig von ihnen werden, den Weg des assistierten Selbstmords oder der aktiven Euthanasie zu beschreiten. Eine solche Denkweise ist Teil einer extrem individualistischen Auffassung der menschlichen Existenz, die nicht bedenkt, dass es unerlässlich ist, füreinander da zu sein. Niemand ist eine reine Bürde für den anderen, ohne dabei nicht auch gleichzeitig ein Geschenk zu sein. Dieses Bewusstsein muss mit größerem Nachdruck gefördert werden, um die Gesellschaft menschlicher und das Leben würdevoller zu gestalten.

Die Altersdemenz

Ein besonderer, aber gleichwohl bedeutender Aspekt des Zustandes im Alter ist der Gedächtnisverlust oder, allgemeiner, der Verlust der kognitiven Fähigkeiten. Demenz (Alzheimer und andere Krankheitsbilder) tritt sehr häufig auf: Allein in Italien sind davon schätzungsweise 500.000 Personen betroffen. Es liegt auf der Hand, dass wir es hier mit einem Zustand zu tun haben, der vor allem in den fortgeschrittenen Stadien zu einer nahezu vollständigen Abhängigkeit führt. Kaum ein Zustand erschreckt uns mehr als der Verlust des »Verstandes«, der Verlust der Ausdrucks- und Beziehungsfähigkeit, das Urteil, vollkommen von jemand anderem abhängig zu sein beziehungsweise den anderen in allem unterstützen zu müssen. Also beschließen wir, dass dies kein würdevolles Leben mehr sei.

Doch fragen wir uns zunächst einmal: Deckt sich der Verstand mit dem Gehirn? Mit der Persönlichkeit? Mit dem Gewissen? Mit der Seele? Neurowissenschaftler tendieren heute eher zu der Annahme, dass es vielmehr die Gesamtheit der synaptischen Verbindungen des Gehirns und der Körperperipheric (das sogenannte »Konnektom«) sei, die den Verstand ausmache.[191] Dabei spielt, wie inzwischen erkannt wurde, insbesondere das periphere Nervensystem, das für die Wahrnehmung sensorischer Signale zuständig ist, eine immens wichtige Rolle bei dem, was als Verkörperung des Verstandes bezeichnet werden kann. Dieser ist tatsächlich niemals – das wird bei genauerer Betrachtung offensichtlich – eine abstrakte unkörperliche Entität, losgelöst von der Körperlichkeit der Beziehungen und Verbindungen mit eben dem Körper und dem ihn umgebenden Umfeld. Können wir sicher sein, dass ein Demenzkranker keine Empfindungen oder Wünsche hat, dass ihm Gefühle wie

Schmerz, Sehnsucht, Wut, Traurigkeit über seinen Zustand, seine Behandlung und das, was er um sich herum sieht oder hört, fremd sind? Ist es denn nicht so, dass die Anwesenheit anderer Menschen zu einem Rettungsanker wird, der dabei hilft, die Bruchstücke der Erinnerungen an das eigene Leben und folglich der eigenen Identität wieder zusammenzufügen, um nicht in einem Zustand der völligen Orientierungslosigkeit zu versinken? Ein jeder von uns *ist und existiert* nicht nur im Zusammenhang mit den eigenen Gedanken, sondern auch mit der physischen Umgebung sowie dem persönlichen sozialen Netz, der eigenen Zugehörigkeit, den Interaktionen mit unseren Liebsten. Daher erweist es sich als umso wichtiger, einen Menschen, der mit schwerwiegenden kognitiven und kommunikativen Beeinträchtigungen zu kämpfen hat, nicht sich selbst zu überlassen.

Die über 14 Millionen allein in Europa an Demenz erkrankten Menschen wollen als das betrachtet werden, was sie sind, nämlich als Menschen, gezeichnet von einem Mysterium, das über ihren aktuellen Zustand hinausgeht, als Menschen, die leiden und einen großen Wunsch nach Freundschaft, Mitgefühl und Verständnis verspüren. Es ist eine Frage, auf die wir eine Antwort finden und die wir im Herzen bewahren müssen. Die Heilige Schrift fordert zu Recht, dass Vater und Mutter nach wie vor zu ehren seien, auch wenn sie den Verstand verlieren sollten: »Mein Sohn, nimm dich deines Vaters im Alter an [...] Auch wenn sein Verstand abnimmt, sieh es ihm nach, und verachte ihn nicht, wenn du in der Blüte deiner Jahre stehst. [...] Ein Frevler ist, wer seinen Vater im Stich lässt, und vom Herrn verflucht, wer seine Mutter erzürnt.« (Sir 3,12–16)

Niemand ist eine Insel

Ein neuer Individualismus

»Niemand ist eine Insel, in sich ganz«, beginnt eines der bekanntesten Gedichte des Schriftstellers und Theologen John Donne (17. Jhd.), der damit hervorheben wollte, dass jeder Mensch Teil der gesamten Menschheit ist. Und es schließt mit den Versen: »Jedes Menschen Tod ist mein Verlust, denn ich bin Teil der Menschheit; und darum verlange nie zu wissen, wem die Stunde schlägt; sie schlägt dir selbst.«[192] Thomas Merton, ein amerikanischer Trappistenmönch aus dem 20. Jahrhundert, lieh sich den Satz des englischen Dichters für den Titel eines Buches, das von den wechselseitigen Beziehungen und der Zusammengehörigkeit der Menschen handelt. Dieses Bild des Menschen als sozialem Wesen zieht sich durch die gesamte Bibel und ist die treibende Kraft des westlichen Humanismus. Man denke nur an den Philosophen Gottfried Wilhelm Leibniz, der – ebenfalls im 17. Jahrhundert – postulierte: Wir sind »Monaden ohne Türen und Fenster«.

Wer Betrachtungen über den Tod anstellt, muss dieser Tatsache Rechnung tragen. Nach Ansicht des zeitgenössischen französischen Philosophen Gilles Lipovetsky erlebt die heutige Gesellschaft gerade eine »zweite individualistische Revolution«.[193] Dies bedeutet, dass die fast schon kultartige Überhöhung des Hedonismus und der Psychologie sowie das Bestreben des Einzelnen, sich ins Private zurückzuziehen und sich, ohne Rücksicht auf die Gemeinschaft, auf seine Autonomie zu berufen, in unserer Gesellschaft inzwischen als positive Werte zur allseits anerkannten Norm geworden sind. In diesem Klima erstarkt zunehmend ein grenzenloser Individualismus, während der Gemeinschaftssinn immer schwächer wird. Bis schließlich, wie Tzvetan Todorov aufzeigt, eine neue Tyrannei entsteht: die der Individuen.[194] Und nachdem unter dem Diktat der Ideologien ein extremer Kollektivismus vorangetrieben wurde, schlägt das Pendel nun zur anderen Seite aus und wir erleben das genaue Gegenteil. Ein ausgewogener Zustand der Mitte scheint nicht mehr möglich zu sein.

Der englische Historiker Tony Judt beschreibt, wie dieser Prozess der »Individualisierung« gegen Ende der 50er- bis Anfang der 60er-Jahre auch bei der europäischen Linken einen radikalen politischen Sinneswandel hervorrief, vor allem in Hinblick auf die Persönlichkeitsrechte und den Schutz der Gemeinschaftsinteressen in ihrem Verhältnis zueinander: »Die Neue Linke und ihre jugendlichen Anhänger lehnten vor allem den Kollektivismus der älteren Generation ab. Für die älteren Linken war es selbstverständlich gewesen, dass Gerechtigkeit, Chancengleichheit und wirtschaftliche Sicherheit nur durch gemeinsames Handeln erreicht werden konnten. Staatliche Eingriffe und Vorschriften waren, trotz aller Unzulänglichkeiten, der Preis für soziale Gerechtigkeit – ein durchaus akzeptabler Preis. Die Jüngeren sahen das ganz anders. Ihnen ging es nicht um soziale Gerechtigkeit. Sie interessierten sich nicht für das Wohl der Allgemeinheit, sondern für die Bedürfnisse und Rechte des Einzelnen. Der Individualismus – jeder sollte sich uneingeschränkt entfalten, seine Bedürfnisse frei äußern und von der Gesellschaft respektiert werden – war das Schlagwort jener Zeit.«[195]

Das Individuum wird in Richtung einer radikalen, rein ichbezogenen Autonomie getrieben. Doch ohne Beziehungen und Verbindungen zur Außenwelt trocknet der »Boden«, auf dem der Mensch gedeiht, völlig aus, bis nur noch brüchiger, rissiger Sand zurückbleibt. Auf solch einem Untergrund eine solide Gemeinschaft aufzubauen dürfte sich als schwierig, wenn nicht gar unmöglich erweisen. Catherin Ternynck beschreibt scharfsinnig, wie sich aus Sicht der Psychoanalyse der Gedanke des Individualismus entwickelt hat.[196] Die ersten Anzeichen lassen sich ihr zufolge in den 70er-Jahren ausmachen, als der Gedanke (und auch der Wunsch) aufkam, dass jeder Mensch selbst für sein Leben verantwortlich sei. Tatsächlich war es damals dringend erforderlich, der persönlichen Entfaltung mehr Freiraum zu verschaffen. Mit einem Mal war jeder »Herr und Meister« über sein Schicksal und konnte frei und unabhängig sein persönliches Lebenskonzept entwerfen. Rund um das – medial schamlos ausgeschlachtete – Bedürfnis nach Selbstverwirklichung schossen unzählige Techniken aus dem Boden, Experten machten mobil, Händler witterten ihre Chance.

Die Psychotherapie wurde von einer Methode zu einer Weltanschauung. Tatsächlich entwickelte sich ein riesiger heterogener Markt des inneren Gleichgewichts, der zahllose professionelle Einrichtungen und verschiedenste Formen der Therapie oder psychologischen Beratung entstehen ließ.[197] Parallel dazu entdeckte die Wissenschaft die Psyche als Forschungsgegenstand, und über Begriffe wie die »Rückkehr zum handelnden Subjekt«, den »neuen Individualismus«, die »Rückkehr des Subjekts« oder die »Subjektivierung« entstand eine fächerübergreifende Verbindung zwischen Anthropologie, Biologie und Soziologie. Im Vordergrund stand und steht dabei – ob krank oder gesund – die individuelle Subjektivität, und es gibt viele, die hoffen, das Geheimnis des menschlichen Gemeinschaftssinns anhand wissenschaftlicher Erkenntnisse über die Emotionen ergründen zu können. Kurzum, mentale Gesundheit, psychisches Leiden und Emotionen wurden innerhalb weniger Jahre zum gemeinsamen Tummelplatz von Psychologie, Neurologie und Soziologie. All diese gesellschaftlichen Veränderungen vollzogen sich von Anfang an unter dem Banner der Autonomie: die Entscheidungsfreiheit im Namen der Selbstbestimmung und des Rechts auf den eigenen Körper. Die Autonomie spielt somit eine führende Rolle, wenn sich in Gesellschaft und Wissenschaften alles um die individuelle Subjektivität dreht.

Das Ende eines Lebens in Gemeinschaft?

Der Psychiater Massimo Recalcati stellt eine »innere Verbitterung« der Moderne fest, die von der theologischen Zentralität Gottes zur moralischen und psychologischen Zentralität des Ichs übergegangen sei, und meint, »unsere Zeit reizt den Begriff der Individualität und die Unterwerfung des Menschen unter die Macht des Ichs derart aus, dass daraus letzten Endes ein richtiggehender zynischer Götzendienst entsteht. Der hypermoderne Mensch ist der *homo felix*, der Mensch also, der auf jede Form von Transzendenz verzichtet hat und sich wahrhaftig für das Maß aller Dinge hält.«[198] Auch andere Wissenschaftler wie die französische Soziologin Nicole Aubert sprechen von einem »hypermodernen Menschen«, der einen Ich-Kult betreibe und sich fanatisch als *homo felix* inszeniere. Es ist das Zeitalter der »Egolatrie«, der Anbetung des Ichs, schreibt Giuseppe De Rita, vielleicht der größte Irrsinn, dem die Menschheit jemals verfallen ist.

Auch Lacan hält es für geradezu aberwitzig, wenn der Mensch sich als rein egozentrische, sich selbst erschaffende Identität ohne jede Bindung versteht. Colette Soler spricht von »Narzissmus«, um diese »anthropologische Mutation«, wie sie schon Pasolini nannte, zu beschreiben.[199] Wenn bereits Freud – am kritischsten Punkt der Moderne – zeigte, dass sich die vielschichtige Persönlichkeit des Menschen keineswegs im Ich erschöpft, so ist heutzutage die Forderung, das Ich zum Herrn im eigenen Haus zu machen und als alleinige Rechtfertigung unseres Handelns über alles andere zu stellen, umso mehr eine unbegreifliche Torheit. Die Aufwertung des Ichs, die Glorifizierung des Leistungsprinzips, die Verlängerung des Lebens, der Gesundheitswahn, die rasend voranschreitende Medikalisierung des Lebens, die technologische Machtausweitung des Ichs – all dies sind fundamentale Aspekte, die zu einem wachsenden Unbehagen in der Gesellschaft führen.

Von einem solch egozentrischen Standpunkt aus gibt es nichts, das einen dazu bewegen könnte, auf den eigenen Vorteil, auf den persönlichen Lustgewinn zu verzichten. Die Gründe, mit anderen zusammen zu sein, gemeinsam an einem Ort zu wohnen, eine *Gemeinschaft* zu bilden, schwinden zusehends. Kurz gesagt, das Ich triumphiert über das Wir, das Individuum siegt über die Gesellschaft. Es liegt auf der Hand, dass sich in einer individualistischen Kultur jeder lieber seiner eigenen individuellen Entfaltung widmet als an der Entwicklung eines »kollektiven Anliegens« mitzuwirken, das über einen selbst hinausreicht und ein »Wir« schafft, um eine gemeinsame Zukunft zu errichten. Das Ich – aus allen Fesseln befreit – wird zu einer Kraft, die zersetzt, statt zu verbinden, die ausgrenzt, statt einzubeziehen, die vernichtet, statt zu festigen. Die daraus erwachsende Kultur treibt den Begriff der Individualität solcherart auf die

Spitze, dass schließlich ein regelrechter götzendienerischer Kult mit dem Ich getrieben wird.

Wie wir beobachten können, lautet die bevorzugte Überlebensstrategie der Männer und Frauen in den Megastädten unserer Zeit heute nicht mehr »zusammenzuleben«, sondern »getrennt zu leben«. Wo man hinsieht, stecken der Gemeinschaftssinn und zahlreiche bisher gekannte Formen des gesellschaftlichen Miteinanders in einer existentiellen Krise, angefangen bei den historischen Massenparteien bis hin zur städtischen Gemeinschaft, von der Krise der Völkergemeinschaft bis zu jener der Familie. Alain Touraine, ein französischer Soziologe, spricht ganz klar vom »Ende der Gemeinschaft« mit allen Konsequenzen, die sich aus dieser Neuorientierung ergeben.[200] Und der Soziologe Zygmunt Bauman schreibt: »Die Menschen gehen heute nur noch auf die Agora, um sich in Gesellschaft anderer Menschen zu befinden, die genauso einsam sind wie sie selbst, und kehren noch einsamer in ihre Häuser zurück.«[201] Alle und jeder scheinen hilflos dem Moment ausgeliefert zu sein. Stabile Beziehungen werden oft als ein Ding der Unmöglichkeit angesehen und gelten nicht einmal mehr als erstrebenswert. Kurzum, alle sind freier, doch alle sind einsamer! Der Hyperindividualismus (oder auch der globalisierte Individualismus) bringt jeden Traum, jede Vision, ob vom Leben oder vom Tod, zum Erlöschen.

Hierzu fällt mir eine Stelle aus Sartres *Geschlossene Gesellschaft* ein, wo der französische Philosoph feststellt, Menschen seien nicht zur Gemeinschaft fähig. Garcin, einer der Protagonisten des Dramas, ist zu einem Leben in der Hölle zusammen mit Estelle und Inès verdammt, zwei Frauen, die ihm so unerträglich sind, dass er darum bittet, von diesem Ort fortgebracht zu werden. Er erklärt sich sogar bereit, jede Art von Folter zu ertragen, wenn er nur befreit werde. Das

Zusammenleben mit den beiden Frauen, bezeichnet er als »diese Hirnqual, diese gespenstische Qual, die streichelt, liebkost und nie weh genug tut«. Gegen Ende lässt Sartre Garcin zu folgendem Schluss kommen: »Also dies ist die Hölle? Niemals hätte ich geglaubt ... Ihr entsinnt euch: Schwefel, Scheiterhaufen, Bratrost ... Ach, ein Witz! Kein Rost erforderlich, die Hölle, das sind die anderen.«[202]

Ein übertrieben individualistisches Bild des Menschen und des Lebens erweist sich alsbald als alternative Möglichkeit, glücklich zu werden. Hans Küng scheint uns einreden zu wollen, dass der Mensch auf der Suche nach dem Glück einem unerreichbaren Trugbild hinterherjage, ja dass er nicht für das Glück geschaffen sei, sondern vielmehr für eine »durchgehaltene glückliche Grundstimmung«,[203] eine Art »mittlere Tugend«, die sich auf »ein Leben in Einklang, im Reinen mit sich« beschränke.[204] Diese Sicht erscheint mir recht eindimensional, schließt sie die Mitmenschen doch so gut wie ganz aus. Diese mittlere Tugend spendet nichts von der Wärme jenes Glücks, nach dem wir streben und nach dem wir eine so große Sehnsucht verspüren. Denn das Glück, das wir so dringend benötigen, ist stets an die Liebe zu den anderen gekoppelt. Wer glaubt, dass der Mensch, nachdem er »sein persönliches Werk vollendet hat«, auch seinem Leben ein Ende setzen könne, riskiert, alles auf das Individuum selbst zu reduzieren. Natürlich kann man sagen: »Ich habe alles gemacht, was ich machen wollte, habe alle meine Bücher geschrieben, habe mich selbst verwirklicht, also hat sich mein Leben erschöpft.«[205] Aber negiert man damit nicht die Gegenwart der anderen als Teil von uns selbst, als Mitgestalter unserer Existenz?

Die persönliche Entfaltung ist unlösbar mit den anderen verbunden. Ohne sie, ohne ihr überraschendes Eindringen in unser Leben, wird eines tatsächlich wahr: Das Leben verbaut sich seine Chance auf das Glück und damit den Wunsch, bis zum Ende voranzuschreiten, ohne vorzeitig einen Schlussstrich ziehen zu wollen.

Freiheit und Verantwortung

Ein individualistisches Lebenskonzept führt dazu, die Freudlosigkeit der Existenz zu untermauern. Dem Einsamen fällt es schwer, sich selbst ein weiser Führer zu sein. Seine Fähigkeit, selbstbestimmt zu handeln, nimmt bedenklich ab, wie Bauman zeigt: »Mag sein, dass ein solchermaßen vereinzeltes Leben freudvoll und kurzweilig ist – doch es ist zwangsläufig auch geprägt von Risiken und Ängsten.«[206] Die Angst vor Krankheit, vor Gebrechlichkeit und vor dem Tod kann so stark sein, dass sie massive Auswirkungen auf das Bewusstsein hat. Wie leicht gerät man in Versuchung, den Tod herbeizuflehen, wenn man alt oder behindert ist und die Hoffnung auf ein glückliches Leben aufgegeben hat. Viele Selbstmorde – einschließlich der assistierten Suizide, die mithilfe einiger ehrenamtlicher Organisationen durchgeführt werden – lassen sich entweder durch die Angst des Patienten vor der Einsamkeit erklären oder durch eine Depression, weil er sich im Alter oder in der Krankheit von allen verlassen sieht. Es spricht Bände, dass in Großbritannien – einem von der nordischen Kultur geprägten Land, das man getrost als die Wiege des Rechts auf persönliche Freiheit bezeichnen darf – der assistierte Suizid und die Euthanasie nicht legalisiert wurden. Die tief verwurzelte Tradition, vor allem Todkranken durch ein breites Netz an Hospizen Begleitung und Beistand zu gewähren, mag mit ein Grund für diese Entscheidung sein.

Es ist an der Zeit, über eine gesellschaftliche Antwort nachzudenken, die die wahre Fülle des Lebens wertschätzt, auch wenn sie nicht der Vorstellung von Glück entsprechen mag, die heute lautstark propagiert wird. Ein Paradebeispiel hierfür ist die Inszenierung des Körpers: Man zelebriert ihn, schenkt ihm jede nur erdenkliche Aufmerksamkeit – doch kaum zeigt er erste Anzeichen von Schwäche, schämt man sich seiner, ja lehnt man ihn richtiggehend ab. Genau dieser fetischartig betriebene Körperkult und die fixe Idee, einem perfekten Ideal nacheifern zu müssen, machen vor allem die Jungen und die Alten verwundbar. (Denken wir nur an psychische Störungen wie Anorexie oder an die explosionsartige Zunahme der Schönheitsoperationen.) Beide Gruppen, sowohl die Jungen als auch die Alten, scheinen den kritischen Blicken der Gesellschaft besonders ausgesetzt zu sein, wie schon Jean Améry hellsichtig bemerkt hat: »Die ›Welt‹ vernichtet den Alternden und macht ihn auf den Straßen unsichtbar [...] Der Blick der Anderen, der durch ihn hindurchgeht wie durch eine transparente Materie, macht ihn zunichte.«[207] Aber die Spuren der Zeit zu löschen, die unseren Körper im Lauf unseres Lebens zeichnen, bedeutet auch, die Erinnerung und damit letztendlich unsere eigene Identität zu löschen.

Es ist schlicht nicht wahr, dass man als Kranker oder Behinderter kein erfülltes oder glückliches Leben führen kann. Ein entscheidendes Merkmal eines gelebten Humanismus – ob christlich motiviert oder nicht – ist seine Achtung auch dem Menschen gegenüber, der von anderen abhängig ist: Abhängigkeit wird nicht als Übel gesehen, wie es in der Euthanasiedebatte immer wieder der Fall ist. Im Gegenteil, Abhängigkeit erlaubt sehr wohl eine Art von Glück. Und mitunter ist sie sogar der Schlüssel zu einer sozialen und emotionalen Verbundenheit mit den anderen, die zu einem glücklichen und erfüllten Leben führt, obwohl wir um die beständige Fragilität unserer Existenz wissen.

Im christlichen Glauben gilt: Es ist nicht gut, dass der Mensch allein bleibt!

Im christlichen Glauben – aber nicht nur dort – gilt der Mensch von seiner Natur her als ein Beziehungswesen. Somit wird die Abhängigkeit in ihrer radikal interdependenten Form zu einem unumstößlichen Wert und damit zum genauen Gegenteil dessen, was heute von einer breiten Anhängerschaft des Vitalismus und Individualismus propagiert wird. Die *Inter*-Dependenz, die wechselseitige Abhängigkeit, ist tief im menschlichen Sein verankert. Man muss sich nur die beiden Erzählungen aus der Genesis über die Erschaffung von Mann und Frau ins Gedächtnis rufen, um zu erkennen, mit welcher Deutlichkeit sich die Dimension der Beziehung zwischen den Menschen – ja mehr noch die mit der gesamten Schöpfung – als bestimmendes Element unseres Menschseins behauptet. Auch Massimo Naro sieht dies klar aus dem Bibeltext hervorgehen: Durch seine Erschaffung ist der Mensch unauflösbar mit Gott, der Menschheit und der Schöpfung verbunden. Grundlegendes Merkmal seines Wesens ist die Alterität: »Die Alterität ist keine extrinsische Dimension [...], sie ist vielmehr derart tief in ihm verwurzelt, dass sie zum bestimmenden Element seines Inneren wird. Sie ist keine Grenze, gegen die er stoßen wird, keine Drohung, gegen die er sich wehren muss, sondern seine innere Kraftquelle, seine beste Chance.«[208]

Im zweiten Kapitel der Genesis (Gen 2, 4–25), das etwa 900 v. Chr. verfasst wurde, hebt der Autor der Heiligen Schrift in seinem Bericht von der Entstehung des Menschen die anfangs herrschende »Unvollständigkeit« hervor (während das erste Kapitel das Gegenteil beschreibt, um so den Eindruck einer ganzheitlichen Schöpfung von Anfang an zu erwecken). Unmittelbar, nachdem er den Menschen erschaffen hat, wird sich Gott einer Unzulänglichkeit bewusst: der Einsamkeit Adams.[209] Sofort ruft er: »Es ist nicht gut, dass der Mensch allein bleibt«, und verliert keine Zeit: »Ich will ihm eine Hilfe machen, die ihm entspricht.« Schnell formt er die Tiere und die Vögel, um Abhilfe für Adams Einsamkeit zu schaffen. Doch obwohl der jedem einzelnen Lebewesen als Zeichen der Herrschaft einen Namen gibt, vermag doch keines die Leere seines Herzens zu füllen. »Aber eine Hilfe, die dem Menschen entsprach, fand er nicht«, lässt uns der biblische Autor wissen. Doch da baut Gott aus der Rippe des Mannes die Frau (ein Zeichen der Ebenbürtigkeit und nicht der Unterwerfung!). Und als der Mann sie sieht, ruft er glücklich: »Das endlich ist Bein von meinem Bein und Fleisch von meinem Fleisch!« Die biblische Botschaft ist eindeutig: Mann und Frau kommen von Gott und sind unlösbar miteinander verbunden. Beide können unmöglich ohne den anderen leben. Die schöpfungsgeschichtliche Polarität von Mann und Frau ist das Fundament des biblischen Humanismus.

Diese unauflösliche Verbindung steht auch im Zentrum des ersten Kapitels der Genesis: »Und Gott schuf den Menschen nach seinem Bild, nach dem Bild Gottes schuf er ihn, als Mann und Frau schuf er sie.« (Gen 1,27) Das Abbild Gottes spiegelt sich nicht nur in einem, sondern in beiden, in Mann und Frau gemeinsam wider. Man müsste nach dieser biblischen Stelle sogar sagen, nicht eine Person für sich, sondern nur beide zusammen sind das Abbild Gottes. Die Wahrheit eines jeden Menschen liegt darin, dass alle miteinander verbunden sind. Was im menschlichen Leben, im Leben jedes Einzelnen wirklich zählt, ist die Erkenntnis eben jener Verbundenheit, jener gegenseitigen Abhängigkeit. Selbstverständlich, indem jeder die Andersartigkeit seiner Mitmenschen respektiert, anstatt sie für nichtig zu erklären. In solch einem Horizont stellt weniger die Pluralität als die Forderung nach Identität das Problem dar. Der Mann für sich allein, losgelöst von allen anderen, hat nicht nur jede Ähnlichkeit mit Gott, sondern auch mit sich selbst verloren. Dasselbe gilt auch für die Frau. Die Menschen komplementieren einander.

Das Abbild Gottes auf Erden ist die menschliche Brüderlichkeit, die gegenseitige vollständige Ergänzung. Der biblischen Geschichte zufolge sind die Verbündeten Gottes Mann und Frau *gemeinsam*. Kein Mensch kann sich daher als vollständig bezeichnen, solange er isoliert von den anderen ist. Der Mensch ist für die Gemeinschaft mit den anderen geschaffen. Bleibt er allein, geht es ihm schlecht. Auch Gott ist so, scheint uns die Bibel auf allen ihren Seiten mitzuteilen. Er ist keine Einsamkeit, kein allmächtiger Einzelner. Er ist die Gemeinschaft dreier Personen, die zwar völlig unterschiedlich sind, aber einander gleichzeitig bedürfen. Er ist das christliche Mysterium der Trinität, nach deren Bild Mann und Frau geschaffen wurden. Der Gott der Christen ist kein absolut monotheistischer Gott, sondern eine aus einem inneren Beziehungsgeflecht heraus existierende Wesenseinheit. Mit anderen Worten, Gott ist die unauflösbare Verbindung dreier Personen untereinander, wie auch der Mensch ein Beziehungswesen ist: Wir alle brauchen die anderen, um vollständig zu sein.

Niemand kann für sich allein existieren und dabei glücklich werden. Der Mensch ist niemals ein isoliertes Einzelwesen, eine Insel; er ist immer ein »Wir«, eine sich ergänzende Einheit aus dem »Ich« und dem »anderen«. Das ist auch der Grund, warum ein »Ich« ohne die »anderen« niemals ein vollständiges Abbild Gottes sein kann – ganz anders als das »Wir«, die Verbindung zwischen dem »Ich« und dem »Du«. Die Erschaffung des Menschen verneint daher von Grund auf die Unabhängigkeit und bejaht das »Wir« als die Wahrheit des Menschen. Das heißt, niemand ist jemals allein, weder im Leben noch im Tod. Dem christlichen Glauben zufolge auch nicht nach dem Tod, sind wir doch für die Gemeinschaft und nicht für die Einsamkeit geschaffen.

Der Mensch ist ein Beziehungswesen

Auch in weltlichen Kreisen ist diese Auffassung weitverbreitet. Ein treffendes Beispiel hierfür sind die Gedanken des italienischen Philosophen Salvatore Natoli, der schreibt: »Jeder für uns existiert kraft der anderen, und zwar nicht nur, weil er von anderen erzeugt wurde, sondern weil er diese Welt so schnell wieder verlassen hätte, wie er sie betreten hat, wenn er nicht von jemandem angenommen, aufgezogen und auf seine Weise geliebt geworden wäre. Niemand von uns wäre auf der Welt, wenn nicht jemand die Verantwortung für uns übernommen hätte [...] Dass ich verantwortlich bin, liegt nicht in meinem Ermessen, sondern ist eine Grundvoraussetzung: Es ist der andere, der mich – allein durch die Tatsache seiner Existenz – daran hindert, es nicht zu sein. Die eigene Begrenztheit bewusst anzunehmen bedeutet dankbar zu sein und sich in der Schuld zu fühlen. Eine Schuld, die niemals rückwirkend beglichen werden kann, sondern nur, indem man seinerseits ein Füllhorn von Geschenken verteilt, indem man das weitergibt, was man selbst erhalten hat, indem man neues Leben erzeugt. In diesem Sinn und aus diesem Grund müssen wir uns für die Zukunft verantwortlich fühlen und alles daransetzen, dass sie besser wird. Eine solcherart gelebte Verantwortung mündet in einem höheren Mitleid, in einer Liebe für die Art, in unserem Fall also für die gesamte Menschheit.«[210]

Äußerst bezeichnende Worte, wie mir scheint, die unter anderem auf der Anthropologie selbst gründen. Auch die Überlegungen aus einem Werk des zeitgenössischen französischen Anthropologen Jacques Généreux verdienen Beachtung: »Die Hypothese eines völlig unabhängigen, egoistischen und ausbeuterischen Individuums [...] wird sowohl von den Humanwissenschaften als auch von den Naturwissenschaften definitiv verworfen.«[211] In Übereinstimmung mit der Evolutionswissenschaft kommt er zu dem Schluss, dass »das menschliche Gehirn ein soziales Gehirn ist«.[212] Daher sind der innere Antrieb, »man selbst zu sein«, und das Bedürfnis, »mit anderen zusammenzuleben«, untrennbar aneinander gekoppelt. Folglich lassen sich sowohl das Modell des Kollektivismus als auch das des Individualismus ausschließen. Beide führen zu einer Unterwerfung des Menschen. Was wir stattdessen unbedingt brauchen, ist ein Humanismus, der dem Individuum seine Würde zurückgibt, und zwar im Rahmen einer solidarischen Gesellschaft. Zu diesem Ergebnis gelangt auch John Cacioppo, ein Psychologe der Universität Chicago, der seit Jahren mit seinem Team die Folgen von Einsamkeit auf die menschliche Gesundheit untersucht: Wer, gerade im Alter, allein und isoliert lebt, hat ein deutlich höheres Sterberisiko und eine geringere Lebenserwartung. Ein Leben in der Isolation, ohne zwischenmenschliche Beziehung, kann sich unter Umständen negativ auf Prozesse auswirken, die entscheidend für die Immunabwehr sind, indem sich tatsächlich die Aktivität jener Gene verändert, die uns beschützen sollen. So wurde beobachtet, dass Immunzellen von Personen, die einsam sind, eine veränderte genetische Aktivität zugunsten entzündungsfördernder Gene und zum Nachteil wichtiger, für die Abwehr von Erregern zuständiger Gene aufweisen. Kurzum, wer einsam lebt, setzt sich einem höheren Risiko aus, an Infektionen zu erkranken.[213]

Unsere technologisch hochentwickelte Gesellschaft riskiert mit der voranschreitenden Digitalisierung gerade im Bereich der Kommunikation – während sie deren Beziehungskomponente hervorhebt –, zu einer Heterogonie der Zwecke beziehungsweise zu einer faktisch immer radikaleren Verständigungsunfähigkeit zu gelangen, wenn sie sich einem extremen Individualismus unterwirft. Heute ist es mit nur einem »Klick« möglich, sich mit Tausenden, ja Hunderttausenden von Menschen, mit Freunden, Benutzern, *Followers* und anderen überall auf der Welt zu verbinden. Die *social media* preisen die Möglichkeiten der simultanen und unmittelbaren Kontaktaufnahme. Doch von welcher Qualität sind solche Beziehungen? »Kommunizieren und ständig verbunden sein«, schreibt Susanna Tamaro, »so lautet das Diktat, dem der Mensch von heute unterworfen ist, aber diese Kommunikation ist nicht mehr an die physische Anwesenheit einer Person gekoppelt. Sich zu treffen, einander nahe zu sein, sich in die Augen zu sehen ist nicht mehr von Bedeutung, ebenso wie es nicht mehr wichtig ist, ob die Worte, die man benutzt, in irgendeiner Weise nötig sind oder einen tieferen Sinn haben [...] Anstatt mühsam eine reale Beziehung zu pflegen, setzt man auf ein schnelles und unkompliziertes »Like« bei Facebook und gibt sich der Illusion hin, die Welt sei voller Freunde und Menschen, die mit uns mitfühlen.«[214]

Einer der vielversprechendsten amerikanischen Schriftsteller der jüngsten Generation, Jonathan Safran Foer, veröffentlichte in der *New York Times* einen kurzen feinsinnigen Beitrag über ein im Grunde alltägliches Erlebnis, das ihm widerfahren war. In einem Park in Brooklyn hatte ein

Mädchen, das dem Schriftsteller gegenüber auf einer Bank saß, plötzlich zu weinen begonnen, und er, peinlich berührt, hatte nicht gewusst, ob er sie nach dem Grund fragen oder ihr seine Hilfe anbieten sollte. Einerseits hatte es ihn dazu gedrängt, andererseits hatte er gefürchtet, aufdringlich zu erscheinen. Was tun? Aus Unsicherheit hatte er sein Smartphone aus der Tasche gezogen und begonnen, sich damit zu beschäftigen. In der Tat, »es ist schwieriger sich einzumischen, als sich nicht einzumischen. Sich aber für eine dieser beiden Varianten zu entscheiden, ist noch unendlich viel schwieriger, als den Rückzug anzutreten, indem man die Liste seiner Kontakte auf dem allzeit bereiten elektronischen Lieblingsspielzeug von oben bis unten durchforstet.«[215]

Für Foer ist klar: »Die Art, wie ich heute dank der Technik kommuniziere, beginnt mich zu verändern, macht aus mir einen Menschen, der den Nächsten mit höherer Wahrscheinlichkeit vergisst.«[216] Und er hat völlig recht, wenn er schreibt: »Ein großer Teil der heutigen Kommunikationstechnologien war anfangs ein minderwertiger Ersatz für eine nicht durchführbare Handlung. Wir konnten nicht von Angesicht zu Angesicht miteinander sprechen, also ermöglichte es uns das Telefon, auch auf die Entfernung in Kontakt zu bleiben. Niemand ist ständig zu Hause, also wurde durch den Anrufbeantworter eine Interaktion möglich, ohne dass sich der Gesprächsteilnehmer neben dem Telefon befinden musste. Die Onlinekommunikation wurde als Ersatz für die Kommunikation über das Telefon entwickelt, das aus welchem Grund auch immer als zu beschwerlich oder unvorteilhaft galt. Und schon sind wir bei den Textnachrichten, die es noch viel einfacher machen, so schnell wie möglich von wo auch immer Nachrichten zu versenden. All diese Erfindungen wurden nicht als fortlaufend verbesserte Alternativen zur direkten persönlichen Kommunikation entwickelt, sondern stets als akzeptabler, wenngleich minderwertigerer Ersatz. Dann jedoch geschah etwas Eigenartiges: *Wir haben begonnen, die minderwertigen Substitute vorzuziehen.*[217] Es ist viel leichter, jemanden anzurufen, als sich die Mühe zu machen, ihn persönlich zu treffen. Eine Nachricht auf dem Anrufbeantworter zu hinterlassen ist viel bequemer als ein Telefongespräch: Man kann sagen, was man sagen will, ohne eine Antwort zu erwarten. Heikle Nachrichten lassen sich so viel leichter kommunizieren. Es ist leichter, sich zu rühren, ohne in etwas verwickelt zu werden. Also haben wir begonnen, immer dann anzurufen, wenn wir wussten, dass am anderen Ende Leitung niemand den Hörer abnehmen würde. Eine hastige E-Mail rauszujagen ist noch einfacher, weil man sich hinter dem Fehlen der Stimme und des Tonfalls verstecken kann und nicht Gefahr läuft, zufällig mit jemandem aneinanderzugeraten. Noch einfacher sind die Kurznachrichten, denn hier sind die Erwartungen an die Anzahl und Auswahl der Worte noch geringer und es gibt noch einen Schutzschild mehr, hinter dem wir uns verstecken können. Jeder weitere Schritt nach ›vorn‹ hat es noch ein kleines bisschen leichter gemacht, sich nicht mehr emotional einbringen zu müssen, sondern nur noch Informationen anstatt Menschlichkeit zu übermitteln. Das Problem, die minderwertigen Substitute zu akzeptieren – sie vorzuziehen –, liegt darin, dass auch wir mit der Zeit zu minderwertigen Substituten werden.«[218]

Ein anderer amerikanischer Schriftsteller, Jonathan Franzen, spricht von »geselliger Einsamkeit«. In der Buchbesprechung des vielsagenden Titels *Reclaiming Conversation* von Sherry Turkle, einer amerikanischen Psychologin und Soziologin, meint er: »Unsere enthusiastische Unterwerfung unter die digitalen Medien hat zu einem Schwund menschlicher Fähigkeiten wie Empathie oder Selbstreflexion geführt und wir sind an einem Punkt angelangt, an dem wir uns endlich wieder Geltung verschaffen und wie Erwachsene benehmen müssen und die Technologie in ihre Schranken verweisen.«[219] Oft, so Franzen, hätten die Menschen, obwohl sie ununterbrochen kommunizieren, Angst vor einer von Angesicht zu Angesicht geführten Unterhaltung, denn »in dem Moment, in dem man persönlich mit jemandem spricht, ist man gezwungen, ihn als durch und durch realen Menschen anzuerkennen, und an dieser Stelle kommt die Empathie ins Spiel. (Eine neuere Studie, in deren Rahmen Studenten der Smartphone-Generation psychologischen Standardtests unterzogen wurden, belegt einen drastischen Rückgang der Empathie). Außerdem birgt jede Unterhaltung das Risiko der Langeweile in sich, einen Zustand, den wir inzwischen dank der Smartphones mehr als alles andere fürchten – aber auch ein Zustand, in dem sich Geduld und Phantasie entfalten.«[220]

Auch Papst Franziskus bringt in der Enzyklika *Laudato si'* scharfsichtig die Problematik jener Krise der zwischenmenschlichen Beziehungen auf den Punkt, die aus der unaufhaltsamen Digitalisierung erwächst: »Dazu kommen die Dynamiken der Medien und der digitalen Welt, die, wenn sie sich in eine Allgegenwart verwandeln, nicht die Entwicklung einer Fähigkeit zu weisem Leben, tiefgründigem Denken und großherziger Liebe begünstigen.«[221] In der Tat, »zugleich besteht die Tendenz, die realen Beziehungen zu den anderen mit allen Herausforderungen, die sie beinhalten, durch eine Art von Kommunikation zu ersetzen, die per Internet vermittelt wird. Das erlaubt, die Beziehungen nach unserem Belieben auszuwählen oder zu eliminieren, und so pflegt sich eine neue Art künstlicher Gefühlsregungen zu bilden, die mehr mit Apparaturen und Bildschirmen zu tun haben als mit den Menschen und der Natur. Die derzeitigen Medien gestatten, dass wir Kenntnisse und Gemütsbewegungen übermitteln und miteinander teilen. Trotzdem hindern sie uns manchmal auch, mit der Angst, mit dem Schaudern, mit der Freude des anderen und mit der Komplexität seiner persönlichen Erfahrung in direkten Kontakt zu kommen. Darum dürfte es nicht verwundern, dass sich gemeinsam mit dem überwältigenden Angebot dieser Produkte einen tiefe und wehmütige Unzufriedenheit in den zwischenmenschlichen Beziehungen oder eine schädliche Vereinsamung breitmacht.«[222]

Angesichts der Individualisierungsprozesse in unserer heutigen Gesellschaft gilt es ein neues »Wir« zu erschaffen. Freiheit ist kein Synonym für Unabhängigkeit, und ein Leben voller Bindungen ist keineswegs unerträglich.[223] Wir müssen uns gegen die »Forderung nach Distanz« wehren, die überall um uns herum laut wird und den Wunsch in uns weckt, für uns allein zu bleiben.[224] In der christlichen Erfahrung, betont Michel de Certau, ein Jesuit aus dem letzten Jahrhundert, ist die Gegenwart des »anderen« von grundlegender Bedeutung, im Sinne von »der andere, ohne den leben nicht mehr leben heißt«.[225]

Gebrechlichkeit im Alter, ein gemeinsames Schicksal

Die Gebrechlichkeit des Menschen

Es besteht ein unüberwindbarer Widerspruch zwischen der endlichen Realität des Menschen und der prometheischen Versuchung, zwischen seiner realen Schwäche und dem Verlangen nach Unabhängigkeit. Wir alle erfahren früher oder später, was es heißt, gebrechlich und schwach zu sein, die Hilfe anderer in Anspruch nehmen zu müssen. Die Gebrechlichkeit, so schreibt Strawbridge,[226] äußert sich im teilweisen Verlust von Fähigkeiten wie der Gedächtnisleistung, Sensorik, der selbstständigen Ernährung und Mobilität. Rockwood hingegen definiert sie als eine Anhäufung von Defiziten und körperlichen Einschränkungen verschiedenster Art;[227] Fried wiederum erkennt sie an den geringer werdenden vitalen Reserven und der nachlassenden Fähigkeit, auf Begebenheiten des alltäglichen Lebens zu reagieren, die mit einigen typischen Symptomen wie Kräfteverlust, langsamem Gang und geringer körperlicher Aktivität einhergehen.[228] Die Gebrechlichkeit führt uns vor Augen, dass wir grundsätzlich die Hilfe Dritter benötigen, also zumindest teilweise von jemandem abhängig sind. Leider gilt die Abhängigkeit, wie bereits angesprochen, in einer Gesellschaft, in der die Autonomie Dreh- und Angelpunkt der Existenz ist, als nicht hinnehmbar. Bezeichnend ist jedoch, dass viele die Gebrechlichkeit tatsächlich am eigenen Leib zu spüren bekommen. Nach Schätzungen befinden sich 30 Prozent der

Bevölkerung wohlhabender Länder der Nordhalbkugel in einem Zustand der Gebrechlichkeit, ausgelöst durch Alter, Krankheit, Armut, soziale Isolation. Noch dramatischer ist die Zahl in Ländern mit begrenzten Ressourcen, da dort in viel höherem Maß auch Kinder betroffen sind.

Wir leben also gerade dank der wissenschaftlichen Fortschritte und der veränderten komplexen gesellschaftlichen Struktur in einer gebrechlicheren Welt. Noch im 20. Jahrhundert ereilte die Gebrechlichkeit viele Menschen schon in ihrer Kindheit, ausgelöst durch kurze, aber heftige Infektionskrankheiten. Etliche starben schon im Lauf ihrer ersten Lebensjahre: Das durchschnittliche Sterbealter lag in Italien bei unter sechs Jahren.[229] Mit anderen Worten, die Hälfte der Verstorbenen wurde nicht einmal fünf Jahre alt und nur ein kläglicher Bruchteil der Bevölkerung erreichte ein hohes Alter. Zu Beginn des 20. Jahrhunderts setzten sich die westlichen Gesellschaften vorwiegend aus Kindern und jungen Erwachsenen zusammen. Inzwischen hat sich vieles in den europäischen Gesellschaften verändert, die seinerzeit in einem uralten demografischen Gleichgewicht verfangen waren, das eine hohe Sterblichkeitsrate durch eine ebenso hohe Geburtenrate kompensierte.[230] Die industrielle Revolution und ihre Auswirkungen auf das Einkommen und die Ernährung der Bevölkerungen Großbritanniens, Frankreichs, Italiens, Deutschlands, Spaniens und später dann auch Osteuropas veränderte die demografische Situation grundlegend: Die Flut krankheitsbedingter Todesfälle zog sich vom Gestade der Kindheit zurück und hinterließ viel Raum für ein Überleben bis ins Erwachsenen- und Seniorenalter.

Wie definiert sich Gesundheit?

Der Wandel des Krankheitsgeschehens führte dazu, immer wieder von Neuem über den Begriff der Gesundheit nachzudenken. Die althergebrachte Definition, Gesundheit sei »die Abwesenheit von Krankheit«, passte gut in eine Welt, in der fast ausschließlich Infektionskrankheiten auftraten. Eine Art Schwarz-Weiß-Denken also, das die beiden Zustände Gesundheit und Krankheit im absoluten Widerspruch zueinander sah, als ob die Existenz des einen den anderen komplett ausschließen würde. Diese Auslegung sah in der Krankheit einen von außen eindringenden Fremdstoff, der einen gesunden Körper angreifen und schwächen konnte. Heute wissen wir, dass Viren und Bakterien nicht die einzigen Krankheitserreger sind, sondern dass die meisten unserer Probleme vielmehr von Bedingungen herrühren, die *im Inneren* unseres Organismus entstehen. In unserer heutigen Welt hat sich diese drastische Dichotomie inzwischen abgeschwächt: Man denke nur zum Beispiel an die Tatsache, dass heute viele alte Menschen, selbst wenn sie an irgendeinem Leiden erkrankt sind, auf die Frage nach ihrem Zustand ohne zu zögern antworten, sie seien »bei guter Gesundheit«. Freilich hatte diese Auffassung eine offensichtliche Grenze, wenn wir uns die unvermeidliche Übergangsphase vor Augen halten, die ein Mensch vom Vollbesitz seiner Kräfte und den Fähigkeiten einer gesunden Person hin zum Zustand des »Kranken« durchläuft. Nach dem Zweiten Weltkrieg, in einer Zeit des Neuanfangs und in einem von großem Optimismus geprägten Klima also, schlug die Weltgesundheitsorganisation als neuen utopischen Gesundheitsbegriff einen »Zustand des vollständigen körperlichen, geistigen und sozialen Wohlergehens und nicht nur das Fehlen von Krankheit oder Gebrechen« vor.[231]

Diese Definition bot laut Cosmacini den Vorzug, die Gesundheit als förderungswürdiges Gut zu betrachten, was den Übergang vom damals gültigen System der »Versicherung gegen Krankheiten« zu dem der Gesundheitsförderung nach sich zog.[232] Dieses Verständnis von Gesundheit hat jedoch auch eindeutig seine Grenzen: nämlich die Vorstellung, dass Gesundheit gleichbedeutend mit Glück sei – absolutes Wohlbefinden also –, obendrein errungen in völliger Autonomie und Unabhängigkeit, wo doch zahlreiche Phänomene des Alterungsprozesses genau diese Möglichkeit zunichtemachen.

Die Weltgesundheitsorganisation selbst hat später das vorangegangene *Statement*[233] wie folgt abgeändert: »[Das Gleichgewicht und die persönliche Gesundheit sind] als ein wesentlicher Bestandteil des alltäglichen Lebens zu verstehen und nicht als vorrangiges Lebensziel. Gesundheit steht für ein positives Konzept, das in gleicher Weise die Bedeutung sozialer und individueller Ressourcen für die Gesundheit betont wie die körperlichen Fähigkeiten.« Die Gesundheit wird nun als Ressource betrachtet, doch abermals wird den Grenzen, die das Alter mit sich bringt, nicht Rechnung getragen. Mehr noch: Es tritt eine szientistische Auffassung von Gesundheit zutage, die es erlauben sollte, jede Grenze zu überwinden. Eine Vorstellung, die in einem Editorial der medizinischen Fachzeitschrift *The Lancet* vehement bestritten wird: »Die Wissenschaft hat das Leid nicht gänzlich ausgemerzt, trotz ihrer enormen Fähigkeit, Technologien zu entwickeln, die zur Verbesserung der Gesundheit beitragen. Das Einnehmen einer demütigeren Haltung gegenüber der Erfahrung eines Individuums, statt sich auf das Anlegen einer reduktiven Akte über den Gesundheitsstatus zu begrenzen, eröffnet die Möglichkeit eines realistischeren Verständnisses dessen, was gesund sein bedeutet.«[234] Die

Demut vor der individuellen Erfahrung und nicht die Forderung nach einer technologischen Synthese werde also dazu verhelfen, die Essenz des Gesundheitsbegriffes zu begreifen. Das zitierte Editorial bietet auch eine neue Gesundheitsdefinition an: »Canguilhem lehnte die Ansicht ab, dass es normale und abnormale Gesundheitszustände gibt. Er sah Gesundheit nicht als etwas, das statistisch oder mechanistisch bestimmt werden kann. Vielmehr sah er die Gesundheit als die Fähigkeit, sich seinem Umfeld anzupassen. Gesundheit ist kein starres Gefüge. Für jedes Individuum ist sie anders, abhängig von seiner Lebenslage. Die Gesundheit wird nicht von einem Arzt bestimmt, sondern von der Person selbst, entsprechend seiner funktionalen Bedürfnisse. Die Rolle des Arztes ist es, den Einzelnen dabei zu unterstützen, sich an seinen individuellen, aktuell gegebenen Zustand anzupassen. Dies sollte unter ›personalisierter Medizin‹ verstanden werden.«

Der Autor empfiehlt also, den Gesundheitsbegriff aus einem rein medizinischen und wissenschaftlichen Kontext zu lösen, innerhalb dessen man Gefahr laufe, ihn auf einen statistischen oder mechanistischen Parameter, ein starres und unpersönliches Gefüge zu reduzieren. Dem »Doktor« stehe es nicht länger zu, ein unanfechtbares Urteil auszusprechen, seine Aufgabe sei es vielmehr, dem Patienten Hilfe zu leisten, sich an seine Bedürfnisse und Umstände anzupassen. Die personalisierte Medizin darf hier als eine persönliche Angelegenheit verstanden werden, ebenso wie das subjektive Wohlbefinden, auf das der Patient ein Anrecht hat. Er ist es, der nun wieder seine Fragen stellen und eine Gesundheit haben darf, die nicht mit vollkommener Selbstständigkeit einhergeht, sondern die es erlaubt, mit einer Behinderung und mit der Hilfe anderer zu leben. Doch hier setzt auch der Diskurs darüber an, was für den einzelnen

Menschen – ausgehend von der Kultur und der Umgebung, in der er lebt – erstrebenswert, erträglich und unerträglich wird. Es handelt sich um einen neuen Weg, der in ähnlichen Situationen völlig unterschiedliche Entscheidungen ermöglicht.

Der epochale demografische Wandel der Bevölkerung führt im Übrigen dazu, dass in der ganzen westlichen Welt die Auffassung von Gesundheit erneut zu überdenken ist. Allein in Italien befinden sich mittlerweile Millionen von Menschen in einem mehr oder weniger ausgeprägten Zustand der Abhängigkeit, genauso in ganz Europa und der nördlichen Hemisphäre. Wesentliche Einschränkungen bei den körperlichen Aktivitäten und den Herausforderungen des täglichen Lebens (angefangen beim selbstständigen Aufstehen, Anziehen, Essen und Trinken bis hin zum Umgang mit Geld, Telefonieren und Zeitunglesen) durch immer häufiger auftretende chronisch-degenerative Erkrankungen, die zwar meist behandelbar, aber eben nicht heilbar sind (man denke nur an Arthrose, Diabetes, Arteriosklerose), lassen sowohl die Aussicht auf Heilung als auch die Idee von Gesundheit als völlige Autonomie zu reinem Wunschdenken werden. Die Abhängigkeit ist auch in anderen Lebensphasen des Menschen ein völlig natürlicher Zustand, wie zum Beispiel in der Kindheit: Niemals würde jemand auch nur im Traum darauf kommen, die Gesundheit eines Kindes über seine Unabhängigkeit und Autonomie zu definieren. Ein Kind ist an sich ein nichtautonomes Wesen, kann aber dennoch bei guter Gesundheit sein, wenn es versorgt, gepflegt und behütet wird.

Gesundheit ist somit eigentlich keine Frage von »Autonomie und Unabhängigkeit«. Ausschlaggebend ist eher, ob die eigenen Grenzen durch entsprechende gesellschaftliche, familiäre oder pflegedienstliche Hilfsmaßnahmen überbrückt werden können. Es steht außer Frage, dass es einem »gut gehen« kann, selbst wenn man mehrere Leiden hat, sofern man eine entsprechende Betreuung, Aufmerksamkeit und Pflege erhält. Das zitierte Editorial der Zeitschrift *The Lancet* schließt mit folgender aufschlussreicher These: »Der Begriff der Gesundheit ist genauso schwer fassbar wie motivierend. Ersetzen wir Perfektion mit Anpassung, kommen wir einem medizinischen System näher, das sich durch mehr Mitgefühl, Trost und Kreativität auszeichnet – einem, zu dem wir alle beitragen können.« Keine Perfektion also, sondern Anpassung an neue Zustände und Grenzen für eine mitfühlendere und kreativere Medizin, die in der Lage ist, auf der einen Seite die Distanz zum Patienten zu wahren, andererseits jedoch seine persönliche Auffassung von Gesundheit zu verstehen.

Zwischen dem maximalen theoretischen Gehalt der vorangegangenen Definitionen und der geringsten Schnittmengen mit dem Leben können wir den Begriff der »Restgesundheit« ansiedeln. Es handelt sich um ein Maß, das mehr oder weniger von Wohlbefinden oder Unwohlsein erfüllt sein kann und deshalb den Vorzug hat, die wesentlichen Aspekte der Subjektivität, mit denen zu rechnen ist, einzuschließen. Die Restgesundheit zu erhalten, zu schützen und in gewissem Maß zu fördern und wiederherzustellen ist eine nachvollziehbare Ausgangsbasis, die uns vor einer vitalistischen und gezwungen jugendlichen Ansicht bewahrt und uns in eine Dimension des Lebens befördert, die sich an unser Gegenüber und die Umgebung anpasst. Letzten Endes hängt unser Leben von den Beziehungen zu anderen ab, von den objektiven Bedingungen, der Unterstützung, die uns gegeben wird, denn dies sind die Elemente, die mit dem Schwinden der Restgesundheit eine immer tragendere Rolle spielen.

Die Würde der Schwäche

Wir befinden uns an einem Scheideweg: Wollen wir uns vom gebrechlichen Leben im Alter abwenden, oder wollen wir seinen großen menschlichen Wert begreifen? Die Versuchung, die Gebrechlichkeit zu leugnen, ist weit verbreitet. Es ist unschwer zu erkennen, dass eine sogenannte »Wegwerfkultur« ihre Kraft aus der Vorstellung zieht, dass alte Menschen – oder generell gesprochen, alle, die unter einem chronischen Zustand leiden, der zur Invalidität führt – zu eliminieren seien[235]. Papst Franziskus hat oft, auch schon als Kardinal in Buenos Aires, von einer Wegwerfkultur gesprochen. Die Alten würden aufgrund ihrer Unproduktivität »weggeworfen«. Heute gilt das noch viel mehr, weil sie mehrheitlich als soziale und wirtschaftliche Last empfunden werden, die Beitragskassen und somit auch die Beitragszahler belasten. Wir vergessen oft, dass das Gesicht der alten Menschen unseres ist, unser Schicksal, das zukünftige Leben von uns allen. Wenn das gebrechliche Leben im Alter unnütz wird, verliert das ganze Leben an Wert, denn die Gebrechlichkeit, die in gewisser Hinsicht auch den Erwachsenen betrifft, wird der Zustand sein, den wir alle im Alter erfahren. So steht es für unsere Zukunft geschrieben. Krankheit und Schwäche lassen sich nicht einfach durch eine mehr oder minder explizite Euthanasie »abschaffen«, wie sie schon heute in Europa praktiziert wird. Auch nicht durch eine, wie Papst Franziskus sie bezeichnet, versteckte Euthanasie. Es ist eine tragische Vereinfachung, den »glimmenden Docht« (vgl. Mt 12,20) eines schwachen und gebrechlichen Lebens – wie das der Alten oder eines jeden Menschen in einem Zustand der Schwäche – auslöschen zu wollen. In der Tat wären die Worte des Propheten Jesaja über den »leidenden Gottesknecht«, der »keine Gestalt, noch Schönheit [besaß], sodass wir ihn anschauen mochten« und der »verachtet und von den Menschen gemieden [war]« (Jes 53,2–3) auch auf alte und schwache Menschen anwendbar. Alte und Schwache berühren das Herz nicht so, wie es Kinder tun, sie haben nichts von der Sympathie junger Leute und genauso wenig von der Rüstigkeit Erwachsener. Sie haben nichts, womit sie imponieren könnten.

Es ist jedoch unabdingbar für eine Gesellschaft, die sich als menschlich bezeichnen möchte, sich ernsthaft und nicht ideologisch mit der Gebrechlichkeit und Schwäche auseinanderzusetzen. Dies muss damit beginnen, dass die Gebrechlichkeit mit Gelassenheit als unumstößliche Tatsache akzeptiert wird, die unausweichlich mit unserem Leben verbunden ist. Im gebrechlichen Leben drückt sich unsere Menschlichkeit in besonderem Maße aus. Mario Melazzini, ein italienischer Mediziner, der selbst an ALS erkrankt und heute Leiter der renommierten Italienischen Arzneimittelagentur ist, sagte kürzlich in einem Interview: »Ich glaube an den Wert des Lebens, ich liebe es in all seinen Facetten. Ich habe erkannt, wie wichtig es für eine gebrechliche Person ist, sich geschätzt zu fühlen, sich existent zu fühlen, auch wenn die Umstände, unter denen sie lebt, nicht ganz alltäglich sind.«[236] In Melazzinis Zeugnis sind Kraft und Schwäche zu einer Einheit verwoben. Schon der Apostel Paulus sagte: »Ich will mich also viel lieber meiner Schwachheiten rühmen, [...] denn wenn ich schwach bin, dann bin ich stark.« (2 Kor 12,9–10) Für die Gläubigen sind die Schwäche und die Gebrechlichkeit eine Hilfe, den entscheidenden Halt der Gnade Gottes wiederzuentdecken. Denn schließlich, bekräftigt Paulus, ist es Gott selbst, der unsere Schwäche auf sich nimmt. (Phil 2,6–9)

Bonhoeffer macht genau ihn zum Mittelpunkt seiner Theologie, den schwachen Gott, aufs Kreuz getrieben, und dadurch, nämlich vom Kreuz aus, in der Lage, uns alle zu retten. Bemerkenswert auch eines seiner Gedichte (*Christen und Heiden*):

> *1. Menschen gehen zu Gott in ihrer Not,*
> *flehen um Hilfe, bitten um Glück und Brot,*
> *um Errettung aus Krankheit, Schuld und Tod.*
> *So tun sie alle, alle, Christen und Heiden.*

> *2. Menschen gehen zu Gott in Seiner Not,*
> *finden ihn arm, geschmäht, ohne Obdach und Brot,*
> *sehn Ihn verschlungen von Sünde, Schwachheit und Tod.*
> *Christen stehen bei Gott in Seinen Leiden.*

> *3. Gott geht zu allen Menschen in ihrer Not,*
> *sättigt den Leib und die Seele mit Seinem Brot,*
> *stirbt für Christen und Heiden den Kreuzestod,*
> *und vergibt ihnen beiden.*[237]

Es existiert also eine universelle Dimension der Schwäche: jenes Gottes, der Menschen, Gläubigen und Ungläubigen, Lebensstrom der Zusammenkunft, Genesung, Liebe. Bietet die Schwäche nicht jedermann einen Anlass, mit der radikalen Einsamkeit zu brechen? Oder ein Motiv dafür, der Abhängigkeit mit größerer Heiterkeit zu begegnen und die Schönheit des Gefühls zu entdecken, sich gegenseitig zu ergänzen? In Zeiten der Schwäche kann die Abhängigkeit eine große Kraft sein! Die Hilfe anderer gleicht nicht nur eine körperliche Schwäche aus, die einer Invalidität oder natürlichen Grenzen geschuldet ist, sondern erhält und verbessert oft sehr wirksam auch die kognitiven Fähigkeiten, das Erinnerungsvermögen und die soziale Kompetenz. Unzählige epidemiologische Studien haben bewiesen, in welch direktem und bedeutsamem Zusammenhang die Hilfsbedürftigkeit, die Lebensqualität sowie die körperlichen und mentalen Reserven funktionaler Natur mit der Größe und Qualität des zwischenmenschlichen und sozialen Beziehungsnetzwerkes stehen. Fratiglioni beispielsweise erbringt gemeinsam mit anderen den Beleg, dass eben die Verschlechterung der Gehirnleistung und die verschiedenen Ausprägungen der Demenz in engstem Zusammenhang mit diesen Faktoren stehen.[238] Wer sozial einsam und isoliert ist, ist also diesbezüglich deutlich gefährdeter.

Weder Verzicht noch Abbruch, noch Übereifer

Der therapeutische Übereifer

Die anhaltende Debatte um die Problematik des therapeutischen Übereifers zeigt, dass es bis heute noch immer keine völlig klare Definition dieses Sachverhalts gibt.[239] Auf jeden Fall verurteilen sowohl der *Codex Deontologicus*, die Berufsordnung der italienischen Ärzteschaft, als auch die katholische Kirche entsprechende Maßnahmen. Auch wenn die Grenzen nach wie vor fließend und schwer zu fassen sind, spricht man von einer »unzulässigen klinischen Praxis« und in streng medizinischem Sinne von »einem objektiven klinischen ›Fehlverhalten‹, bei dem Momente ›ärztlichen Verschuldens‹ (Unfähigkeit, Leichtsinn, Unachtsamkeit) vorliegen könnten«.[240]

Die Definitionen gehen jedoch weit auseinandcr. In einem Positionspapier aus dem Jahr 2005, das Stellung zu ethischen Fragen in Bezug auf das menschliche Lebensende bezieht, versteht das italienische nationale Bioethikkomitee unter therapeutischem Übereifer »eine Behandlung, die hinsichtlich des Nutzens nachweislich unwirksam ist und zusätzlich ein erhöhtes Risiko und/oder für den Patienten eine außergewöhnliche Bürde mit noch mehr Leid darstellt und in deren Fall die eingesetzten Mittel bei objektiver Betrachtung der besonderen Bedingungen als eindeutig unverhältnismäßig einzustufen sind«.[241] Eine andere, noch präzisere Definition beschreibt solche Maßnahmen als »das

Beharren auf Therapien, die unverhältnismäßig sind, sei es entweder wegen des Zustands des Kranken oder weil es sich um die letzten Momente seines Lebens handelt, sei es, weil diese Therapien zu einem schmerzhaften und unerträglichen Weiterleben, wenn nicht gar zu einem durch die Therapien selbst verursachten pathologischen Leiden führen können«.[242]

Der *Codex Deontologicus* verurteilt den therapeutischen Übereifer seit jeher. In seiner neuesten Auflage zieht er es vor, den Begriff des Beharrens zu verwenden: »Der Arzt muss – unter Berücksichtigung des ausdrücklichen Willens des Patienten – davon Abstand nehmen, auf Diagnoseverfahren oder Therapiemaßnahmen zu beharren, von denen zu Recht keine Verbesserung des Gesundheitszustands und/oder der Lebensqualität zu erwarten ist.« Auf die heikle Rolle des Arztes und auf die Frage der Lebensqualität möchte ich später nochmals genauer eingehen. Momentan wendet man, um einzuschätzen, ob ein therapeutischer Übereifer vorliegt, »das Kriterium der Verhältnismäßigkeit der Mittel hinsichtlich ihrer vorhersehbaren Wirkung, das heißt des therapeutischen Ergebnisses, an: wenn die Mittel in Bezug auf das therapeutische Ergebnis unverhältnismäßig sind, liegt ein Fall von Übereifer vor.«[243]

Doch dies ist alles andere als einfach, denn »die medizinische Praxis zeigt gerade im Falle von Patienten, die im Sterben liegen [...], wie schwierig es ist, den Moment zu bestimmen, an dem die therapeutischen Maßnahmen unverhältnismäßig werden«.[244] Außerdem: Wem steht es zu, dies zu beurteilen? Dem Arzt, dem Patienten oder einem Dritten?

Ausschlaggebend für die Entscheidung, ob ein Übereifer vorliegt oder nicht, ist das Kriterium der »Verhältnismäßigkeit der Therapie«. Es ist beileibe kein Zufall, dass dieses Prinzip historisch aus der Lehre der katholischen Kirche und insbesondere aus den öffentlichen Ansprachen Pius' XII. in der Mitte der 50er-Jahre des letzten Jahrhunderts erwachsen ist. Der Papst wählte, nachdem er mehrfach von einschlägigen Organisationen um eine Stellungnahme bezüglich der Einsatzmöglichkeiten des modernen diagnostisch-therapeutischen Instrumentariums gebeten worden war, seine Worte mit Bedacht. Der technologische Fortschritt mit seinen neuen Entdeckungen und der zunehmenden Vervollkommnung der verfügbaren Mittel machte die Dichotomie »übliche Mittel/außergewöhnliche Mittel« als Bewertungskriterium dafür, ob ein Fall von Übereifer vorliege, unbrauchbar.

Was seinerzeit als außergewöhnliches Mittel eingestuft worden war – weshalb der Arzt sich auch nicht zwingend für dessen Einsatz hatte entscheiden müssen –, wandelte sich im Lauf der Jahre mit den fortschreitenden Verbesserungen in der Medizintechnik zu einem konventionellen Mittel, das in bestimmten Situationen routinemäßig angewendet wurde.[245] Eine solche Entwicklung führt dazu, dass sich mit der Zeit auch die Auffassung, was unter Übereifer zu verstehen sei, verändern kann: »Wer könnte abstreiten, dass bestimmte Formen des Übereifers, bestimmte Reanimationen, die man eigentlich als unverhältnismäßig hätte einstufen können, gleichwohl großartige Fortschritte ermöglicht haben, durch die später zahlreiche Leben gerettet wurden?«[246] Was gestern noch als waghalsige Herausforderung galt, ist heute keine mehr. Es ließen sich Beispiele über Beispiele aufzählen, doch ist es vor allem die Geschichte des medizinischen Fortschritts und der klinischen und chirurgischen Praxis selbst in all ihren Facetten, die uns dies vor Augen führt.[247]

Denken wir nur an das Gebiet der Organtransplantation. Seit der ersten Herztransplantation durch Christiaan Barnard sind noch keine 50 Jahre vergangen: Der Patient überlebte damals gerade einmal 18 Stunden und es mussten erst die Immunsuppressiva entdeckt werden, bevor dieser Eingriff zur gängigen Praxis wurde; heute sind acht von zehn Personen nach einer solchen Operation wieder in der Lage, ein normales Leben zu führen. Ebenso könnte man die immensen Fortschritte bei der Behandlung von Komapatienten anführen: Noch vor 60 Jahren überlebten die Betroffenen nur wenige Wochen. Oder die großartigen technologischen Errungenschaften, die es ALS-Kranken ermöglichen, mit der Außenwelt zu kommunizieren.[248] Nicht zu vergessen das atemberaubende Tempo, in dem neue Medikamente entwickelt und damit Therapien möglich werden, die zuvor undenkbar schienen. Manch einer verdankt sein Leben der Tatsache, dass seine Krankheit in Schach gehalten wurde, obwohl man keine Heilungschancen sah, gibt der große Onkologe Lucien Israël zu bedenken.[249]

Therapeutische Beharrlichkeit ist noch lange kein Übereifer

Lassen Sie mich eines bemerken: Führt ein Arzt bei Patienten, die an Krankheiten mit nicht klar prognostizierbarem Verlauf (zum Beispiel einige neurodegenerative Erkrankungen wie ALS, Parkinson, Alzheimer oder andere Formen der Demenz) leiden oder im Wachkoma (das sich vom tiefen Koma unterscheidet) liegen, auch längerfristig und für unbestimmte Zeit lebenserhaltende Behandlungen oder Therapien fort, so hat diese Beharrlichkeit nichts mit therapeutischem Übereifer zu tun.[250]

Allzu oft hält man es heutzutage – nicht zuletzt wegen der kulturellen Beeinflussung und der Angst davor, »Sklave der Maschine« zu sein – für geboten, auch elementare medizinische oder lebenserhaltende Maßnahmen wie die Ernährung oder Flüssigkeitszufuhr als unwirksame oder schädliche Behandlungen zu unterlassen: Der Verzicht auf ungeeignete Therapien darf niemals mit Formen der passiven Euthanasie oder Euthanasie durch Unterlassung durcheinandergebracht werden.[251] Manchmal wird auch die Komplexität der klinischen Situation, in der sich Patienten mit chronisch fortschreitenden Krankheiten befinden, sträflich vernachlässigt, was dazu führt, dass mögliche Alternativen gar nicht erst in Betracht gezogen werden und als Optionen entweder nur noch das Beharren auf diagnostisch-therapeutischen Maßnahmen oder der Verzicht darauf gegeben sind. Aber es ist eine Sache, jemanden zu töten, was immer unerlaubt ist, und eine andere, jemanden sterben zu lassen, was unrecht, recht und manchmal auch tugendhaft sein kann. Auch wenn in diesen Fällen stets die Krankheit die Todesursache ist, »besteht der Unterschied in der Tatsache, dass man beim Einstellen der Behandlung im Fall des klinischen Übereifers weder den Tod hätte verhindern können noch mit unverhältnismäßigen Eingriffen einen Todeskampf hätte verlängern dürfen, [… während] beim Therapieabbruch der Tod hätte verhindert werden können und müssen«.[252]

Interessant in diesem Zusammenhang ist auch, gerade in Anbetracht seiner langen Erfahrung mit Sterbenden, der Hinweis Lucien Israëls. Danach gefragt, nach welchen Kriterien denn festgelegt würde, wann eine Behandlung abzubrechen sei, antwortet Israël: »Ich für meinen Teil glaube, dass das therapeutische Beharren, das darin besteht, alles Menschenmögliche zu versuchen, nichts mit Übereifer zu tun hat, sondern im Gegenteil absolut ratsam ist. Es gibt Tausende von Menschen, die der Beharrlichkeit irgendeines Arztes oder Chirurgen ihr Leben und ihre Heilung verdanken. Heutzutage ist es eher eine Ausnahme, keinen Versuch mehr zu wagen, keine neue Kombination von Präparaten, kein neuartiges Verfahren mehr auszuprobieren.«[253]

Verhältnismäßigkeit der Therapie

Das Kriterium der »Verhältnismäßigkeit der Therapie«, nach dem sich die diagnostisch-therapeutischen Mittel in »verhältnismäßige« oder »unverhältnismäßige« Maßnahmen unterteilen lassen, bezieht sich nicht nur auf die jeweils angewandte Maßnahme selbst, sondern auch auf die Korrelation zwischen ihr und dem Kranken, bei dem sie angewandt wird. Hierzu werden zwei Arten von Parametern herangezogen: erstens die dokumentierte klinische Wirksamkeit beziehungsweise Unwirksamkeit, zweitens die Frage der Belastung für den Patienten, seine Familie oder den, der ihn pflegt, sowie für die Gesellschaft insgesamt.

Es ist offensichtlich, dass »der Arzt nicht die Aufgabe hat, mittels seiner medizinischen Fähigkeiten den Todeskampf eines Patienten zu verlängern« und dass »Respekt vor dem Leben nicht darin besteht, endlos an zermürbenden lebenserhaltenden Maßnahmen festzuhalten, sondern vielmehr darin, die Unvermeidbarkeit des Todes akzeptieren zu können«.[254] Es gibt keine moralische Verpflichtung, ein Leben ohne Perspektive um jeden Preis fortdauern zu lassen, doch ist andererseits ein Behandlungsverzicht auch dann nicht akzeptabel, wenn keine Aussicht auf vollständige Heilung besteht. Den Sterbenden zu begleiten, indem man sich um ihn kümmert, indem man palliative Maßnahmen zur Linderung seiner Schmerzen ergreift und ansonsten

175

jede Behandlung einstellt, die zu diesem Zeitpunkt als zwecklos oder unverhältnismäßig beurteilt wird, heißt so zu handeln, wie es inzwischen in der medizinischen Praxis allgemein üblich ist.

Dem Arzt kommt eine entscheidende empathische (und nicht paternalistische) Rolle zu. Selbst wenn er sich um die zu Recht gebotene Zurückhaltung bemühen und dem Patienten gegenüber nicht paternalistisch auftreten mag, wird das Verhältnis stets asymmetrisch bleiben. Denn de facto ist es der Arzt, der die Wirksamkeit oder Wirkungslosigkeit der klinischen Behandlung beurteilen muss. Im Übrigen kann sich die Arzt-Patient-Beziehung nur auf Vertrauen, auf ein persönliches Verhältnis, auf Nähe und Verbundenheit, auf einen fortwährenden Dialog stützen: Es handelt sich hierbei um unverzichtbare Dimensionen, vor allem, wenn es um Entscheidungen im Grenzbereich des Lebens geht. Der extreme Trend hin zu einer »vertraglichen Regelung« der Arzt-Patient-Beziehung kann zu ernsten Risiken in Hinblick auf die Qualität der therapeutischen Maßnahmen und das Patientenwohl im Allgemeinen führen.

Der zweite Parameter, der sich auf die »Belastung« bezieht, »verlangt die Beteiligung mehrerer ›Akteure‹, die einander zuarbeiten, wobei jeder einzelne – auf Grundlage seiner eigenen ›Kompetenzen‹ – darum bemüht ist, das ›Bestmögliche‹ für den Patienten herauszufinden. [...] Wenn sich der Patient in einem Zustand befindet, der es ihm erlaubt, aktiv an der Entscheidung teilzuhaben, und seine eigene Position deutlich macht, ist diese selbstverständlich verbindlich und von zentraler Bedeutung.«[255] Dabei müssen natürlich, zusätzlich zum fachlichen Urteil des Arztes, auch die Familienangehörigen oder das Pflegepersonal einbezogen werden. Weiterhin gilt es den Kostenaspekt zu berücksichtigen, sich also zu fragen, »ob der erforderliche ökonomische Aufwand in Hinblick auf das realistisch erreichbare therapeutische Ziel eine unverhältnismäßige Belastung darstellt«, wobei darauf zu achten ist, dass kein Patient »aufgrund der Kosten, die durch die notwendige Behandlung entstehen«, benachteiligt werden darf.[256] Eine äußerst wichtige Klarstellung, wenn man bedenkt, dass sich – nicht zuletzt aus utilitaristischen Gründen[257] – zusehends die Meinung verbreitet, bei Patienten, die sich in einem dramatisch schlechten Gesundheitszustand befinden, sei ein Therapieabbruch gerechtfertigt: Warum sollte man jemandem, der völlig geheilt werden kann (insbesondere, wenn er oder sie jung ist), Ressourcen vorenthalten, um sich stattdessen Patienten ohne Hoffnung oder zumindest mit ungewissen Zukunftsperspektiven zu widmen (Alte, Behinderte und so weiter)?

Trägt man all diesen Aspekten Rechnung, erschließt sich das Kriterium der »Verhältnismäßigkeit der Therapie« klarer und überzeugender. Die katholische Kirche hält in der Erklärung zur Euthanasie *Iura et Bona*, die am 5. Mai 1980 von der Kongregation für die Glaubenslehre herausgegeben wurde, fest: »Wenn der Tod näher kommt und durch keine Therapie mehr verhindert werden kann, darf man sich im Gewissen entschließen, auf weitere Heilversuche zu verzichten, die nur eine schwache oder schmerzvolle Verlängerung des Lebens bewirken könnten, ohne dass man jedoch die normalen Hilfen unterlässt, die man in solchen Fällen einem Kranken schuldet. Dann liegt kein Grund vor, dass der Arzt Bedenken haben müsste, als habe er einem Gefährdeten die Hilfe verweigert.«[258]

Das Kriterium der Verhältnismäßigkeit erlaubt es daher, zwischen angebrachten Therapien (wenn der sicher zu erwartende, höhere Nutzen in einem ausgewogenen Verhältnis zu den vorhersehbaren Risiken steht) und unangebrachten Therapien (wenn es sich abzeichnet, dass der zu erwartende Nutzen in keinem vernünftigen Verhältnis zu den vorhersehbaren Risiken mehr steht) zu unterscheiden. In der Palliativmedizin zum Beispiel, in deren Therapieverlauf die verabreichten Schmerzmittel neben der gewünschten sedierenden Wirkung als Nebenwirkung auch einen früheren Tod verursachen können, lässt sich ausgehend vom Kriterium der Verhältnismäßigkeit sagen, dass sie »legitim ist, wenn ein ausgeglichenes Verhältnis zwischen der quantitativen Lebenszeit, die durch die Verabreichung rein schmerzstillender Medikamente geopfert wird, und der dadurch gewonnenen Lebensqualität besteht«.[259]

Schon Pius XII. bestätigte: »Sie fragen sich, ob dem Arzt und dem Patienten die Unterdrückung des Schmerzes und des Bewusstseins durch Narkotika (soweit es die medizinische Indikation verlangt) seitens der Religion und der Moral erlaubt ist (auch wenn der Tod kurz bevorsteht und vorherzusehen ist, dass der Einsatz von Narkotika das Leben verkürzen wird)? Man muss darauf antworten: Wenn keine anderen Mittel vorhanden sind und wenn es in den gegebenen Umständen die Erfüllung anderer religiöser und sittlicher Verpflichtungen nicht hindert: ja.« Der *Katechismus der Katholischen Kirche* (1997) drückt sich noch deutlicher aus: »Schmerzlindernde Mittel zu verwenden, um die Leiden des Sterbenden zu erleichtern, selbst auf die Gefahr hin, sein Leben abzukürzen, kann sittlich der Menschenwürde entsprechen, falls der Tod weder als Ziel noch als Mittel gewollt, sondern bloß als unvermeidbar vorausgesehen und in Kauf genommen wird. Die Betreuung des Sterbenden ist eine vorbildliche Form selbstloser Nächstenliebe; sie soll aus diesem Grund gefördert werden.«[260]

Eine Therapie abzubrechen, weil tatsächlich ein offensichtliches Ungleichgewicht zwischen den erwarteten Vorteilen und der Schwere der Situation entstanden ist, erlaubt jedoch niemals, die Pflege des Kranken oder Sterbenden zu unterlassen. *To cure*, also ärztliche Hilfe mit dem Ziel zu leisten, eine Person zu behandeln und möglicherweise zu heilen, ist nicht gleichbedeutend mit *to care*, also sich um diese Person zu kümmern, indem man die Verantwortung dafür übernimmt, sie in ihrem hilfsbedürftigen Zustand zu betreuen. Daher können Handlungen wie Nahrungs- oder Flüssigkeitsgabe auch niemals auf der Liste der Maßnahmen stehen, die Formen des klinischen Übereifers beschreiben.[261] Apropos, warum sollte die Art der Pflege, wie man sie Neugeborenen angedeihen lässt, plötzlich Therapie sein, sobald man sie bei pflegebedürftigen Erwachsenen anwendet?

Gleichzeitig bedeutet die Beendigung unnötiger Leiden oder das Absetzen unverhältnismäßiger Behandlungen nicht, das Konzept der »Lebensqualität« zu respektieren.[262] Helga Kuhse hat recht, wenn sie behauptet, dass jedes menschliche Leben, abgesehen von seiner Qualität oder Art, unverletzlich und von gleichem Wert sei.[263] Dieser Gedanke stellt das Fundament jeder modernen Rechtsordnung dar und entspricht dem Prinzip, wonach »jedem menschlichen Leben das gleiche Recht auf Schutz allein deshalb zuerkannt wird, weil das Leben ein unumstößlicher Wert ist«.[264] So gesehen lässt sich das Leben niemals der Idee einer »Lebensqualität« unterordnen, die deren Wert allein daran bemisst, ob die betreffende Person bestimmte Funktionen – wie sprechen, laufen, sich ernähren – zu erfüllen vermag. Es ist ein schmaler Grat, auf dem man die Würde des Lebens, aber auch die des Sterbens, aufs Spiel setzt – schwierig in ein Gesetz zu gießen.

Man sagt also, dass ein Fall therapeutischen Übereifers vorliegt, wenn das Leben mit *allen* zur Verfügung stehenden

Mitteln verlängert werden soll. Dabei können unzählige Faktoren für diese Praxis verantwortlich sein: Die Auffassung einer ausschließlich defensiven oder auch allmächtigen Medizin, deren einzige Aufgabe darin besteht, den Tod schachmatt zu setzen; eine übermäßige Spezialisierung, sodass man sich bei der Behandlung mehr mit den einzelnen organischen Prozessen des Kranken als mit seiner Person als Ganzes befasst; das neue Modell einer »vertraglichen Regelung« der Arzt-Patient-Beziehung, auf das bereits hingewiesen wurde; die Notwendigkeit, zu experimentieren; die strengen protokollarischen Vorgaben.[265] Betrachtet man die Entscheidungen, die es in den schwierigsten Momenten des Lebens zu treffen gilt, jedenfalls aufmerksamer und genauer, so lassen sich gewisse Parallelen zwischen der Euthanasie und dem therapeutischen Übereifer nicht von der Hand weisen. Im Grunde handelt es sich sowohl im einen wie im anderen Fall um Praktiken, die den Tod als natürliches Ereignis leugnen. Beide Handlungen entspringen derselben Angst vor dem Tod: Deshalb versucht man ihn zu beherrschen – bei der Euthanasie, indem man ihm zuvorkommt, beim therapeutischen Übereifer, indem man ihn hinauszögert.[266] Zwei Arten von Allmacht und Niederlage.

In Würde sterben

Ein dramatischer Irrtum

Das Recht, »in Würde zu sterben«, hat sich zu einem zentralen und unantastbaren Aspekt unserer heutigen Kultur entwickelt. Wir sind uns wohl alle einig, dass es ein Recht auf ein »würdevolles Leben« gibt, ebenso auf eine »würdevolle Pflege«, doch allzu oft vergessen wir die unmenschlichen Zustände, mit denen Millionen von Menschen konfrontiert sind. In jedem Fall müssen wir angesichts der Mehrdeutigkeit des Begriffes der Euthanasie ganz besonders auf die vielen Fallstricke der Sprache achten. Das Recht, in Würde zu sterben, darf kein Euphemismus dafür sein, ein Recht auf einen »schönen Tod« einzuführen: Es ist eine Sache, jemandem beim Sterben Hilfe zu leisten (indem beispielsweise darauf geachtet wird, dass der Sterbende Beistand in seiner Todesangst erfährt, seine Schmerzen gelindert werden und ihm Trost zugesprochen wird), doch es ist etwas völlig anderes, beim Sterben nachzuhelfen. In Belgien und Frankreich wurden Vereine gegründet, die solch eine Ansicht vertreten (Verein für das Recht, in Würde zu sterben). Die Krux liegt also offensichtlich im Verständnis des Begriffes »Würde«.[267]

Leider ist festzustellen, dass auch der Sinn dieses Begriffes verdreht wird, mit einer Verschiebung, die dazu führt, »in Würde sterben« mit »den Tod vorverlegen« gleichzusetzen, vielleicht, um nicht »den Verfall des eigenen Körpers zu erleben«. Wie schon gesagt: Jemandem beim Sterben Hilfe zu leisten, ist die eine Sache, eine andere Sache ist es, beim Sterben nachzuhelfen. Lucien Israël erzählt eine Episode, die nachdenklich stimmt: »Eines Tages ließ sich eine Patientin in meine Abteilung bringen. Sie hatte in Folge einer Reihe schwerwiegender Eingriffe nur noch ihren Rumpf. Beine und Becken waren amputiert und ein künstlicher Ausgang für die Ausscheidungen angelegt worden. Diese Person stellte eine enorme Belastung für ihre Familie dar und viele, die sich einer guten Gesundheit erfreuen, hätten diese Situation als völlig unwürdig erachtet. Doch diese Frau kam auf der Suche nach Behandlung und Hoffnung zu mir und in beiderlei Hinsicht konnte etwas für sie getan werden.«[268] Luc Ferry warnt: »Die Vorstellung an sich, ein menschliches Wesen könnte ›seine Würde verlieren‹, weil es schwach, krank oder alt und deshalb abhängig ist, ist aus ethischer Sicht nicht tolerierbar und unterscheidet sich kaum von den todbringenden Theorien der Dreißigerjahre.«[269]

Der Leitgedanke der Würde des menschlichen Wesens umspannt die gesamte Existenz, von Anfang bis Ende, unabhängig von den Lebensumständen, in denen sich eine Person befindet. Natürlich müssen wir uns fragen, was die Würde des Menschen, die des Lebens und des Sterbens ist. Eine missverständliche Sprache wird unweigerlich zu einem Fallstrick mit dramatischen Folgen. Claudio Magris merkt in diesem Zusammenhang an: »Eine im Namen der Barmherzigkeit und der menschlichen Würde angebotene Euthanasie kann sich ganz leicht, wenn auch unbewusst, zu einer scheußlichen Sozialhygiene entwickeln, zum Spielball derer, die behaupten, dass es unterhalb einer gewissen Lebensqualität nicht wert ist zu leben. Zudem ergibt sich daraus das Recht, eine gewisse Qualität festzulegen, das zur Elimination derer autorisiert, die diese wiederum nicht erfüllen. Ohne

Zweifel wäre für die Millionen so schrecklich unterernährten Kinder dieser Welt, die nicht selten eine Schädigung ihres Körpers, des Geistes und der Affektivität davontragen, der Tod angesichts ihres elenden Lebens das geringere Übel. Dennoch ist zu bezweifeln, dass dies zu ihrer Elimination berechtigt.«[270]

Hans Küng setzt sich seit Langem mit der Thematik des Lebensendes oder der Demenz auseinander, nicht zuletzt aufgrund der tragischen Erkrankung seines Freundes, des Philologen Walter Jens, der an vaskulärer Demenz litt. In einem Interview mit der Journalistin Anne Will meinte Küng, Jens habe den geeigneten Moment verpasst, sich aus seinem irdischen Leben zu verabschieden. Seine Interviewpartnerin stellte die Frage in den Raum, ob Walter Jens nicht vielleicht einfach noch habe weiterleben wollen. An diesem Punkt lässt der Schweizer Theologe mit seiner Antwort durchblicken, was er unter Würde versteht: »Man merkt dann mit der Zeit, dass überhaupt keine intellektuelle Verbindung mehr [zu den Personen, die einem lieb sind] möglich ist, nur noch eine emotionale. Wenn ich gesagt habe, möchtest du vielleicht ein Stück Schokolade? ›Nein.‹ Dann packe ich sie aus und halte ein Stück zum Mund hin, dann nimmt er es und will sofort noch ein zweites haben. Also, das ist alles durchaus liebenswürdig, liebenswert. Aber ich möchte nicht in dieses Stadium kommen [...].«[271] Die Würde soll also nur komplett erhalten sein, solange man im Vollbesitz seiner geistigen Fähigkeiten ist? Weiter hinten in seinem Buch zitiert Küng die Frau seines Freundes: »Der Geist ist weg, aber das Gefühl ist noch da; wie fürchterlich es wird – ich hätte es nicht für möglich gehalten.«[272] Ich respektiere, ich verstehe das. Aber ich denke, dass uns nicht nur unsere Intelligenz ausmacht. Ich würde vielmehr sagen, das ist keineswegs erschreckend, sondern zutiefst menschlich.

Der Kommentar Küngs hinsichtlich der Geste seines Freundes hat viele negative Reaktionen hervorgerufen, vor allem seitens Behinderter: »Sie sind für viele Christen ein ›Wegweiser‹ ihres Glaubens. Dafür tragen Sie eine hohe Verantwortung, wie Sie selber sagen. Ihre Ausführungen bewirken Konsequenzen: Leidende, behinderte Menschen kommen unter Druck und fühlen sich genötigt, eine wesentliche Phase ihres Lebens zur Entlastung der Umwelt abbrechen zu müssen, im Klartext über EXIT oder Freitod. Ihre Haltung dem Leiden gegenüber hat uns sehr betroffen, ja traurig gemacht und unser Existenzrecht einmal mehr infrage gestellt.«[273] Kritik wurde auch andernorts laut: »Die Vorstellung, nur wer selbst für sich sorgen kann und nützlich ist, führe ein sinn- und würdevolles Leben ... Im Hohelied auf die Selbstbestimmung klingt die Geringschätzung kranken und gebrechlichen Lebens mit.«[274] Ich glaube, dass der Standpunkt Küngs wie der, den Indro Montanelli und weitere Intellektuelle bei anderer Gelegenheit vertreten haben, bei eben jener Gruppe von außergewöhnlich intelligenten und brillanten Personen auf Zustimmung stößt, deren Leben sich genau in den Sphären dieser Genialität bewegt. Doch können diese Personen, wie ich meine, wohl kaum ein allgemeingültiges Beispiel abgeben, gerade wegen ihres nicht alltäglichen menschlichen Erfahrungsschatzes.

Es lohnt sich stattdessen, einen vortrefflichen Text des Zweiten Vatikanischen Konzils, der voller Weisheit steckt, zu lesen: »Alle müssen ihren Nächsten ohne Ausnahme als ein ›anderes Ich‹ ansehen [...]. Was ferner zum Leben selbst in Gegensatz steht, wie jede Art Mord, Völkermord, Abtreibung, Euthanasie und auch der freiwillige Selbstmord; was immer die Unantastbarkeit der menschlichen Person verletzt, wie Verstümmelung, körperliche oder seelische Folter und der Versuch, psychischen Zwang auszuüben; was immer die menschliche Würde angreift, wie unmenschliche Lebensbedingungen, willkürliche Verhaftung, Verschleppung, Sklaverei, Prostitution, Mädchenhandel und Handel mit Jugendlichen, sodann auch unwürdige Arbeitsbedingungen, bei denen der Arbeiter als bloßes Erwerbsmittel und nicht als freie und verantwortliche Person behandelt wird: all diese und andere ähnliche Taten sind an sich schon eine Schande.«[275]

Heute setzt sich zunehmend die Ansicht durch, die Würde sei ein absolut subjektiver Wert und folglich absolut individuell festgelegt. Es sei das Subjekt, so sagt man, das bestimme, bis zu welchem Punkt das eigene Leben eine akzeptable »Qualität« habe. Aramini weist richtigerweise darauf hin, dass »der klassische Begriff der Würde, der übrigens eine lange Tradition in der philosophischen Reflexion hat, gegen den moderneren Begriff der Lebensqualität getauscht wird. Es kommt zu einer Bedeutungsänderung: Aus der ›Würde der Person‹, verstanden als Eigenschaft ontologischen Rangs, wird die ›Lebensqualität‹, die als Möglichkeit, verschiedene Tätigkeiten ausführen zu können, verstanden wird: reden, gehen, sich ernähren etc.«[276] Aus individualistischer Sicht geschieht es im Namen der unanfechtbaren individuellen Bewertung, dass freiwillige Euthanasie und assistierter Suizid zur legitimen Wahl werden. Reichlin beobachtet seinerseits, dass »kurz vor dem Eintritt des Todes die Gefahr besonders groß ist, zum einen von unerträglichen Schmerzen heimgesucht zu werden, zum anderen die Kontrolle über sich selbst zu verlieren und deshalb seine Würde beschädigt zu sehen. Demnach kommt die Bejahung eines ›Rechts zu sterben‹ einem Zuspruch an autonome Individuen, die sich im Vollbesitz ihrer geistigen Fähigkeiten befinden, gleich, frei zu entscheiden, ob ihre Lebensqualität dermaßen eingeschränkt ist, dass ein Weiterleben keinen Sinn mehr macht.«[277]

Jedenfalls haben wir uns weit von der klassischen Position entfernt, die auch Kant vertrat. Er unterschied zwischen dem inneren Wert der Würde des Menschen und dem relativen Wert des Preises eines Gegenstandes. Eine solche Auffassung wird heute infrage gestellt und mit ihr die Tatsache, dass es »nicht die Würde ist, welche das Fundament des menschlichen Lebens darstellt, sondern das menschliche Leben, das die Grundmauern der Würde legt: Letztgenannte ist jedem menschlichen Wesen allein aufgrund seiner Existenz zuzugestehen.«[278] Die geschichtliche Entwicklung der Bioethik ist ebenfalls durch diesen Wandel bedingt. Nach einer anfänglichen Verwendung der biologischen Betrachtung des Lebens entbrannte in den Vereinigten Staaten eine Debatte, die zur Wiederaufnahme der moralischen Bedeutung des Begriffs »Leben« und zur Ausarbeitung der Kategorie »Lebensqualität« führte. In Italien und anderen Ländern Europas wurde – nicht zuletzt aufgrund der Kritik seitens der katholischen Kultur – dem Konzept der Lebensqualität jenes der »Heiligkeit des Lebens« an die Seite gestellt beziehungsweise entgegengesetzt. Dieser neue Begriff lässt sich laut Helga Kuhse so definieren, dass jedes menschliche Leben, unabhängig seiner Qualität oder Art, unantastbar und von gleichem Wert sei.[279]

Das legitime Erringen individueller Rechte riskiert, wenn dies in einem absoluten Umfang geschieht, eine Negierung des nicht wegzudenkenden Beziehungsgefüges des Menschen. Es wurde bereits an früherer Stelle auf die Versuchung eines Ich-Kults, der sich von jeder Art von Beziehung lossagt, hingewiesen. Im Rahmen eines solchen wird jede »Beziehung« (diese birgt selbstverständlich ein Verhältnis der Gegenseitigkeit und damit der Abhängigkeit) zum Attentat auf die Würde und völlige Unabhängigkeit, auf das angestrebte Ideal also. Reichlin warnt: Vergessen wir nicht, dass »die Unselbständigkeit strukturell mit dem Menschsein verbunden ist; der Mensch ist stets abhängig von der Hilfe anderer, sei es zur Befriedigung vieler seiner Grundbedürfnisse, oder der Kultivierung grundlegender Erfahrungen, die dem Leben einen Sinn geben.«[280] Das Verständnis von Würde kann deshalb nicht von der Tatsache getrennt werden, dass Menschen unweigerlich in Beziehung zueinanderstehen. Ein nicht autonomer Mensch, der auf andere angewiesen ist, ist nicht weniger würdevoll als jemand, der unabhängig ist.

Im Gegenteil, das Bangen um Selbstkontrolle und die Besessenheit von Unabhängigkeit kann, wenn dieser Zustand permanent besteht, zur Unmenschlichkeit führen. Allein schon deshalb, weil die eigenen Grenzen vergessen werden, die der menschlichen Existenz unauslöschlich innewohnen. Daniel Callahan behauptet, dass individuelle Entscheidungen im Rahmen einer ständigen und nicht wegzudenkenden Interaktion getroffen werden: »Wir leben in einer Gesellschaft, und, so sehr wir auch als Individuen einzigartig sind, sind wir doch durch die gesellschaftlichen Werte geformt, die uns auch ein großes Ganzes an Symbolen und Möglichkeiten, unser Schicksal zu gestalten, zur Verfügung stellen. Das, was meine Gesellschaft über den Tod denkt [...] wird sich darauf auswirken, wie sie auf meinen Tod reagiert, und welche Unterstützung sie mir wird anbieten können, sowie auf die Art und Weise, wie sie meinem Kampf mit der Sterblichkeit Ausdruck verleihen wird.«[281] Jeder Mensch sollte auf würdige Weise sterben. Eine 90-jährige Dame erzählt, für sie bedeute würdevoll zu sterben, einen Tod im Stillen zu erfahren, im eigenen Bett und nicht im Krankenhaus. Sie wünsche sich jemanden um sich, der ihr liebe Worte sage und ihr die Kraft zum Sterben gebe, sie sanft und leicht streichle, sie in den Tod entgleiten lasse, ohne sie zum Essen zu zwingen, sofern sie darauf keine Lust mehr haben sollte. Sie möchte das Leben um sich mitbekommen, rennende Kinder, Unterhaltungen anderer Menschen, und sollte sie leiden, wünscht sie sich, dass ihr jemand über dieses Leid hinweghelfen möge. Dies sei es, was sie sich unter einem würdevollen Sterben vorstelle.[282] Ohne Zweifel ist es schwierig, einen solchen Tod an eine gesetzliche Regelung zu knüpfen. Über das würdevolle Sterben zu sprechen bringt eine ganz neue Lebens- und Beziehungskultur mit sich. Unter Würde kann meiner Meinung nach nicht verstanden werden, einem Sterbenden eine tödliche Pille auf den Nachttisch zu legen oder ihm gar eine Giftspritze beziehungsweise einen Becher mit einem tödlichen Trunk anzubieten, auch wenn der Kranke selbst darum gebeten haben sollte. Ich denke, es ist mitnichten würdig, sondern im Gegenteil unwürdig, das Meer der Einsamkeit und Sinnlosigkeit zu ignorieren, in dem ein Mensch zu ertrinken droht, der denkt, es lohne sich nicht mehr zu leben. Eine solche Gleichgültigkeit kann sich tatsächlich als bittere Bestätigung dessen erweisen, was diesen Kranken so quält: niemandem mehr etwas zu bedeuten.

Noch bitterer ist die Überzeugung, der bewusste Abgang sei die klügere Entscheidung, sofern man dabei nur warmherzig begleitet werde. Dazu möchte ich eine persönliche Geschichte erzählen. Sie handelt von Giovanni Danza, einem jungen Mann, den ich einst kennenlernte und der die gleiche Diagnose wie eine junge Amerikanerin namens Brittany erhalten hatte. Er hatte ihr einen Brief geschrieben und ich musste ihm versprechen, diesen irgendwann einmal zu veröffentlichen. Giovanni lebte danach noch zwei Jahre und verstarb schließlich im liebevollen Kreis einer Einrichtung der Gemeinschaft Sant'Egidio.

Er schrieb ihr: »Liebe Brittany, ich habe dein Interview gelesen und natürlich hat es mich zutiefst erschüttert, ich war ergriffen und gerührt. Ich heiße Giovanni und ich schreibe dir aus Italien. Es gibt etwas, das wir gemeinsam haben. Nämlich diesen heimtückischen Krebs, der so niederträchtig und gemein ist und Körper und Geist zerstört, während du zusiehst, wie dich die Behandlungen und Medikamente von Tag zu Tag mehr entstellen und verändern, bis du dich fast selbst nicht mehr erkennst [...]. Ich kenne dein Leid sehr genau, das beklemmende Gefühl und die Angst. Vor zwei Jahren, an einem Tag wie jedem anderen, ein kleiner Schwächeanfall, die Einlieferung ins Krankenhaus und dann die Diagnose [...] die schlimmste und unheilvollste, die man sich nur vorstellen kann: Gehirntumor, ein Glioblastom, eine Krebsart, die keinen Hoffnungsschimmer zulässt, es bleiben noch ein paar Monate zu leben. Der Krebs war innerhalb eines Monats um dreißig Prozent gewachsen und mein Schicksal damit besiegelt. Die Zeilen, die ich heute an dich schreibe, schreib ich an dich, aber gleichzeitig an alle Brüder und Schwestern, die von der gleichen Krankheit wie wir betroffen sind. Fürchterlich finde ich allerdings den Gedanken, dass deine Entscheidung, die ich zwar respektiere, aber nicht mit dir teile, ein Beispiel für andere sein könnte, deren Leben wie das unsere am seidenen Faden hängt und es einem Drahtseilakt gleichkommt, das Gleichgewicht zwischen Hoffnung und Verzweiflung zu halten.«

Giovanni schrieb ihr, dass auch er sich bezüglich der Schwere seiner Tumorerkrankung nichts vormache. Doch er schöpfe Kraft aus dem Glauben: »Plötzlich begriff ich, dass der Herr mich heilen würde, aber nicht auf diese Art, an die wir wahrscheinlich alle spontan denken und als Zeichen seiner Existenz erwarten würden. Er machte mir ein viel bedeutenderes Geschenk im Gegenzug für mein Vertrauen in ihn. Er verhalf mir zu meinem Seelenheil, indem er mich seine Anwesenheit spüren ließ, seine Kraft, seinen Geist und all seine Liebe, indem er mich sprichwörtlich in den Arm nahm, mich emporhob, meine menschlichen Ängste und mein Kreuz, mit seinen Armen und seiner Liebe [...]. Liebe Brittany, lass dich von ihm begleiten, nimm ihm nichts vorweg, spiel nicht selbst Gott [...] und du wirst den Frieden finden, der dir im Moment fehlt. Fürchte dich nicht, lass dich nicht erschrecken, nimm auch das Leid hin, denn er wird dich mit diesem nie allein lassen, der Herr wird immer für dich da sein, deine Hand halten und du wirst einen ungeahnten Frieden finden. Schenke ihm deinen Glauben, lass zu, dass er es ist, der sich um dich sorgt und dich in den Himmel holt, wenn er entschieden hat, dass es an der Zeit ist. Du wirst in ein Paradies eintreten, aus dem du weiterhin für deine Liebsten beten kannst. Tu nichts, was dir nicht zusteht. Ich weiß, es ist schwer, daran zu glauben, es zu akzeptieren. Doch hier spricht jemand zu dir, der dein Leid kennt, der weiß, was es heißt, mit einem festen Ablaufdatum im Kopf zu leben, was letztendlich alle betrifft, nicht nur uns beide.«

Weiter drückte Giovanni seine Hoffnung in die Forschung aus, die jeden Tag mit riesen Schritten voranschreitet und es möglich machen könnte, dass alles, was gestern noch utopisch war, morgen schon Realität ist. Er sagte: »Lass Gott das Urteil über deine Zeit fällen [...] hab Vertrauen und gib Acht auf deine Seele, das Einzige, das ewig von uns bleibt. Vergiss nicht, kein Arzt kann wissen oder garantieren, wie viel Zeit dir oder mir noch bleibt. Mach die Hoffnung und den Glauben nicht zunichte, gib dich dem Herrn hin. In Liebe, Giovanni Danza.«

Diese Worte haben mich zutiefst bewegt, denn sie vermitteln Hoffnung. Sie zeigen, wie eng das Wissen um die

Würde mit dem inneren Wert eines jeden Menschen verknüpft ist.

Echte Würde ist die, die eine gebrechliche und kranke Person empfindet, wenn sie umsichtig und taktvoll versorgt wird und liebevolle Begleitung und großzügige Aufmerksamkeit erfährt. Würde ist, immer als Mensch gesehen zu werden, unter allen Bedingungen und in jeder Situation.

Die Nähe, der körperliche Kontakt – ein langer Händedruck, ein liebevolles Wort, ein Streicheln über die Wange während der letzten Momente des Lebens – bezeugen dem Sterbenden seine große Würde und erteilen dem, der bleibt, eine Lehre über den Sinn des Lebens auch in der Stunde des Todes.

Die Rechte des Kranken und des Sterbenden

Bisweilen glaube ich, wir sollten etwas mehr über die Rechte der Sterbenden sprechen als über das Recht zu sterben. Und während wir versuchen, Gesetze für ein würdiges Dahinscheiden auszuarbeiten, sollten wir lieber dem würdelosen Tod der Millionen Menschen, die aufgrund von Hunger, Krieg, Sklaverei, Behandlungsabbruch und anderen Gründen sterben, etwas entgegensetzen. Es wäre viel wichtiger, Gesetzesinitiativen zu starten und Vorschläge für Regeln auszuarbeiten, die allen Menschen das grundlegende Menschenrecht gewähren, ein würdevolles, gesundes Leben mit einer guten Gesundheitsversorgung zu verbringen. In einer kurzen Schrift evangelischer und katholischer Christen aus Deutschland, herausgegeben von Bernhard Vogel unter dem Titel *Im Zentrum: Menschenwürde*, wird ganz klar gesagt: »Würde ist Anspruch auf Achtung.«[283] Deutlicher wäre es, würde man den Begriff »Recht« anstelle von

»Anspruch« verwenden. Dann hieße es noch treffender: »Würde ist das Recht auf Achtung.«

Kranke und gebrechliche Menschen haben also Rechte. Ich denke da an das Recht auf Therapie, um eine Krankheit zu bekämpfen oder ihren Verlauf zu ändern, um auf diese Weise den bestmöglichen Gesundheitszustand eines Patienten zu erwirken. Genauso denke ich an das Recht auf eine Grundversorgung, die die Bedürfnisse (nicht nur die physischen) jener Menschen decken sollte, die sich aufgrund einer Erkrankung nicht mehr um sich selbst kümmern können.

Weiterhin hat der Mensch ein Recht darauf, nicht leiden zu müssen und von körperlichen Schmerzen und anderen schmerzhaften Umständen befreit zu werden. Das Recht darauf, nicht im Stich gelassen zu werden und nicht in Einsamkeit aus dem Leben scheiden zu müssen. Das Recht, zu Hause zu bleiben und dort medizinisch versorgt zu werden, Herr über die eigenen Erinnerungen, die eigene Vergangenheit, die eigene Identität zu sein. Das Recht, Gefühle wie Scham und Angst zu haben, aber auch, von ihnen befreit zu werden, sollte dies möglich sein.

Das Recht auf Würde ist verbunden mit dem Recht, gehört, respektiert, gepflegt, ernährt – in einem Wort – geliebt zu werden. Genauso ist es verbunden mit dem Recht, an Entscheidungen hinsichtlich Pflege und unterstützenden Maßnahmen teilzuhaben. Zudem ist das Recht zu gewährleisten, die eigenen Gefühle und Emotionen im Falle des nahenden Todes in einer menschlichen Umgebung auszusprechen.

Ein absolut unantastbares Recht ist es, als Person betrachtet zu werden, deren Würde bis zum natürlichen Lebensende anerkannt wird. Dies betrifft *alle* Lebensphasen: Auch der Sterbende ist ein Lebender. Das Lebensende ist ein Teil des Lebens, der nicht nach oder außerhalb des Lebens angesiedelt ist.

Ebenso besteht ein Recht darauf, eine dem klinischen Zustand angemessene Behandlungen zu erhalten,[284] ohne therapeutischen Übereifer und ohne Behandlungsabbruch.

In diesem Zusammenhang kann auch auf die *Charta der Rechte des Sterbenden* verwiesen werden, die das Ethikkomitee der italienischen Stiftung Floriani aufgestellt hat und die sich in zehn Punkte gliedert. Auch diese Charta betont, dass der Sterbende ein Recht darauf hat, bis zu seinem Tode als Mensch betrachtet zu werden, über seinen Zustand aufgeklärt zu werden, sofern er dies wünscht, nicht belogen zu werden und wahrheitsgemäße Antworten zu erhalten, an Entscheidungen, die ihn betreffen, beteiligt zu werden und dass sein Wille respektiert wird. Er hat ein Recht auf die Linderung seiner Schmerzen und seines Leids, auf langfristige Pflege in der von ihm gewünschten Umgebung und darauf, keine Behandlungen hinnehmen zu müssen, die das Sterben verlängern. Ferner hat er ein Recht darauf, seinen Gefühlen Ausdruck zu verleihen, ein Recht auf psychologische Hilfe und geistlichen Beistand, entsprechend seiner Überzeugungen und seinem Glauben. Das Recht, in der Nähe seiner Liebsten zu sein, nicht isoliert und einsam, sondern in Frieden und mit Würde zu sterben.

Ins Auge fällt besonders die Aussage, dass jeder Kranke zu jeder Zeit das Recht habe, über seinen Zustand informiert zu werden, sofern er dies wünsche. Dieser fundamentale Grundsatz, der tief im medizinisch-rechtlichen Bereich, nämlich in der sogenannten »Einwilligung nach Aufklärung«, verwurzelt ist, beinhaltet eine Seite, die das »therapeutische Bündnis« zwischen Arzt und Patient genauer spezifiziert und den Arzt dazu einlädt, sich wieder »die Kunst« anzueignen, »von Fall zu Fall zu verstehen, inwieweit der

Kranke bereit ist, die Wahrheit über seinen Zustand zu akzeptieren, sodass er dem Patienten, ohne jemals zu lügen, den Teil der ›Wahrheit‹ mitteilen kann, den dieser erfahren möchte und den er ohne in eine Depression zu verfallen zu tolerieren vermag, wobei er sich gleichzeitig nicht isoliert und missverstanden fühlt«.[285] Zusammen mit dem, was schon über die Sterbebegleitung gesagt wurde, ist dies vielleicht der Sinn davon, einem Kranken nie die Hoffnung zu nehmen, ihm nichts vorzumachen, die Wahrheit zu sagen, aber stets auch auf die persönlichen Eigenheiten des Menschen Rücksicht zu nehmen.

Die zentrale Bedeutung des menschlichen Individuums und der Respekt, der ihm zu zollen ist, erfordern ein Mehr an Aufmerksamkeit, gerade in den letzten Momenten des Lebens. Marco Marzano sagt dazu sehr klug: »Mehr als dies unter anderen Umständen der Fall ist, nimmt der Individualismus im Falle eines langsamen Todes oder einer degenerativen Erkrankung den Zug der Einsamkeit an, die Gestalt der Verlassenheit. Würden wir beispielsweise einen Kranken, nachdem wir ihm die Wahrheit gesagt haben, sich selbst überlassen, um auf sich allein gestellt einen individuellen Behandlungsplan zu erstellen und in Einsamkeit von einer ganzen Sammlung an Gesetzen und unnützer Kompetenzen zu profitieren, dann wäre damit sicher kein Fortschritt errungen, sondern wir hätten wahrscheinlich dazu beigetragen, seine aktuelle Situation zu verschlimmern, die Einsamkeit des Sterbenden zu vergrößern. Vor allem hätten wir eine Demütigung der Ärzte herbeigeführt, ihre Deklassierung zu Beratern, die nur noch Empfehlungen für Therapien aussprechen.«[286]

Die Frage der Selbstbestimmung

Die freie Wahl

Im Jahr 1976 verabschiedete Kalifornien als erster Staat in der Geschichte eine Gesetzesinitiative zur Liberalisierung der Euthanasie: Würde ein Patient mittels des *Living Will*, einem juristischen Instrument in der Art eines Testamentes, den Abbruch jeder Behandlung oder Therapie, die er erhielt, verlangen, sollte seinem Willen stattgegeben werden. Damit wurde jene Art von Dokument rechtsverbindlich, mit dem eine Person im Vollbesitz ihrer geistigen Kräfte ihren Willen dahingehend ausdrückt, welche Behandlungen sie im Verlauf einer Krankheit oder im Falle unvorhergesehener Verletzungen wünscht oder nicht wünscht, falls sie nicht mehr in der Lage sein sollte, ihre persönliche Zustimmung oder Ablehnung wohlüberlegt kundzutun. Dieser Akt hat im Lauf der Zeit und vor allem während der letzten Jahre zunehmend an Bedeutung gewonnen und wurde unter anderem als »Testament der Lebenden«, »*biocard*«, »Patientenverfügung« oder – in Italien – als »Erklärung« beziehungsweise »biologisches Testament« bezeichnet. Die Wortwahl spielt in diesem Zusammenhang durchaus eine Rolle und nicht all diese Definitionen sind miteinander gleichzusetzen.

Bisweilen wird die zunehmende Forderung nach Sterbehilfe auf das Konzept des therapeutischen Übereifers und seine Umsetzung in der Praxis zurückgeführt.[287] So, wie auch das Prinzip der Selbstbestimmung (als Legitimation

195

des Rechts, den eigenen Tod einzufordern) das Resultat einer Strömung in der Medizin sei, die als unmenschlich beargwöhnt wird. Eben diese Angst muss unbedingt ernst genommen werden, »wenn wir nicht wollen, dass unzähligen Menschen in der heutigen Zeit die Euthanasie als einzige Möglichkeit erscheint, sich vor einer übertrieben technischen, sinnlos aggressiven und respektlosen Medizin zu schützen«.[288] Natürlich versetzt es einen in Angst und Schrecken, wenn ein kranker Körper ohne jede Hoffnung auf Heilung künstlich am Leben erhalten und zu einem Objekt für Experimente degradiert wird. Der Mensch ist keine anonyme Ware. Niemals. Es macht Angst, invasiven Eingriffen unterworfen zu werden, die Leiden und Isolation mit sich bringen, nur um das Leben noch um ein paar Tage zu verlängern. Und ja, Angst macht auch die Unmenschlichkeit der Lebensbedingungen und der Unterbringung Sterbender (man denke nur an manche Intensivstationen, in denen man völlig isoliert ist): mit anderen Worten, der »medikalisierte« Tod.[289] Ich denke, die Verbindung zwischen der wachsenden Zahl an Patientenverfügungen und der Angst, sinnlosen und unverhältnismäßigen klinischen Behandlungen, die schmerzhaft und zermürbend sind, ausgesetzt zu sein, wenn der Tod bereits unabwendbar ist, liegt klar auf der Hand. Dennoch erweisen sich, wie auch beim »therapeutischen Übereifer«, die Fragen rund um das »biologische Testament« als deutlich komplexer und vielschichtiger. Im Übrigen reicht allein die Furcht vor dem therapeutischen Übereifer nicht aus, um den Erfolg der Patientenverfügung zu erklären und ihre Verbreitung zu fördern. Ein im Voraus verfasstes Dokument scheint für manche Menschen angesichts der Angst, anderen ausgeliefert zu sein und keine Kontrolle mehr über das eigene Leben und die eigene Person zu haben, die ultimative Bestätigung ihres Ichs zu sein.

Eine solche schriftliche Erklärung heiligt das Prinzip der Selbstbestimmung, sprich die Freiheit, über sich selbst zu verfügen und in jeder Hinsicht allein über die eigene Existenz zu entscheiden.

Theoretisch wird hierbei davon ausgegangen, dass sich die Idee des moralisch absolut Guten nicht rational stützen lasse und dass man daher niemandem eine bestimmte Vorstellung davon, was gut sei, aufzwingen könne. Im Gegenteil solle jedem die absolut freie Wahl zustehen, mit der einzigen Einschränkung, dass niemand anderem Schaden zugefügt werde. Aus dieser Perspektive sind denn auch »die zentrale Wichtigkeit des Kranken und seine Subjektivität etwas völlig Neues in der Medizin und machen eine Neudefinition der traditionellen Rolle von Arzt und Pflegepersonal erforderlich«.[290] Aber auch wenn diese freie Wahl – die von der Weigerung, sich behandeln zu lassen, bis hin zur Entscheidung, sterben zu dürfen, alles miteinschließt – ein garantiertes Grundrecht der Italienischen Verfassung ist,[291] nimmt sie doch niemals ein mutmaßliches »Recht zu sterben« vorweg. Ebenso wenig, wie sie den Arzt zur Zurückhaltung und reiner Passivität verpflichtet. Die italienische Verfassung verortet die freie Wahl im »Rahmen einer direkten Beziehung zwischen Arzt und Patient, in dem Ersterer angesichts des vorliegenden klinischen Zustands einen wohldurchdachten Dialog anstößt, der den Patienten dazu bringt, von ›suizidalen‹ Vorschlägen abzusehen und mit ihm gemeinsam im Geiste einer ›Begleitung‹ während des gesamten Krankheitsverlaufs die wirksamsten Strategien zu entwickeln, um jede Art von Leiden auszuschließen. Sogar bis zum Tod.«[292]

Ansonsten kann der Arzt, um seinen Beruf frei »nach bestem Wissen und Gewissen« auszuüben, sich nur auf einige unabdingbare Verhaltensregeln der Berufsordnung für

Ärzte, dem *Codex Deontologicus*, beziehen.[293] Artikel 3 des Codex legt klar fest: »Zu den ärztlichen Pflichten gehören der Schutz des Lebens, der körperlichen und seelischen Gesundheit, die Schmerzbehandlung und die Linderung der Leiden, wobei – unabhängig von den institutionellen oder sozialen Gegebenheiten, in denen der Arzt tätig ist – die Freiheit und Würde der Person zu achten und Diskriminierungen jedweder Art zu vermeiden sind.« Oberste Pflicht des Arztes ist der Schutz des Lebens und der Gesundheit des Menschen; deswegen darf er niemals Behandlungen durchführen oder Maßnahmen unterlassen, um gezielt den Tod herbeizuführen.[294] Gleichzeitig jedoch darf er in keiner Weise zu Behandlungen gezwungen werden, die seiner medizinischen Überzeugung oder seinem Gewissen widersprechen.[295]

Innerhalb dieser klar abgesteckten Grenzen also muss sich die Beziehung zwischen Arzt und Patient und somit auch eine eventuelle Vereinbarung in Form einer »testamentarischen« Willensbekundung des Patienten, einer Patientenverfügung, bewegen.

Ist es so leicht, sich zu entscheiden?

Das Prinzip der Selbstbestimmung gilt sowohl moralisch als auch gesetzlich als Rechtfertigungsgrund dafür, einen Behandlungsabbruch zu verlangen. Oder, wie andere meinen, für die Bitte um aktive Sterbehilfe. Eine erste Frage dreht sich dabei genau um die Vorwegnahme des Willens. Bezieht sich die vorzeitige Willenserklärung nicht eher auf einen theoretischen und grundsätzlichen Sachverhalt als auf einen konkreten Fall? Ist die Person Jahre später – Jahre, in denen sich eventuell tiefgreifende wissenschaftliche Veränderung vollzogen haben – noch immer dieselbe, sind die Voraussetzungen dieselben geblieben? Und entscheidet man tatsächlich immer völlig frei und autonom über das eigene Leben? David Lamb, der lange über den Zustand Todkranker geforscht hat, sieht dies sehr skeptisch: »In einer Gesellschaft, in der die Tötung auf Verlangen als erlaubt gilt, geraten die Todkranken zwangsläufig in die Situation, aus Anstand den Lebenden gegenüber als letzte Pflicht ihren ›Sterbewunsch‹ äußern zu müssen.« Auf diese Art verwandelt sich das ›Recht zu sterben‹ in eine deutlich dramatischere und zwingende ›Pflicht zu sterben‹.[296]

Auch Bauman kann sein Erstaunen nicht verhehlen: »So frei die individuelle Entscheidung auch sein mag (oder auch nicht), ist die Aufforderung, frei zu entscheiden und jede Handlung als Ergebnis einer solchen Freiheit zu definieren, wiederum mit Sicherheit *nicht* selbst Objekt einer individuellen Entscheidung. In der Individualgesellschaft sind wir alle Individuen, jeder von uns ist eines [...]. Das Recht und die Pflicht zur freien Wahl – die stillschweigende und/oder ausdrückliche Individualität vorausgesetzt – sind weder eine ausreichende Garantie dafür, dass die Ausübung dieses *Rechts* tatsächlich möglich ist, noch dafür, dass die gelebte Individualität jenen Modellen gewachsen ist, die von dieser *Pflicht* vorgegeben werden. Für viele, Männer wie Frauen, ist die Ausübung der freien Wahl so gut wie immer eine Illusion, für andere zumindest in bestimmten (mehr oder minder häufigen) Situationen.«[297] Und wenn die Fähigkeit, eine Entscheidung zu treffen, an sich schon ein schwieriges Ziel ist, wie wird es dann erst um sie bestellt sein, wenn der Tod naht? Viele Sterbende meinen, beeinflusst von einem falsch verstandenen Autonomiegedanken, auch die krankheitsbedingte Abhängigkeit und die Notwendigkeit, behandelt und gepflegt zu werden, seien eine Verletzung der menschlichen Würde. Wir alle sind von der Gesellschaft geformt, in der wir leben, und keiner kann sich im vollen Wortsinn als autonom bezeichnen.

Das Autonomieprinzip wird somit durch die psychologische Ausnahmesituation infrage gestellt, in der sich der Sterbenskranke oder eine bevollmächtigte Betreuungsperson befindet, der die schwierige und derart richtungsweisende Entscheidung darüber obliegt, ob eine lebenserhaltende Maßnahme zu beginnen oder fortzusetzen sei: »Der Wille des Kranken kann je nach dem Verlauf der Krankheit und verschiedenster innerer und äußerer Geschehnisse großen Schwankungen unterliegen. Welcher Arzt oder Krankenpfleger hat noch nie einen Kranken im Endstadium erlebt, der innerhalb desselben Gesprächs binnen weniger Minuten, manchmal gar in ein und demselben Satz, gleichzeitig von seinem bevorstehenden Tod und dem Wunsch, geheilt zu werden, geredet hätte?«[298] Der Entscheidungsprozess sei, wenn es um Fragen des nahenden Todes gehe, oft äußerst komplex, warnt Van Steendam:[299] »Die Patienten haben nicht mehr das Bedürfnis, logisch zu sein [...] Sie können sich bei dem, was sie sagen und tun, auch widersprechen«,[300] wie »die Geschichte einer Frau [zeigt], die am Nachmittag darum bittet, sterben zu dürfen, und, als alles vorbereitet ist, in die Bibliothek geht, um sich drei dicke Bücher zum Lesen auszuleihen.«[301]

Über den Paternalismus des Arztes hinaus

Die neue Situation, die aufgrund der hohen Zahl an Patienten im Endstadium, der immer zahlreicheren Heime und Hospize und der Verankerung des »biologischen Testaments« in der Gesetzgebung vieler Länder entstanden ist, macht es dringend notwendig, die Beziehung zwischen dem Kranken und dem Arzt zu überdenken. Immer seltener wird nur dem Arzt allein die Aufgabe anvertraut, über den Therapieverlauf des einzelnen Patienten zu entscheiden. Tatsächlich hat sich die Auffassung darüber, wie die Beziehung zwischen Arzt und Patient in Sterbesituationen zu gestalten sei, weiterentwickelt. So ist inzwischen bekannt, wie wichtig es ist, eine stabile persönliche und vertrauensvolle Bindung zum behandelnden Arzt aufzubauen. Schließlich werden tiefe Überzeugungen und Empfindungen an die Oberfläche gespült, die der Gesprächspartner richtig deuten können muss – vor allem im Moment größter Schwäche oder angesichts des nahenden Todes und der Entscheidungen, die damit einhergehen. Eine solch einzigartige Beziehung kann nicht irgendwelchen Verfügungen oder einseitigen Handlungen unterworfen sein. Das Nationale Bioethikkomitee stufte in einem Gutachten zur Patientenverfügung vor einigen Jahren solche Dokumente als Handlungen ein, »deren Aufgabe es ist, gerade in jenen Grenzsituationen noch eine persönliche Beziehung zwischen Arzt und Patient zu ermöglichen, in denen sich keine Verbindung mehr zwischen der Einsamkeit desjenigen, der sich nicht mehr äußern kann, und der Einsamkeit dessen, der eine Entscheidung treffen muss, herstellen lässt«.[302]

Das Bild des Arztes hat sich stark gewandelt. Früher stellte niemand die Legitimation infrage, die aus seiner fachlichen Autorität erwuchs und ihm eine Vormachtstellung dem Patienten gegenüber verschaffte; umso mehr noch, wenn sie von einer völligen Urteilsfreiheit und dem Ethos der Selbstaufopferung begleitet wurde. Der Wille des Patienten war letzten Endes bedeutungslos, wenn der Arzt seinen Standpunkt geltend machen konnte, der aufgrund seiner fachlichen Kompetenz von entscheidendem Gewicht war. Kraft dieser Kompetenz kann die Arzt-Patient-Beziehung nur unausgeglichen und asymmetrisch sein. Deshalb kann sie auch keinem vertraglichen Zwang unterliegen, sondern muss ein Vertrauensverhältnis bleiben, »bei dem der anständige Arzt – wenigstens – darauf achten muss, keinerlei eigene Interessen zu verfolgen«.[303]

Inzwischen haben sich jedoch viele Dinge geändert. So fragt man heute zum Beispiel: Dient die ärztliche Handlung im Wesentlichen dazu, dem Patienten wieder zur Gesundheit zu verhelfen oder seinen Gesundheitszustand zumindest zu verbessern? In einer Zeit, in der Krankheiten typischerweise immer häufiger einen chronischen Verlauf nehmen, muss sich der Ansatz des Arztes verändern. Darüber hinaus sind die Erwartungen der Patienten heute deutlich gestiegen und viel anspruchsvoller geworden: »In der öffentlichen Wahrnehmung hat sich eine Erwartung ›globaler Gesundheit‹ eingenistet«, und zwar bis hin zu dem »Missverständnis, dass das Adjektiv global im Sinne von vollkommener und totaler Gesundheit zu verstehen sei, also ein Zustand ohne jede Krankheit, Gebrechen oder Unvollkommenheit«.[304] Der Wunsch nach Gesundheit oder restlosem körperlich-geistigem Wohlbefinden verbreitet und etabliert sich von Tag zu Tag mehr. Der Wille und die Meinung des Patienten können von den Ärzten nicht mehr ignoriert werden. Und das ist gut so, denn es hilft, über den wiewohl notwendigen wissenschaftlich-professionellen Aspekt hinaus die freundschaftliche und menschliche Seite des Behandlungsverhältnisses zu stärken.

Um nochmals zwei Begriffe zu verwenden, die ich bereits benutzt habe – dieses Verhältnis kann niemals allein auf die Dimension der Diagnose und Therapie reduziert werden, auf das *to cure*, sondern muss immer auch die umfassendere Perspektive des *to care* miteinbeziehen.[305] Wie auch immer, die Zeit der ärztlichen Bevormundung, die dennoch nicht zum Zerrbild verkommen darf, ist vorbei: Als Grundprinzipien ethischen Handelns in der Medizin gelten heute das Patientenwohl und die Nicht-Schädigung, die im Mittelpunkt der ärztlichen Bemühungen liegen.[306] Doch dieses Wohl wird wertlos, wenn es dem Patienten nicht anschaulich und aufmerksam vermittelt wird. An die Stelle des Paternalismus ist das Prinzip der Autonomie getreten, das sicherlich aus einer viel größeren und allumfassenderen Bürger- und Menschenrechtsidee erwachsen ist, aber paradoxerweise wegen seiner Rigidität und Unpersönlichkeit Gefahr läuft, genau an dem Punkt zu enden, von dem man abkommen wollte: bei der Kommunikationsunfähigkeit. Doch noch viel schädlicher ist ein anderes Ergebnis: Im Zuge dieser Entwicklung hat sich eine Art vertraglicher Regelung der Arzt-Patient-Beziehung etabliert, die die Unabhängigkeit des Arztes untergräbt und ihn eventuell gar seiner Verantwortung enthebt. Andererseits kommt der Vertrag einem Patienten, der sich als medizinischer Laie seiner Abhängigkeit bewusst ist und Angst davor hat, zur Nebensächlichkeit degradiert zu werden, wie eine Art Schutzschild vor. Was dabei auf der Strecke bleibt, ist das Prinzip des Patientenwohls, das sich im Übrigen auf eine wirkmächtige Idee und gesellschaftlich anerkannte Übereinkunft zum Begriff des Guten und darauf, was genau unter »Gutes tun« zu verstehen sei, beruft.[307] Im ursprünglichen Sinn von »Es tut gut, Gutes zu tun«.

Therapeutisches Bündnis zwischen Arzt und Patient

Der Weg, den es einzuschlagen gilt, ist der eines Bündnisses zwischen Arzt und Patient, nachdem doch das gemeinsame Ziel beider das gesundheitliche Wohl ist. Auch wenn beide Parteien unterschiedliche Auffassung hiervon haben können, »kann man durch einen offenen und ehrlichen Dialog, der ohne Übergriffigkeit und Aufzwingen der eigenen Werte geführt wird, zu einvernehmlichen Entscheidungen gelangen«.[308] Es handelt sich um das Prinzip des »Patientenwohls im Vertrauen«: kein unpersönliches, kaltes Vertragsmodell, das die formale Einigung oder den formalen Kompromiss sucht, sondern ein Modell, das sein zentrales Anliegen darin sieht, »Sorge« für den Kranken zu tragen, der sich im Gegenzug dem Arzt anvertraut und ihm sein volles Vertrauen entgegenbringt.[309]

Es sagt einiges aus, wenn die *Carta degli operatori sanitari*, ein Hirtenbrief des päpstlichen Rats an die Mitarbeiter im Gesundheitswesen aus dem Jahr 1995, in dem verschiedene Ansichten der katholischen Lehre zu diesem Thema zusammenfasst sind, bestätigt: »Die medizinische und pflegerische Betreuung gründet auf einer zwischenmenschlichen Beziehung ganz besonderer Natur, und zwar auf dem Aufeinandertreffen von Vertrauen und Gewissen: dem Vertrauen eines von Krankheit und Leiden geschlagenen und deshalb bedürftigen Menschen, welcher sich auf das Gewissen eines anderen Menschen verlässt, der sich seiner Bedürfnisse annehmen kann und ihm entgegenkommt, um ihn zu unterstützen, zu behandeln und zu heilen. Der im Gesundheitswesen Tätige also. Der Kranke ist für ihn niemals nur ein klinischer Fall – ein anonymes Individuum, an dem man seine erworbenen Kenntnisse ausprobieren kann –, sondern immer ein kranker Mensch, dem es ehrliche Sympathie (ganz im etymologischen Sinn des Begriffs) entgegenzubringen gilt. Dies verlangt: Liebe, Entgegenkommen, Aufmerksamkeit, Verständnis, Solidarität, Wohlwollen, Geduld, Gesprächsbereitschaft. Wissenschaftliche und fachliche Expertise allein genügen nicht, nötig ist vielmehr die persönliche Anteilnahme an der konkreten Situation des einzelnen Patienten.«[310]

Das therapeutische Bündnis setzt voraus, dass der Arzt denjenigen, der sich ihm anvertraut, auf dessen Wunsch hin über die geplanten Therapiemaßnahmen und Eingriffe sowie deren Erfolgsaussichten aufklärt und so dessen Zustimmung einholt. Wichtig ist dabei, dass der Patient seine Zustimmung eindeutig, freiwillig und bewusst erteilt, und zwar auf Basis der Informationen, die ihm der behandelnde Arzt in verständlicher Form über Diagnose, Prognose, Zweck und Art der vorgeschlagenen medizinischen Behandlung, Vorteile und mögliche Risiken, eventuelle Nebenwirkungen sowie über denkbare Alternativen oder die Folgen einer nicht durchgeführten Behandlung gegeben hat.

Falls es nicht möglich sein sollte, im Moment einer konkret notwendigen Entscheidung die Zustimmung des Kranken zu erhalten, kann die Patientenverfügung ungemein wichtig werden, deren Ziel und Zweck das bereits erwähnte Gutachten des Nationalen Ethikkomitees CNB von 2003 immer in der Berücksichtigung des therapeutischen Bündnisse sieht: »Die Patientenverfügung verfolgt das Ziel, eine Vergesellschaftung der dramatischsten Momente der Existenz zu begünstigen, und zu vermeiden, dass das eventuelle Unvermögen des Kranken die Ärzte dazu verleiten könnte, ihn – vielleicht unbewusst und trotz bester Absichten – nur als Körper zu betrachten, der einer unpersönlichen Behandlung zu unterziehen sei.« Daher »ist es dank der Patientenverfügung so, als würde der Dialog zwischen Arzt und Patient im Geist fortgeführt, auch wenn der Patient nicht mehr bewusst daran teilnehmen kann«. Das therapeutische Bündnis ist niemals eine einseitige Handlung. Es ist stets Dialog. Und dieser Dialog hört niemals auf, selbst dann nicht, wenn der Kranke nicht mehr in der Lage ist, etwas zu verstehen oder zu wollen.

Mittels der Patientenverfügung findet somit zwischen Arzt und Patient ein andauernder geistiger Dialog statt. Daraus ergeben sich nicht unerhebliche Implikationen: Was ist, wenn sich in der Zukunft dank des medizinischen Fortschritts neue Heilmethoden entwickelt haben werden? Wird sich der Arzt dann in dem Moment, in dem er vor einem Kranken steht, der nicht mehr bei Bewusstsein ist, verpflichtet sehen, sich an dessen vorab erklärten Willen zu halten? Was, wenn diese neuen Heilmethoden seinerzeit nicht existierten? Das Gutachten des Ethikkomitees von 2003 meint, mit der Patientenverfügung »verlangt die betreffende Person, dass ihre Wünsche respektiert werden sollen, aber nur solange diese ihre Aktualität behalten, mit anderen Worten also nur, wenn sie sich noch immer auf die von ihr selbst genannten Voraussetzungen beziehen«. Und weiter: »An dieser Stelle kommt die autonome Einschätzung des Arztes ins Spiel, der nicht mehr automatisch den Wünschen des Patienten Folge zu leisten hat, sondern im Gegenteil verpflichtet ist, deren Aktualität in Bezug auf den klinischen Zustand und die möglicherweise erfolgten Fortschritte in der Medizintechnik oder pharmazeutischen Forschung einzuschätzen, die vielleicht erst nach dem Verfassen der Patientenverfügung stattfanden oder von denen mit hoher Wahrscheinlichkeit angenommen werden kann, dass sie dem Patienten nicht bekannt waren.«

Mit dem therapeutischen Bündnis entsteht erneut eine

wechselseitige Beziehung auf Augenhöhe, bei der keiner seine Macht über den anderen missbraucht. Der Patient muss seine eigene Meinung und Position, die dem Arzt als strenge Richtlinie zu dienen hat, frei und deutlich ausdrücken können, gleichzeitig aber kann er dem Arzt nicht bis in letzter Konsequenz seinen Willen diktieren, wenn dadurch dessen Freiheit und Professionalität tatsächlich eingeschränkt würden. Nicht zufällig sagt das Übereinkommen über Menschenrechte und Biomedizin des Europarats, das am 4. April 1997 im spanischen Oviedo verabschiedet wurde, in Art. 9: »Kann ein Patient im Zeitpunkt der medizinischen Intervention seinen Willen nicht äußern, so sind die Wünsche zu berücksichtigen, die er früher im Hinblick auf eine solche Intervention geäußert hat.« Die Wünsche »sind zu berücksichtigen«, nicht »sie sind bindend«. Was für ein Bündnis auf Vertrauensbasis wäre das, wenn die formal in der Patientenverfügung niedergelegte Entscheidung den Arzt in einen ernsthaften Konflikt bringen würde, da unvereinbar mit seiner ärztlichen Sorgfaltspflicht? Oder wenn er, wie es leider immer häufiger geschieht, Schadensersatzklagen zu fürchten hätte, weil vielleicht bestimmte Wünsche des Patienten nicht erfüllt wurden? Außerdem, »einseitig auf die Autonomie des Kranken zu pochen, birgt das Risiko, seitens der Ärzte eine Art Gleichgültigkeit dem zukünftigen Schicksal ihrer Patienten gegenüber zu ermutigen und zu rechtfertigen«.[311] Eine Art menschlicher und fachlicher Rückzug gewissermaßen. Da schließlich nur noch zählen würde, dass man mit dem Inhalt der Patientenverfügung konform geht.

Das Prinzip der Selbstbestimmung kann, obwohl es inzwischen zu Recht allgemein anerkannt wird, trotzdem nicht die letzte Instanz sein, wenn es um die Frage der Rechtmäßigkeit bestimmter medizinischer Behandlungen geht. Wir brauchen vielmehr eine neue Form des Miteinanders, nämlich einen kontinuierlichen Dialog, und nicht abermals einen Monolog. Die Autonomie des Patienten für absolut zu erklären dient nicht immer und unter allen Umständen seinem Besten und führt auch nicht immer dazu, seinen Wünschen zu entsprechen. Der Entscheidungsprozess rund um die Fragen des Sterbens erweist sich oft als äußerst komplex. Laut Van Steendam haben die Patienten nicht das Bedürfnis, kohärent zu agieren, und können sich in dem, was sie sagen und tun, auch widersprechen.[312] Unsere Meinung unterliegt im Lauf unseres Lebens einem ständigen Wandel: All die Erfahrungen, Entscheidungen, Begegnungen, all die Momente des Glücks und des Leids, die wir erlebt haben, verändern unsere Art zu denken, unseren Standpunkt, unser Selbstbewusstsein mehr, als wir glauben. Wie kann da ein Dokument wie die Patientenverfügung, das vielleicht im Alter von 18 Jahren, in der Blüte der Jugend, verfasst wurde, viele Jahre später noch immer die gleiche Gültigkeit besitzen und als verbindlich gelten? Wäre es nicht besser, wenn eine solche Willenserklärung in regelmäßigen Abständen erneuert und auf ihre Aktualität hin überprüft würde?

Um es auf den Punkt zu bringen: die Freiheit zu entscheiden – ja. Die absolute Verbindlichkeit der vorausverfügenden Willenserklärung »jetzt für später« zu fordern – niemals. Dies stünde »sowohl ethisch als auch juristisch in eindeutigem Widerspruch zur anerkannten Autonomie des Arztes, der ansonsten zum rein technischen Erfüllungsgehilfen herabgestuft würde«.[313] Vor allem befände sich die Entscheidungsfreiheit dadurch vollkommen außerhalb des Rahmens einer Beziehung, die auf Gegenseitigkeit und Zuneigung fußt. Im Übrigen kann die Arzt-Patient-Beziehung aufgrund der Tatsache, dass sie zutiefst unausgeglichen und asymmetrisch ist, niemals »die Form eines Vertrags annehmen«,[314] sondern kann immer nur auf Vertrauen gründen.

Das Konzept des »therapeutischen Bündnisses« ist somit von fundamentaler Bedeutung. Mit seiner Hilfe wird das überkommene Bild des paternalistischen Arztes überwunden, der weiß, was für seinen Klienten gut ist, und dementsprechend handelt, ohne es für nötig zu halten, diesen über die Diagnose oder die geplanten Maßnahmen zu informieren und seine Zustimmung einzuholen.[315] Gleichzeitig muss jedoch darauf geachtet werden, dass das Verhältnis stets einen dialogorientierten und vertrauensvollen Charakter beibehält: Auch der Arzt kann niemals zu einer rein ausführenden Instanz der Wünsche anderer werden. Besonders hervorzuheben sind meines Erachtens hier die im gemeinsamen Dialog zwischen Gläubigen und Nichtgläubigen erarbeiteten Ergebnisse des Wissenschaftlichen Komitees der Stifung *Cortile dei Gentili* des Päpstlichen Rates für die Kultur. In einer offenen und hochkonzentrierten Diskussion wurden von den Teilnehmern »Leitlinien für das Recht auf eine Partnerschaft in der Therapie und Entscheidungsphase am Lebensende« formuliert, die breite Zustimmung erhielten.[316] Ein kluger Weg, den es weiter zu beschreiten gilt.

Biologisches Testament oder Todesurteil?

Vor einiger Zeit veröffentlichte die Tageszeitung *La Stampa* einen Leserbrief des römischen Rentners Roberto Pepe mit dem Titel *Biologisches Testament oder Todesurteil?* und dem Untertitel *Nüchtern betrachtet, muss man sie [die Patientenverfügung] befürworten. Doch was ist, wenn ich in der Stunde X meine Meinung ändere und mich nicht mehr verständlich*

machen kann? Wie kann ich sie dann rückgängig machen? Der
Verfasser schreibt: »Auch ich dachte bisher wie vermutlich
die meisten: Wenn mein Leben jahrelang nur noch an einem
Schlauch hängt, der mich ernährt, und ich keinerlei Zeichen
emotionaler oder geistiger Vitalität mehr von mir gebe,
dann wäre es mir lieber, ihr schneidet den Schlauch durch
und das war's [...] Nüchtern betrachtet, scheint mir das die
logischste Sache der Welt, vor allem, wenn eine Existenz
keinen Sinn mehr hat und man im Grunde für die anderen
nur noch eine Last darstellt.« Und er fährt fort: »Ich
schreibe hier aus einer völlig pragmatischen und nicht-reli-
giösen Sicht, indem ich die selbstverständliche christliche
Überzeugung, ein Leben dürfe aus keinem Grund jemals beendet werden, außer Acht lasse. Ich habe zweierlei Bedenken: Erstens mache ich mir Sorgen, dass aus irgendeinem
auf den ersten Blick einfachen Fall einer Willenserklärung,
den therapeutischen Übereifer zu unterlassen, in Zukunft
findige Rechtsanwälte Fälle einer vermuteten Willenserklärung konstruieren, die in diese Richtung zielen. Mit anderen
Worten, dass im Lauf der Zeit eine Art *Automatismus* entsteht, demzufolge ein Leben anhand einer einfachen Be-
scheinigung, eines Stücks Papier, einer Erklärung von jemandem, der sich daran erinnert, dass der Kranke früher
einmal eine solch drastische Entscheidung kundgetan habe,
ausgelöscht wird. Was schließlich zur Möglichkeit führt, mit
der Unterstützung eines Arztes aufgrund eines falschen Do-
kuments einen echten und wahrhaftigen Mord zu begehen,
um sich so eines Familienangehörigen zu entledigen. Ein
zweiter Punkt, der mich noch mehr ins Grübeln gebracht
hat, ist der Fall eines Kranken, der zeit seines Lebens der
klassische atheistische Pessimist war. Er rühmte sich stets,
keine Angst vor dem Tod zu haben, ja, er denke im Gegenteil immer wieder darüber nach, sich umzubringen, falls er

der Gesellschaft irgendwann einmal zur Last fallen solle. Nun denn, die Verwandten haben mir gestanden, dass er in dem Moment, als er tatsächlich als Pflegefall im Krankenhaus lag, eine solche Angst davor bekam, im Stich gelassen zu werden (was er ja, solange er gesund gewesen war, stets gefordert hatte), dass er fortwährend mit kaum noch hörbarer Stimme flüsterte, er könne alles verstehen und hören, obwohl er fast keine Reflexe mehr zeigte. Das ist meine tiefste Befürchtung: Was, wenn ich jetzt, solange ich gesund bin, ein biologisches Testament unterschreibe, aber später im entscheidenden Moment, wenn ich nicht mehr in der Lage bin, mich verständlich zu machen, mein Leben nicht mehr verkürzen möchte, weil ich noch immer sehen und hören kann? Wie kann ich ab dem Moment, ab dem man mich verhungern und verdursten lässt, umkehren? In diesem Fall hätte ich praktisch mein Todesurteil unterschrieben.«[317]

Die Palliativmedizin

Sankt Martins Mantel (*pallium*)

Papst Franziskus wurde am Anfang seines Pontifikats von einem Journalisten bezüglich des Sinnes einer künstlichen Lebensverlängerung im vegetativen Zustand gefragt. Er antwortete darauf: »Ich bin kein Experte in Fragen der Bioethik und ich fürchte, was auch immer ich sage, könnte missverstanden werden. Die traditionelle Kirchendoktrin besagt, dass niemand dazu verpflichtet ist, außergewöhnliche Mittel zu verwenden, wenn feststeht, dass sich ein Mensch in der Endphase befindet. In meiner Pastoral habe ich in solchen Fällen immer zur Palliativtherapie geraten. In besonderen Fällen tut man gut daran, bei Bedarf auf den Rat von Experten zurückzugreifen.«[318] Papst Bergoglio nahm damit wieder auf, was Papst Johannes Paul II. im *Evangelium Vitae* geschrieben hatte: »Besondere Bedeutung gewinnen in der modernen Medizin die sogenannten ›palliativen Behandlungsweisen‹, die das Leiden im Endstadium der Krankheit erträglicher machen und gleichzeitig für den Patienten eine angemessene menschliche Begleitung gewährleisten sollen.«[319] Man könnte sagen, dass uns eine palliativmedizinische Behandlung durch das Überwinden der Angst vor unerträglichen Schmerzen dem tatsächlich »schönen Tod« ein Stück näherbringt.

Leider ist trotz großer Fortschritte auf diesem Gebiet keine angemessene Kenntnis über die Palliativversorgung vorhanden, nicht einmal ein angemessenes Engagement ist zu erkennen, sie bekannter zu machen und folglich ihre Durchführung voranzutreiben. Ferdinando Cancelli beschreibt in seiner italienischen Publikation *Vivere fino alla fine* (zu Deutsch: Leben bis zum Ende) sehr überzeugend die äußerst positive Entwicklung der palliativen Therapieformen, die mittlerweile zu anerkennenswerter Reife in der Sterbebegleitung gelangt sind. Wohl wahr, dass es diese Perspektive in Italien erst seit einigen Jahrzehnten gibt (die erste Italienische Gesellschaft für Palliativbehandlung wurde 1986 in Mailand gegründet, das erste Hospiz 1987 in Brescia eingerichtet), dennoch wird in diesem Land noch viel zu wenig darüber gesprochen. Vor allem wird viel zu wenig für ihre Entwicklung getan. Der schwache Impuls, den diese Möglichkeit erfährt, ebnet den Weg für das traurige Hin-und-her-Schwanken zwischen therapeutischem Übereifer und Behandlungsabbruch. Marina Sozzi fragt sich zu Recht: Wenn wir das Ziel erreichen wollen, auf humane Art und Weise zu sterben, »wie kommt es dann, dass wir so viel über Euthanasie sprechen und so wenig über palliativmedizinische Behandlung«?[320] Mir scheint dies eine kluge Feststellung, die von einer ideologischen Herangehensweise an die Frage befreit.

Das Problem liegt im Wort selbst, das in der allgemeinen Vorstellung den Begriffen »Surrogat« oder »Placebo« nahekommt, folglich an etwas denken lässt, das nicht ernst genommen werden muss. Doch drückt dieser Terminus in Wahrheit viel mehr aus. Er leitet sich vom Wort *pallium* ab, dem Mantel, wie man ihn in alten Zeiten verwendete. Einen solchen, so erzählt man, teilte der heilige Martin von Tours in zwei Hälften, um einen Bettler, den er am Straßenrand auflas, zu kleiden, indem er ihm eine Hälfte des Mantels umlegte. Die Symptome »einkleiden«, die dem Kranken das

Leben schwer machen können, dem Kranken »einen Mantel umlegen« – mit anderen Worten, einen Menschen, der Gefahr läuft, in einem so schwierigen Moment allein zu sein, liebevoll und fürsorglich zu begleiten – dies ist die wahre Bedeutung des Begriffs »palliativ«.

Marie de Hennezel, die ich schon mehrmals zitiert habe, schildert folgendes Erlebnis: »Meine Freunde, mit denen ich heute zum Abendessen verabredet bin, gehören größtenteils Pariser Intellektuellenkreisen an. Die Vorstellung, die sie von der Palliativpflege haben, entspricht meiner Ansicht nach nicht den Tatsachen. Sie sehen darin den vorsichtigen und halbherzigen Versuch, den lästigen und trostlosen Anblick des Todes zu maskieren. Einer von ihnen spricht sogar vom ›Luxus-Sterbehaus‹, ein anderer von der ›Leugnung des Leidens‹. Jemand beruft sich auf die Etymologie des Wortes ›palliativ‹ (*pallium* bedeutet auf Lateinisch Mantel), um sein Argument zu belegen, dass wir Leid verdecken. Ich kämpfe hart, um diese irrige Vorstellung zu widerlegen. Nein, wir decken das Leid der anderen nicht zu, als wollten wir es nicht sehen und hören. Wenn wir das Leiden umhüllen, dann mit einem Mantel aus Wärme und Zärtlichkeit, damit es sich besser ertragen lässt. Ich zitiere eine Sure aus dem Koran, die ich vor kurzem entdeckt habe: ›Zärtlichkeit soll dich wie ein Mantel umhüllen.‹ Und ich frage: ›Wenn man die Schultern der Leidenden mit einem Mantel umhüllt, heißt das dann, dass man seine Leiden leugnet?‹«[321]

Die Möglichkeiten der Palliativmedizin zielen darauf ab, Symptome zu behandeln, also folglich die Leiden, die der Kranke durch die Grunderkrankung erfährt (sei es, dass diese onkologischer, neurologischer, kardialer, chronischer oder anderer Natur sind). Der Patient wird also im Ganzen betrachtet, sodass der Kranke selbst ins Zentrum der Aufmerksamkeit rückt und nicht seine Krankheit. Oft werden diese Therapien als »unbedeutend« angesehen, zum einen wegen des oft missverstandenen Begriffes »palliativ«, andererseits aber auch, weil keine Genesung zu erwarten ist. Hier wären wir wieder beim Bild der vermeintlichen Allmacht und Wundertätigkeit des Mediziners. Dabei ist die Behandlung ohne Aussicht auf Genesung eine gängige und wichtige Praxis, die sehr oft in der Medizin angewandt wird. Die Tatsache, dass von einer »Bewegung« gesprochen wird, zeigt, welch kulturelle Tragweite diese kleine »moderne« medizinische Revolution hat. Das Adjektiv »palliativ« ist zweckgerichtet, es verweist auf ein Ziel und eine Weise: Es will die Medizin dabei unterstützen, eine Dimension zurückzuerlangen, die in den Schatten der jüngsten Entwicklungen geraten ist. Wenn die Medizin diese Dimension wiedergewonnen hat, kann das Adjektiv im Substantiv aufgehen wie der Sauerteig im Teig. Und wer die »Palliation« anwenden wird, wird von sich behaupten können, nichts anderes zu tun, als die hohe Kunst der Medizin auszuüben.

Nicht nur Schmerztherapie

Die am häufigsten verwendete und umfassendste Definition von Palliativmedizin ist die der Weltgesundheitsorganisation aus dem Jahre 2002.[322] Sie spricht von einem »Ansatz zur Verbesserung der Lebensqualität von Patienten und ihren Familien, die mit Problemen konfrontiert sind, welche mit einer lebensbedrohlichen Erkrankung einhergehen«, und strebt an, dieses Ziel »durch Vorbeugen und Lindern von Leiden durch frühzeitige Erkennung, sorgfältige Einschätzung und Behandlung von Schmerzen sowie anderen Problemen körperlicher, psychosozialer und spiritueller Art« zu erreichen. Schmerztherapie ist daher nur *ein Teil* der Palliativmedizin, deren Behandlungsspektrum sich dagegen über alle physischen Symptome erstreckt (Übelkeit, Brechreiz, Kraftlosigkeit, Atemnot, Husten, Schluckauf, Juckreiz, Verstopfung, um die häufigsten zu nennen), über alle psychischen (Depression, Angstzustände, Schlaflosigkeit, Unruhe, Panikattacken etc.), alle psychosozialen (die im Zusammenhang mit der sozialen Isolierung und notgedrungenen Untätigkeit, zu der viele Patienten gezwungen sind, stehen), sowie alle geistigen Symptome. Die Definition der WHO schließt nicht nur onkologische Erkrankungen ein, sondern auch andere chronisch-degenerative Krankheitsgeschehen ohne Aussicht auf Heilung, zum Beispiel neurologische Erkrankungen wie Amyotrophe Lateralsklerose, Multiple Sklerose oder Morbus Parkinson in seinen fortgeschrittenen Stadien, Lungenkrankheiten, schwere Ateminsuffizienzen, Herzkrankheiten wie die Endstadien der Herzinsuffizienz sowie Nieren- und Stoffwechselerkrankungen. Das potenzielle Feld ist also sehr weit, auch wenn zum gegenwärtigen Stand überwiegend Patienten mit onkologischen Erkrankungen behandelt werden und zu einem geringeren Anteil solche mit neurologischen Erkrankungen.

Die WHO tut gut daran, zu präzisieren, dass sich der palliative Ansatz an »Patienten und ihre Familien« richtet: Der Patient ist keine einsame Monade, sondern Teil einer sozialen Gruppe mit den wesentlichen Auswirkungen, die dies in vielerlei Hinsicht mit sich bringt. Ein erklärtes Ziel ist darüber hinaus, dass »das Leben bejaht und das Sterben als normaler Prozess anerkannt wird«. Es ist also »weder die Beschleunigung noch Verzögerung des Todes beabsichtigt«. Ferner wird ein System der »Unterstützung angeboten, um Patienten zu helfen, ihr Leben so aktiv wie möglich bis zum Tod zu gestalten«. Dieses System »beruht auf einem

Teamansatz«, der darauf abzielt, in den Anfangsstadien der Krankheit einzuschreiten, »einschließlich der Untersuchungen, die notwendig sind, um belastende Komplikationen besser zu verstehen und zu behandeln«. Die Hoffnung ist, dass die Palliativmedizin ein wichtiges Instrument für alle chronisch-degenerativen Krankheiten, die zum Tod führen können, sein möge, beziehungsweise für Krankheiten, die sich durch Symptome kennzeichnen, die das Leben des Kranken zum Negativen verändern, abgesehen davon, dass sie es verkürzen. Dies ist das Konzept, das hinter »*Simultaneous Care*« steht.

Wie wir also allein schon der aufmerksamen Lektüre der Definition der WHO entnehmen können, sind wir hier weit entfernt von den gängigen Stereotypen, die eine korrekte Sicht der Palliation verhindern. Eines dieser Klischees ist zum Beispiel die Vorstellung, dass diese *Low-Tech-High-Touch-Medizin* ein einfaches »Danebenstehen« neben dem Kranken sei, ohne dass eine besondere Ausstattung oder Professionalität erforderlich wäre. Dem ist nicht so. Soll es dieser medizinischen Perspektive nicht an menschlichem Mitgefühl fehlen, kann auf eine ernsthafte Ausbildung nicht verzichtet werden. Dies betrifft Ärzte, Krankenhauspersonal, Psychologen, Physiotherapeuten, Sozialarbeiter, ehrenamtliche Helfer sowie Seelsorger. In manchen Ländern, zum Beispiel in den Vereinigten Staaten und in Großbritannien, stellt die Palliativmedizin eine explizite Spezialisierung dar. In immer mehr europäischen Ländern, wo dies nicht (oder noch nicht) der Fall ist, werden Ärzten und Krankenhauspersonal Möglichkeiten angeboten, sich über den Besuch von Masterstudiengängen oder andere weiterbildende Studien nach der Grundausbildung speziell weiterzubilden. Eine weitere Grenzlinie, die in diesem Fall auch einige Ärzte bedrückt, die palliative Behandlungsformen anwenden, ist die, angesichts eines ausdrücklichen Verlangens oder einer dramatischen Situation von großem Leid zu denken, dass die Wahl, das Leben eines Menschen zu verkürzen, Teil des Rüstzeugs anwendbarer Lösungen sei. Dies widerspricht nicht nur der Definition der Palliativmedizin, sondern auch dem tieferen Sinn dieser Herangehensweise an den Kranken und in letzter Konsequenz dem der gesamten Medizin.

In Italien ist im Gesetz 38 vom März 2010, Artikel 1,1, der Schutz des Bürgerrechtes verankert, dass ein jeder Zugang zu palliativen Behandlungen und Schmerztherapien habe. Weiter werden eine Reihe von Maßnahmen beschrieben, darunter die Einführung landesweiter »Netze«, die darauf abzielen, Entwicklung und Eingliederung von Zentren, die sich um Kranke in fortgeschrittenen Stadien kümmern, voranzutreiben. Dabei ist zu betonen, dass in Italien, im Gegensatz zu anderen Ländern wie Frankreich, noch keine wirklich funktionierende Koordination auf nationaler Ebene existiert, die die großen Unterschiede in den einzelnen Regionen hinsichtlich der Entwicklung von Programmen der Palliativmedizin auszugleichen vermag. Als besonders mühsam erweist sich an einigen Orten nach wie vor die Zusammenarbeit zwischen öffentlichen und privaten Einrichtungen, insbesondere, wenn es sich um Non-Profit-Organisationen handelt. Doch ein nationales Netz ist im Entstehen.

Der Kranke ist bis zum Tod am Leben

Auch die katholische Kirche trägt dazu bei, eine Antwort auf die Frage zu finden, die wir uns gestellt haben: Den Lehren Papst Benedikts XVI. ist eine große Aufmerksamkeit für die Palliativmedizin zu entnehmen, die schon seine Vorgänger, insbesondere die Päpste Johannes Paul II. und Pius XII., zum

Ausdruck brachten. Die Beiträge Benedikts XVI. sind insofern von besonderer Bedeutung, als er diese Therapien präzise als »palliativ« bezeichnete. Viel zu oft waren sie in den Medien mit der »Schmerztherapie« verwechselt worden oder man hat sie absichtlich unter den Tisch fallen lassen, um den Aufschwung der Euthanasie zu begünstigen. Schon in der Botschaft Benedikts XVI. zum XV. Welttag der Kranken, um nur ein paar seiner bedeutendsten Beiträge anzuführen, wies er ausdrücklich darauf hin, dass »die Kirche auf diejenigen, die leiden, [schaut] und [dass] sie auf die unheilbar Kranken aufmerksam [macht], von denen viele, bedingt durch ihre tödliche Krankheit, im Sterben liegen«. Und er fügt ein paar Zeilen weiter hinzu: »In dieser Hinsicht ist es notwendig, noch einmal den Bedarf an mehr Einrichtungen für Palliativpflege hervorzuheben, die ganzheitliche Hilfe anbieten, indem sie den Kranken den menschlichen Beistand und die geistliche Begleitung geben, die sie brauchen.«[323]

Ebenfalls 2007, anlässlich seiner Reise nach Österreich, nämlich am 7. September im Empfangssaal der Wiener Hofburg, hat Papst Benedikt XVI. bei seiner Ansprache an die führenden Vertreter des politischen und öffentlichen Lebens sowie dem diplomatischen Korps das Thema Leben angesprochen und ist dabei auf die gebrechlichsten Momente eingegangen. Er ermutigte zu politischen Maßnahmen, um »die europäischen Länder wieder kinderfreundlicher werden« werden zu lassen, und er lobte die Hospizbewegung (praktisch eine weitere Definition der Palliativmedizin) dafür, dass sie – so wörtlich – »Großartiges« leiste.[324] Der Papst hob gegenüber den anwesenden Vertretern des politischen und öffentlichen Lebens hervor, welche Wege sich anbieten, um den Menschen vor den Tücken zu bewahren, denen er ausgeliefert ist, wenn er hilflos ist, sei es, dass er sehr unscheinbar und still ist oder dass er im Sterben liegt.

»Die Kirche ist dazu berufen, mit ihren bereits wirkenden Einrichtungen und mit neuen Initiativen das Zeugnis der tätigen Nächstenliebe zu geben; das gilt besonders angesichts der kritischen Situation alleinstehender pflegebedürftiger Personen und gegenüber schwerkranken Patienten, die [...] palliativmedizinische Behandlung benötigen.«[325] So der Papst in seiner Ansprache an die Teilnehmer der XIV. Generalversammlung der *Päpstlichen Akademie für das Leben*, die sich 2008 dem unheilbar Kranken und sterbenden Menschen widmete. Einen besonderen Blick richtete er in diesem Rahmen auf die Familien der unheilbar Kranken, die oft sehr auf die Probe gestellt werden und wenig Beachtung finden, auch »im Bereich des Arbeitsrechts«, wo man viel mehr für eine bessere Absicherung von Menschen tun müsste, die sich um ein krankes Familienmitglied kümmern müssen. Ebenfalls 2008 hat Benedikt XVI. die Mitglieder der Italienischen Gesellschaft für Chirurgie, die sich zum nationalen Kongress versammelt hatten, auf ein »neues Risiko« aufmerksam gemacht, das mit dem Fortschritt der Medizin zusammenhängt: nämlich »die Gefahr, den Patienten sich selbst zu überlassen in dem Augenblick, wo es unmöglich erscheint, gute Ergebnisse zu erzielen«. Er betonte abermals, indem er einen zentralen Aspekt der Palliativmedizin aufgriff, dass in solchen Situationen »noch viel für den Kranken [getan werden kann]«, denn »er will mit Sicherheit spüren, im Geist und im Herzen des ihn behandelnden Arztes präsent zu sein«.[326]

Festzustellen ist, dass die Bitte um Euthanasie oder Beihilfe zur Selbsttötung oft Hand in Hand mit einem Behandlungsabbruch und der menschlichen und sozialen Vernachlässigung einhergeht oder durch diese Umstände bedingt ist. Es ist in der Tat äußerst selten der Fall, dass ein Patient um Sterbehilfe ersucht, wenn man sich – unter Einbeziehung des Personals verschiedener medizinischer Fachbereiche und der aktiven Anteilnahme der Familienmitglieder am Behandlungsprozess – seiner annimmt. Das Vorhandensein von Therapieplänen, die Ziele setzen, die sich über gewisse Zeitfenster erstrecken (und sei es nur über Tage oder Stunden), stellen für einen Kranken eine wichtige Hilfe dar, zeigen sie ihm doch, dass Interesse an seiner Person besteht. Die Präsenz fähiger Spezialisten, die untereinander harmonisch agieren, sowie die Verfügbarkeit jedweder Hilfsmittel zur Überwachung der Symptome ist die Grundlage dafür, dem Patienten dabei zu helfen, sein Leben bis zuletzt unter tröstlichem Zuspruch zu verbringen. Viele Quellen belegen dies. Die Gedanken François Mitterrands nach seinem Besuch auf der Palliativstation, wo Marie de Hennezel tätig war, haben mich nachdenklich gestimmt. Er schreibt: »In dem Augenblick größter Einsamkeit, wenn das Leben den Körper verlässt, stellt sich eine neue Zeitdimension ein, fern aller vertrauten Maßstäbe. Wenn jemand da ist, der den Patienten im Angesicht des Todes die Möglichkeit gibt, ihre Verzweiflung und ihren Schmerz zu artikulieren, dann kommt es vor, dass diese Menschen im Laufe weniger Tage noch einmal ganz intensiv leben, das Leben plötzlich verstehen und die Wahrheit finden. Sie entdecken schließlich die Freiheit, sie selbst zu sein. Denn während alles sich dem Ende zuneigt, können sie sich endlich von ihrem Kummer und ihren Illusionen befreien, die sie ihr Leben lang daran gehindert haben, sich selbst zu gehören. Das Geheimnis des Lebens und des Todes wird nicht enthüllt, aber es wird bei vollem Bewußtsein erlebt.«[327]

Ebenso bedeutend ist, was Lucien Israël schreibt: Ihm sei es in seiner ganzen Laufbahn nicht passiert, dass ihn ein Patient um Euthanasie gebeten hätte, sehr wohl jedoch sei diese Bitte von Familienangehörigen an ihn herangetragen worden, die ihre schwer kranken oder in der Endphase befindlichen Angehörigen nicht mehr ertragen konnten.[328] Nur einmal sei es ihm passiert, dass ihn ein älterer Herr, der an Krebs erkrankt war, darum gebeten habe. Nach mehrmaliger Ablehnung habe er ihm letztendlich doch eine Ampulle auf den Nachttisch gelegt, mit den Worten: »Wenn Sie sich das Leben nehmen wollen, dann nehmen Sie die.« Die Ampulle, so schreibt Israël, sei dort liegen geblieben. »Und in diesem Moment«, sagt Israël, »habe ich mir selbst versprochen, nie wieder einer solchen Bitte nachzugeben.« Und fügt abschließend hinzu: »Zum Glück war es nicht schwer, dieses Versprechen zu halten, es hat mich nämlich nie mehr ein Patient darum gebeten, ihn umzubringen.« Die Journalistin hakt nach: »Tatsächlich, nie wieder?« Israël: »Nie. Die Fälle, in denen der Patient selbst um die Aufgabe von Rettungsversuchen bittet, sind extrem selten. Im Gegenteil, der Patient achtet sehr genau darauf, was ihm verschrieben wird, und falls eine Behandlung einmal nicht fortgeführt wird, fragt er die Pfleger nach dem Warum. Er möchte bis ins kleinste Detail wissen, was passiert, und achtet genauestens auf Anzeichen eines Behandlungsabbruches, denn dies würde bedeuten, dass diejenigen, denen er sein Leben anvertraut hat, jede Hoffnung verloren haben.«[329] Diese Beobachtung bestätigen viele Ärzte. Ich glaube, wir sollten diese Überlegungen sehr ernst nehmen, haben wir es doch hier nicht mit Theoremen zu tun, sondern mit dem tatsächlichen Leben und mit Ärzten, die sich ihrer Berufsethik bewusst und zudem Experten der Humanität sind.

Was den Behandlungsort angeht, ist klar, dass der beste in den eigenen vier Wänden wäre, natürlich unter der Voraussetzung, dass dort alles entsprechend ausgestattet ist, um sämtliche Hilfsmaßnahmen vor Ort durchführen zu können. Es ist durchaus möglich, alle medizinischen und pflegerischen Leistungen, die im Krankenhaus im Rahmen einer palliativmedizinischen Behandlung erwartet werden können, auch zu Hause zu erbringen. Voraussetzung ist auch hier, dass ein Personalstab verfügbar ist, der Bereitschaftsdienst leisten kann, und dass auf die Zusammenarbeit mit einem oder mehreren Familienangehörigen gezählt werden kann. Es ist zu betonen, so formuliert es auch Marina Sozzi treffend, dass »mit der Palliativmedizin weder eine Verlängerung noch eine Verkürzung des Lebens beabsichtigt wird. Sie stellt nicht die Krankheit in den Mittelpunkt, sondern den Kranken, der als Mensch zu betrachten ist, dem man sich ganzheitlich nähern muss. Der Sterbende (mit seiner Familie, die nicht weniger leidet als er) muss ›begleitet‹ werden. Es muss jemand da sein, der ihm zuhört und ihm dabei hilft, den Sinn seiner letzten Lebensphase zu begreifen, an Entscheidungen teilzuhaben, die ihn betreffen und bedeutend für das Ende seiner Existenz sind. Der Kranke muss bis zum Tod am Leben bleiben und darf nicht gesellschaftlich sterben, ehe er dies biologisch tut.«[330]

Die letzten Dinge

Die Verantwortung im Leben und im Tod

Während ich die letzten Seiten dieses Buches verfasse, ist mir ein Text von Sergio Quinzio, *Mysterium iniquitatis*, mit zwei fiktiven Enzykliken Petrus' II., des letzten Papstes, in die Hände gefallen. Den außergewöhnlichen italienischen Schriftsteller, einen aufmerksamen Exegeten und Beobachter der Gesellschaft in ihrer Schreckensvision des 20. Jahrhunderts, drängt es, den Kern des christlichen Glaubens neu aufleben zu lassen, den er im Mysterium der *resurrectio mortuorum* sieht.[331] Dafür legt er Petrus II. folgende Worte in den Mund: »Es wird die Auferweckung der Toten geben und die Toten werden in ihrem wirklichen menschlichen Leib, in dem sie gelebt haben, wiederauferstehen und in Ewigkeit ein völlig menschliches Leben unter einem neuen Himmel und auf einer neuen Erde leben, in denen Gerechtigkeit wohnt (2 Petr 3,13), in einer Schöpfung, die ebenfalls erlöst sein wird von der Verderbnis des Todes (vgl. Röm 8,19–22). Der Herr stehe uns bei und gebe uns die Kraft, dies zu glauben.«[332] Es sind dies Worte, die sich in die Schreckensvision einer Gesellschaft – der heutigen – einfügen, der der Sinn des Lebens und somit auch des Todes abhandengekommen ist, während das Christentum geschwächt erscheint und den Menschen kaum noch das Skandalon des Mysteriums der Auferstehung der Toten nahebringen kann. Die fiktive Enzyklika beginnt mit den Worten: »Die Auferstehung der Toten

geht weit über das hinaus, was wir uns aufgrund unserer allgemeinen Erfahrungen und unseres gesunden Menschen-
verstands vorstellen können.«[333]

Diese Gedanken berühren tatsächlich einen wunden
Punkt: Die Verkündigung des Evangeliums »des Todes, der
Auferstehung und des ewigen Lebens« verliert mehr und
mehr an Kraft. Leider wird der Verkündigung von den letzten Dingen sowie dem Mysterium des Lebens nach dem Tod
immer weniger Gehör geschenkt. Wenngleich ich schon im
Kapitel über den Tod und den christlichen Glauben darauf
eingegangen bin, scheint es mir dennoch sinnvoll, dieses
Thema nochmals eingehender zu beleuchten. Auch Olivier
Clément, orthodoxer Christ und ausgezeichneter Kenner
der gegenwärtigen Gesellschaft, hält es für notwendig, die
Verkündigung der Auferstehung wieder nachdrücklicher zu
verfolgen: »Mögen die Christen die großartige Vision der
Auferstehung im Evangelium doch mit mehr Nachdruck bezeugen! Was wir brauchen, sind neue Gesten und Ansätze.
Die Geschichte des zwanzigsten Jahrhunderts mit seinen
schrecklichen Dekaden hält es uns vor Augen: Für wie viele,
die sich dem Bösen widersetzen konnten, indem sie sich
weigerten zu kapitulieren, bekamen manche vergessenen
Worte wie ›Seele‹ oder ›Auferstehung‹ dadurch nicht erneut Sinn!«[334] Und auch Paolo Ricca, ein Pastor der Wal-
denser, pocht darauf, dass die Christen intensiver über die
Thematik der »letzten Dinge« nachdenken sollten. Seiner
Meinung nach sollte als Anstoß, sich erneut mit diesen Fragen zu beschäftigen, in einem ersten Schritt der Heiligen
Schrift wieder Gehör geschenkt werden. Die biblischen
Worte zum Tod und zur Auferstehung – davon ist Ricca
überzeugt – müssen von den Gläubigen neu ausgelegt werden, damit sie den Männern und Frauen von heute in verständlicher Weise vermittelt werden können: »Die Bibel-

verse über die Auferstehung und das ewige Leben werden ständig, fast schon rituell, wiederholt; ständig werden die traditionellen Formeln weiterbenutzt, als sei nichts geschehen, und als würden sie immer noch klare und eindeutige Inhalte übermitteln. In Wahrheit jedoch scheint gerade in diesen Fragen ein bemerkenswertes Gefälle zwischen den ›offiziellen‹ Wahrheiten und den Überzeugungen oder, noch häufiger, dem Zweifel der einzelnen Gläubigen zu bestehen.«[335]

Mehrere in Italien durchgeführte Studien bestätigen, dass der Gedanke der Auferstehung und die Vorstellung vom Jenseits einem konstanten Wandel unterliegen und von zunehmender Verunsicherung geprägt sind.[336] Alessandro Castegnaro, ein italienischer Soziologe, der an einer dieser Studien teilgenommen hat, schreibt: »Die schwindende Bedeutung der Thematik der letzten Dinge in der Verkündigung und der Seelsorge ist vielleicht mehr ein Symptom denn ein Grund der Evolution des Glaubens; sie spiegelt eher die Schwierigkeit wider, heute bestimmte Inhalte anzubieten, als dass sie ihren Schwund in der individuellen Religiosität erklärt. Die Jugendlichen von heute wissen besser als ihre Großeltern, dass das Christentum die Hoffnung auf die Auferstehung des Leibes verspricht, aber sie glauben weniger daran.«[337] Außerdem führt eine Kultur, die von einem starken Narzissmus gekennzeichnet ist, leicht zu einem »fehlenden Verlangen« nach dem Jenseits und zu einer Abschwächung des Verantwortungsbewusstseins, die beide an das Wissen um die »letzten Dinge« und das »ewige Leben« gekoppelt sind. Wir stehen vor dem Zusammenbruch eines sowohl kulturellen als auch glaubensbasierten Systems, das die »letzten Dinge« zum Dreh- und Angelpunkt der menschlichen Existenz selbst und des Verhaltens des Einzelnen und der Gesellschaft machte.

Umso dringender ist es, die Herausforderung voller Mut und Weitsicht anzunehmen. Die Christen könnten übrigens einen wertvollen Beitrag zu jener Gesellschaft beisteuern, die offenbar immer weniger Worte für das Mysterium des Todes und den Sinn der menschlichen Existenz selbst findet. Denken wir allein daran – um nur zwei Beispiele aus der Vergangenheit zu nennen –, welche Bedeutung das Mysterium der »letzten Dinge« für Dante und seine *Göttliche Komödie* oder für Michelangelo und das *Jüngste Gericht* in der Sixtinischen Kapelle hatte. Olivier Clément hat mit seiner Forderung völlig recht, dass die Verantwortlichen der christlichen Seelsorge endlich einmal eine erhellendere, anschaulichere, weiterreichende Ethik des Todes entwickeln sollten! Unser Schweigen zum Tod muss ein Ende haben! Aber um ein solch komplexes Thema anzugehen, ist eine tiefgreifende innere Wandlung vonnöten, die sowohl unseren Geist als auch unser Herz betrifft. Clément ermuntert uns:»Fliehen wir den Tod nicht mehr, verschweigen wir ihn nicht mehr, weisen wir ihn nicht mehr zurück, sondern erkennen wir an, dass er die tiefgründigste und bedeutsamste Tatsache unseres Lebens ist, dass nur er allein das Mittelmaß des Menschen über eine bestimmte Mittelmäßigkeit erhebt. Über einen gewissen Dämmerzustand, in dem unsere Existenz zu oft versinkt. Gleichzeitig ist der Tod der stärkste Ausdruck des Bösen und ein Schock, der sich gegen sämtliche Grenzen dieser Welt auflehnt. Die Sehnsucht, das Erstaunen, der Kummer, die uns angesichts seines Mysteriums erfüllen, beweisen, dass wir uns nicht mit dem Oberflächlichen und Offensichtlichen zufriedengeben können.«[338]

Die Bibel ist und bleibt für die Christen die beste Inspirationsquelle, um die Beziehung des Gläubigen zum Tod neu zu begreifen. Für die Menschen in der Bibel steht nicht so sehr die Auseinandersetzung mit dem Ereignis des Todes im Vordergrund – während diese Frage für uns von zentraler Bedeutung ist –, sondern ihre Verantwortung Gott gegenüber, der sich persönlich dafür einsetzt, die Menschheit vor dem Bösen und dem Tod zu retten. Für die christliche Verkündigung – und somit das Bewusstsein der Gläubigen – wäre es mit Sicherheit ein Gewinn, wenn sie sich wieder auf diese biblische Perspektive rückbesinnen würde. Diese Perspektive nämlich würde die Gläubigen tatsächlich dazu bringen, ihr eigenes Verhalten zu überdenken und ein neues Modell der Verantwortung zu entwickeln, wie sie das menschliche Leben, indem sie es von der Kraft des Bösen befreien, schützen und gedeihen lassen können, anstatt sich weiterhin einzig auf die Frage zu konzentrieren, auf welche Weise man die Angst vor dem Tod besiegen kann. Das Volk Israel wurde durch den Bund mit Gott gerettet, der es gegen die Kraft des Bösen verteidigte und in Sicherheit brachte. Diese Sicht erlaubte Gläubigen wie Karl Barth, das Jenseits in einer viel spirituelleren Dimension als einer Vertröstung auf später zu deuten: »Der Mensch als solcher hat also kein Jenseits, er bedarf auch keines solchen; denn Gott ist sein Jenseits.«[339] Worte, die an den Brief des Paulus an die Korinther erinnern: »Seht, ich enthülle euch ein Geheimnis: Wir werden zwar nicht alle entschlafen, wohl aber werden wir alle verwandelt werden, und zwar plötzlich, in einem Augenblick, beim Schall der letzten Posaune; die Posaune wird nämlich erschallen und die Toten werden in Unvergänglichkeit auferweckt werden und wir werden verwandelt werden. Denn dieses Vergängliche muss sich mit Unvergänglichkeit bekleiden und dieses Sterbliche mit Unsterblichkeit.« (1 Kor 15,51–53)

Die biblische Perspektive führt uns klar die Verantwortung eines jeden Gläubigen vor Augen, sein eigenes Leben sowie das aller Menschen und der gesamten Schöpfung besser zu machen. Dabei handelt es sich jedoch nicht allein darum, das zerstörerische Wirken des Bösen zu unterbinden, sondern vielmehr darum, das Leben aller Völker zu verändern und die Harmonie der Schöpfung voranzutreiben.[340] Hierin liegt der Kern des Mysteriums der Auferstehung. Tatsächlich beginnt mit dem auferstandenen Jesus die Transfiguration des Menschen und der Schöpfung. An jenem Ostermorgen vollzog sich nicht nur ein privates, sondern ein kosmisches Ereignis. Schon der Apostel Paulus ahnte es: »[...] dass auch die Schöpfung von der Knechtschaft der Vergänglichkeit befreit werde zur Freiheit der Herrlichkeit der Kinder Gottes. Wir wissen ja, dass die gesamte Schöpfung bis jetzt seufzt und in Wehen liegt.« (Röm 8,21–22) Jesus wird wieder zum Leben erweckt, weil alles wieder zum Leben erweckt wird. Die Zukunft, das »ewige Leben« also, ist ein »neuer Himmel und eine neue Erde« (Offb 21,1), wie die Offenbarung schreibt. Und der Mensch ist das erste Geschöpf, das in diesem aufwärtsstrebenden Dynamismus der Auferstehung »neu« erschaffen wird. Der bekannte Bibelforscher Franz-Josef Nocke liefert eine äußerst interessante Erklärung dieses Dynamismus: »›Ewiges Leben‹ ist primär nicht ein Zeit-, sondern ein Qualitätsbegriff. Er ist auch nicht in gleicher Weise auf alle Existenz nach dem Tode (gleichgültig ob gelungene oder gescheiterte Existenz) anwendbar; er meint vielmehr die Fülle des Lebens, die Grenzenlosigkeit eines Glücks, das – bruchstückhaft und begrenzt – schon in guten Erfahrungen des gegenwärtigen Lebens aufscheint. Ewiges Leben löst nicht das irdische Leben ab, sondern es beginnt schon in ihm. Es ist nicht Ersatz für das gegenwärtige Leben, sondern dessen Vollendung. ›Vollendung‹ ist dementsprechend nicht als Ende, Abschluß, bloßes Zur-Ruhe-Kommen zu verstehen, sondern als Intensivierung, Aufgipfelung, Erfüllung des Lebens.«[341]

Olivier Clément unterstreicht die Einzigartigkeit des Christentums, die in dieser Bewegung der Transfiguration der Schöpfung liegt: »Nur das Christentum verkündet mit dem auferstandenen Jesus den untrennbaren und unumstößlichen Bund zwischen Himmel und Erde, zwischen der Menschheit und dem lebendigen Gott. Nur es allein bietet dem Tod entschieden die Stirn, verhilft dem Herz der Erde selbst dazu, sich weit dem Leben, der Auferstehung zu öffnen. Nur das Christentum kündigt im Geheimnis und in der Heiligkeit die Transfiguration der Erde und der Geschichte an, bereitet sie vor, nimmt sie vorweg, wenn sich die Auferstehung auf mysteriöse Weise durch das Leiden und die Freude der Märtyrer, der Propheten, der Heiligen und all jener, deren Leben stärker als der Tod zu erstrahlen vermag, verbreitet haben wird.«[342] Im kosmischen Verständnis der Auferstehung erscheint das »Ende« des irdischen Lebens nicht mehr wie das letzte Wort, sondern ist im Gegenteil ein »Neuanfang«. Dietrich Bonhoeffer bewies dies am letzten Tag seines Lebens auf beispielhafte Weise, bevor er von den Nationalsozialisten umgebracht wurde. Es war der 8. April 1945 – der Sonntag nach Ostern – im Konzentrationslager Flossenbürg, als man ihn abholte, um ihn in den Tod zu schicken. Bevor er nackt gehängt wurde, sagte er zu seinem Gefängnisgenossen, dem britischen Geheimdienstoffizier Payne Best: »Dies ist das Ende, für mich der Anfang des Lebens.«[343] Für ihn war der Tod, wie für jeden Christen, ein »Passah«, ein »Übergang« ins Reich der Lebenden. Dies berechtigt nicht zur Aussage, dass man den Tod – insbesondere den gewalttätigen – passiv und schicksalsergeben als »Wille Gottes« hinnehmen müsse. Das Beispiel Bonhoeffers legt noch immer beredtes Zeugnis davon ab. In einem 1941 verfassten Brief, in dem er seinen durch die Verfolgung der Nationalsozialisten in alle Winde zerstreuten Studenten Mut zusprechen wollte, die vom gewaltsamen Tod einiger ihrer Gefährten erfahren hatten, schrieb er: »Wir können angesichts des Todes nicht in fatalistischer Weise sprechen: ›Gott will es‹, wir müssen das andere hinzusetzen: ›Gott will es nicht‹. Der Tod zeigt an, dass die Welt nicht so ist, wie sie sein sollte, sondern dass sie der Erlösung bedarf. Christus allein ist die Überwindung des Todes. Hier kommt das ›Gott will es‹ und ›Gott will es nicht‹ zur schärfsten Zuspitzung und zum Austrag. Gott willigt ein in das, was Gott nicht will, und von nun an muss der Tod dennoch Gott dienen. [...] Allein in Kreuz und Auferstehung Jesu Christi ist der Tod in Gottes Gewalt gekommen, muss er den Zielen Gottes dienen. Nicht eine fatalistische Ergebung, sondern der lebendige Glaube an den für uns gestorbenen und auferstandenen Jesus Christus vermag ernstlich mit dem Tode fertig zu werden.«[344]

Im Kontext der Auferstehung spricht der christliche Glaube vom »Abstieg Jesu in die Unterwelt«. Es ist das Mysterium des »Übermaß« der Liebe Jesu, der in die extremen Abgründe der Menschheit hinabsteigt. In Wahrheit ist das gesamte Mysterium Jesu ein fortwährender Abstieg, seit seiner Geburt. Ein Abstieg, der einen hohen Preis hat. Schon bei seiner Geburt gibt es keinen Platz für ihn, dann folgt die Flucht nach Ägypten, und als er das erste Mal in Nazareth zum Volk spricht, will man ihn in den Abgrund werfen. Die Liebe Jesu hat nichts mit jener Romantik zu tun, die heutzutage immer bezeichnender für unsere Kultur wird und die uns dazu treibt, uns nur noch auf uns selbst und unser Wohlbefinden zu konzentrieren. Niemand kann die Liebe Jesu anzweifeln. Aber es ist eine Liebe, die sich durch die Passion vermittelt und die bis zum Kreuz reicht. Der Tod und die

Auferstehung Jesu sind derart miteinander vereint – dies ist das Ostermysterium –, dass sie ein und dasselbe Ereignis darstellen.[345] Daher könnte man auch sagen, dass die Auferstehung mit dem Abstieg in die Unterwelt beginnt. In der Vorstellung der damaligen Zeit war die »Unterwelt« jener Ort, an dem sich die Seelen aller Verstorbenen befanden, der Scheol, wie es in der Bibel heißt.[346]

Jesus war gekommen, um alle von der Sklaverei des Todes zu befreien. Théodore Papanicolaou beschreibt dieses Mysterium, der orthodoxen Tradition folgend, mit folgenden Worten: »Christus steigt ›mit seiner Seele‹ in das dunkle Reich des Todes hinab, um den Seelen, die in der dunklen Nacht des Hades gefangen sind, die Heilsbotschaft zu überbringen und sie durch seine Anwesenheit, seine göttliche Macht und seine rettende Verkündigung zu befreien, indem er ihnen den Weg ihrer Erlösung zeigt.«[347] Von der Unterwelt, vom tiefsten Grund der Erde aus, hat Jesus seine Auferstehung begonnen. Die byzantinischen Ikonen zeigen den Auferstandenen, wie er Adam und Eva – das ganze Menschengeschlecht – links und rechts an der Hand hält, um sie aus dem Dunkel der Unterwelt zu befreien und sie mit sich nach »oben« in sein Reich der Liebe und der vollständigen Befreiung zu nehmen.

Es ist dies ein theologischer Horizont, der spirituell und auf gewisse Weise konkret wird. Die Christen werden durch dieses Mysterium der Liebe dazu aufgerufen, selbst in die »Unterwelt hinabzusteigen«, das heißt in die tiefsten Abgründe unserer heutigen Welt, wie den Holocaust, die Völkermorde, die Kriege, die Niederlagen, die Ungerechtigkeiten, die Grausamkeiten. Es dürfte keine Hölle auf dieser Erde geben, bei der die Christen nicht dazu aufgerufen wären, sie aufzusuchen, um Hoffnung und die Befreiung vom Bösen zu bringen. Der Auferstandene geht seinen Jüngern auch beim Abstieg in die Abgründe dieser Welt voraus. Und man könnte sagen, dass solch ein Abstieg zu den wichtigsten Aufgaben der Jünger des Auferstanden in der heutigen Zeit zählt. Das Herz der Gläubigen muss von tiefster Sorge um die Unterdrückten erfüllt sein, um in die Abgründe des Schmerzes in den heutigen Städten hinabzusteigen, um sich in die Höllen der Kriege und der Ungerechtigkeiten zu begeben und um überall den Samen der Auferstehung zu säen. Der Kampf gegen jede Form des Todes, in uns, um uns herum und in der Gesellschaft, ist der Beginn der Transfiguration der Erde, der Beginn des Sieges über den Tod. Die Auferstehung Christi ist nicht einfach eine stärkere Absicherung der Seelen: Sie ist eine göttliche Energie, die die Erde, die Lebewesen, die Dinge, die Körper, die Gesichter, alle Geschöpfe verwandelt. Jedes Ding muss seinen Platz im auferstandenen Leib Christi finden.

Die Angst vor dem Leiden

Allerdings tilgt dieser Dynamismus nicht die Angst vor dem Leiden und dem Tod. So traf es schon für Jesus zu, der die Angst vor dem Schmerz und dem Tod am eigenen Leib erfahren hat. Es ist eine Angst, die seit jeher zum Erbe der Menschheit gehört.[348] Daher ist es unmöglich, ihr zu entgehen: Die Angst vor dem Leiden und dem Tod ist und bleibt eine Zerreißprobe für das menschliche Leben, indem sie ihm seine radikale Gebrechlichkeit vor Augen führt.[349] Obschon der Mensch auch »homo patiens« ist, wie V. E. Frankl[350] klug bemerkt, hat er dennoch die Kraft, den – wiewohl nicht aus der Welt zu schaffenden – Zustand des Leidens zu einer Gelegenheit der Liebe und des Trostes zu machen. Sicher, das Leiden hat viele Menschen hart, traurig und abgestumpft werden lassen, und dennoch hilft der christliche Glaube, im Leiden und im Schmerz – ja selbst im Tod – den Samen des Evangeliums aufgehen zu lassen, um sie in Gelegenheiten der Liebe und der Befreiung zu verwandeln. Jesus geht uns als leuchtendes Beispiel voran. Wenn wir sehen wollen, wie Gott sich demjenigen gegenüber verhält, der leidet, und wie Gott sich als Mensch dem Leiden unterworfen hat, müssen wir uns auf Jesus besinnen. Nur auf diesem Weg können wir verstehen, wie man als Mensch und Christ das Leiden zu durchleben hat.

Die Evangelien sagen ganz klar, dass Jesus das Leiden und den Tod nicht »gesucht« hat. Er hat im Gegenteil – so erzählen es uns die Evangelien – im Lauf seines öffentlichen Lebens dagegen gekämpft: Niemals hat er sich mit dem Bösen und dem Schmerz abgefunden oder sich ihm gegenüber gleichgültig gezeigt.[351] Er hat sogar vor dem Grab des Lazarus geweint: ein ungemein rührender Moment. Immer jedoch stand für ihn die Liebe an erster Stelle. Und so hat er sowohl das Leiden als auch den Tod besiegt. Man könnte sagen: Er hat sie ihrer Macht beraubt, indem er sie mit einer grenzenlosen Liebe erfüllte, der nicht einmal der Tod zu widerstehen vermochte. Das Kreuz – die schlimmste Strafe der damaligen Zeit – wurde zum Zeugen des Sieges der Liebe über den Tod. Aus dem Werkzeug der Strafe wurde das Werkzeug der Liebe.

Oftmals werden das Leiden und der Schmerz als Begründung herangezogen, um die Sterbehilfe zu rechtfertigen. Selbstverständlich wollen wir all denen helfen, die Schmerzen erleiden müssen. Insbesondere dann, wenn es sich um unerträgliche Schmerzen handelt. Doch sollten wir nochmals sorgfältig nachdenken, um das Drama desjenigen, der grausame Schmerzen ertragen muss, in seiner ganzen Tragweite zu erfassen. Wir alle wissen, dass ein Leben ohne Leiden (sei es körperlicher oder moralischer Art) schlicht unmöglich und, wie ich glaube, auch nicht wünschenswert ist. So wissen wir zum Beispiel, dass wir ohne den Schmerzreiz manche Störungen unseres Körpers kaum wahrnehmen würden. In diesem Fall erfüllt der Schmerz eine positive Funktion als Warnsignal. Und dennoch beobachten wir eine zunehmende Gleichgültigkeit denjenigen gegenüber, die aufgrund der unzähligen Tragödien leiden, die über ihr Leben hereinbrechen. Die Augen zu verschließen, den Blick abzuwenden, mit den Schultern zu zucken, den Kopf in den Sand zu stecken: So oder ähnlich äußert sich üblicherweise unsere Unfähigkeit oder Weigerung, der Realität unseres eigenen Leidens oder dem der anderen ins Gesicht zu sehen. Stattdessen wird auf jede nur erdenkliche Art versucht, eine abgestumpfte Gesellschaft zu erschaffen, die dem Schmerz, dem Leiden gegenüber unempfindlich ist.[352]

Bleiben wir im Bereich der spirituellen und religiösen Reflexion, so wissen wir, wie stark – und nicht immer geradlinig – die Thematik des Leidens das theologische Denken und die Seelsorge der Kirche in früheren Zeiten beschäftigt hat. Denken wir nur an die Leichtfertigkeit, mit der Krankheit und Sünde aneinander gekoppelt wurden.[353] Wie oft haben wir nicht schon gehört »Die Krankheit wurde von Gott geschickt«, »Es ist der Wille Gottes, sich in das Leiden zu fügen« und so weiter? Wir alle haben Behauptungen wie diese oft genug vernommen, auch wenn sie nicht in Einklang mit den Worten der Bibel und der ursprünglichen Tradition der Kirche zu stehen scheinen. Eines steht fest: Der Zusammenhang zwischen Sünde, Leiden und Tod muss neu überdacht werden. So schreibt zum Beispiel Paul Ricœur: »Man kann sogar sagen, dass sich in dem Maße, in dem das Leiden konsequent als Bezugspunkt genommen wird, sich das Problem des Bösen von jenem der Sünde oder

Schuld unterscheidet. Bevor wir also sagen, was im Phänomen des *begangenen* oder des *erlittenen* Bösen auf eine gemeinsame, rätselhafte Abgründigkeit hindeutet, ist es wichtig, vorerst ihre grundsätzliche Verschiedenheit zu betonen.«[354] Es ist ohne jeden Zweifel an der Zeit, dass ein neuer theologischer Diskurs über das Böse und die Erlösung in Gang kommt, der in einem offenen Dialog mit der heutigen Gesellschaft geführt wird. In diesen beunruhigenden Kontext passen die Worte des emeritierten Papstes Benedikt XVI.: »Ausgehend von der klassischen Perspektive des christlichen Glaubens, sind die Dinge aus der Sicht des Menschen von heute in gewisser Weise auf den Kopf gestellt, das heißt, es ist nicht mehr der Mensch, der glaubt, sich Gott gegenüber rechtfertigen zu müssen. Er ist vielmehr der Meinung, dass es Gott sei, der sich wegen all der grausamen Dinge, die auf der Welt geschehen, und wegen des menschlichen Elends entschuldigen müsse, die schließlich genau betrachtet doch alle von ihm abhängen würden.«[355]

Jesus und die Heilung der Kranken

Die Evangelien sagen es ganz klar: Gott steht in Gegnerschaft zu Krankheit und Tod, wie auch zum Leiden und zum Schmerz. In diesem Sinne stimmen sie mit jener Sichtweise überein, die den Tod nicht als Entscheidung Gottes betrachtet, wie ich bereits betont habe. Anders verhält es sich ganz offensichtlich mit der Krankheit, die sehr wohl an den Tod gebunden ist. Die Krankheit erinnert den Menschen an seine Schwäche und die Vergänglichkeit seines irdischen Daseins, an seine Sterblichkeit und den Tod selbst. Die Krankheit trägt bereits jene bekannte Eigenschaft in sich, die in ihrer ganzen Schonungslosigkeit im Tod zutage tritt.

Das wundertätige Wirken Jesu ist als Teil seiner Bestimmung zu verstehen, das Böse (und somit auch die Krankheit) und den Tod zu besiegen.

Die Heilung der Kranken ist eine solch unverrückbare Konstante im Leben Jesu, dass sie geradezu einer der Gründe seiner Mission zu sein scheint, wie der Evangelist Matthäus auf den Punkt bringt: »Er durchzog ganz Galiläa, lehrte in ihren Synagogen, verkündete das Evangelium vom Reich und heilte jede Krankheit und jedes Gebrechen im Volk.« (Mt 4,23) Der Evangelist fährt fort: »Und sein Ruf verbreitete sich in ganz Syrien. Sie brachten alle Leidenden zu ihm, alle, die von den verschiedensten Krankheiten und Schmerzen geplagt waren, Besessene, Mondsüchtige und Gelähmte, und er heilte sie.« (Mt 4,24) Schön auch die von Lukas beschriebene Szene: »Als die Sonne unterging, brachten alle ihre Kranken, die mancherlei Leiden hatten, zu ihm. Er legte einem jeden von ihnen die Hände auf und heilte sie.« (Lk 4,40) Lukas, den Paulus den »Arzt, und lieben Freund« nennt (Kol 4,14), räumt den wundertätigen Krankenheilungen Jesu viel Platz ein: mehr als ein Viertel der ersten zehn Kapitel (120 Verse von insgesamt 425). Und 30 der insgesamt 53 Wunder, von denen in den Evangelien berichtet wird, handeln von Heilungen.

Jesus, der die Kranken heilt, bringt die heilende Kraft Gottes ans Licht, die den Körper, das Leben, das Herz, die Psyche des Menschen der Macht des Bösen zu entreißen vermag. Jesus interessiert sich für den Menschen als Ganzen und nicht einfach nur für eine seiner Seiten wie etwa die spirituelle. Jesus kommt, um die Menschen vollständig zu heilen, mit anderen Worten, um sie vor jeder Versehrtheit zu retten, um sie aus jeder Sklaverei zu befreien. Und in einer allumfassenden Dimension. Deshalb löst er auch die Verbindung zwischen Krankheit und persönlicher Sünde auf. So geben es uns auch seine Worte auf die Frage der Jünger, ob die Sünden des Blindgeborenen oder die seiner Eltern schuld an seiner Blindheit seien, zu erkennen. Jesus antwortet: »Weder er noch seine Eltern haben gesündigt, sondern das Wirken Gottes soll an ihm offenbar werden.« (Joh 9,3) Der (nicht nur) damals herrschenden Denkweise entsprechend, steht für die Jünger die direkte Verbindung zwischen der Blindheit und der Sünde des Mannes selbst oder der seiner Eltern außer Frage. Jesus jedoch verneint dies und wechselt das Thema, indem er erklärt, dass er gekommen sei, um das Werk Gottes zu verrichten, also die Kranken zu heilen und somit auch den Tod zu besiegen.

Durch sein wundertätiges Wirken heilt Jesus nicht nur den Körper, sondern auch den Geist, ja er erweckt sogar einige Tote wieder zum Leben. Auf diese Art lässt Jesus die Ankunft des Königreichs des Herrn inmitten der Menschen sichtbar werden, nichts anderes also als den Beginn der völligen Erlösung. Er stellt dies in seiner Antwort an Johannes den Täufer klar, der durch zwei Jünger fragen lässt, ob er der erwartete Messias sei oder nicht: »Geht hin und berichtet Johannes, was ihr gesehen und gehört habt: Blinde sehen, Lahme gehen, Aussätzige werden rein und Taube hören; Tote werden auferweckt, Armen wird das Evangelium verkündet. Und wohl dem, der an mir keinen Anstoß nimmt.« (Lk 7,22–23) Jesus bewegt sich hier in der Tradition Israels, in der nach und nach eine solche Anschauung heranreift. Sicherlich findet sich im Alten Testament die Bestätigung Gottes als »Heiler« nur ein einziges Mal: »Vielmehr will ich, der Herr, dein Arzt sein.« (Ex 15,26) Aber würden wir all die Gebete, die Anrufungen, ja auch die Proteste, die der Psalmendichter während seiner Krankheit an Gott richtet, sammeln, bekämen wir ein regelrechtes »Psalterium der Kranken«. Der Psalmendichter ist der felsenfesten Überzeugung: Gott wird zu seinem Volk kommen und es von Krankheit und allem Bösen heilen.

Bemerkenswert ist zudem, dass Jesus seine wundertätige Macht auch seinen Jüngern anvertraut. Darauf weisen alle vier Evangelisten explizit hin. So schreibt Matthäus zum Beispiel: »Dann rief er seine zwölf Jünger zu sich und gab ihnen Vollmacht, unreine Geister auszutreiben und alle Krankheiten und Gebrechen zu heilen.« (Mt 10,1) Und kurz bevor er sie unter die Leute schickt, sagt Jesus zu ihnen: »Geht und verkündet: Das Himmelreich ist nahe. Heilt Kranke, erweckt Tote, macht Aussätzige rein, treibt Dämonen aus! Umsonst habt ihr empfangen, umsonst sollt ihr geben.« (Mt 10,7–8) Die Mission der Jünger muss dem Beispiel Jesu folgen: nämlich genau wie er die frohe Botschaft zu verkünden und die Kranken zu heilen. Es sind dies zwei miteinander verbundene Dimensionen. Daher ist die Krankenheilung für die Jünger im Hinblick auf die Verkündigung des Evangeliums auch keineswegs fakultativ, sie stellt vielmehr dessen konkrete Bestätigung dar: Das Reich Gottes hat tatsächlich begonnen. Deshalb besteht Jesus darauf: Heilt, erweckt die Toten wieder zum Leben, kuriert, verjagt die bösen Geiser! Und deswegen vertraut er seinen Jüngern auch die Fortführung seines eigenen Werks an. Einmal wird er zu ihnen sagen: »Amen, amen, ich sage euch: Wer an mich glaubt, wird die Werke, die ich vollbringe, auch vollbringen. Und er wird noch größere vollbringen; denn ich gehe zum Vater.« (Joh 14,12)

Eben diese Seiten des Evangeliums laufen jedoch Gefahr, in die Vergangenheit verbannt zu werden, als seien sie nicht wiederholbar. Tatsächlich spricht die Urkirche im Zusammenhang mit den Kranken oft von Wunderheilungen. Die Hinweise im Jakobusbrief legen davon beredtes Zeugnis ab. Während der ersten Jahrhunderte entwickelt sich die Tradition des Sakraments der Krankensalbung, das später leider eine Veränderung erfährt und als »Letzte Ölung« bezeichnet wird, die im Augenblick des bevorstehenden Todes – im entscheidenden Moment des Übergangs in das nächste Leben also – als letzte Hilfe erteilt wird, um vor den Richterstuhl Gottes zu treten.[356]

Ich frage mich oft: Warum sind diese Seiten des Evangeliums heute nahezu in Vergessenheit geraten? Wäre es nicht notwendig, sich ihrer erneut zu entsinnen und sie wieder aufleben zu lassen? Sollten wir sie nicht den heutigen Christen in all ihrer Kraft erneut ans Herz legen? Jesus hat – und es ist wichtig, dies nochmals zu unterstreichen – die Wunderheilungen nicht vollzogen, um seine Göttlichkeit unter Beweis zu stellen, sondern um die heilende Kraft Gottes, die in der Geschichte der Menschheit stets präsent ist, erfahrbar zu machen. Vermutlich führte ein allzu rational geprägtes Christentum dazu, dass die alte Tradition der Krankenheilungen nicht mehr beachtet wird. Heute ist nur noch selten von Krankenheilungen die Rede; geradeso, als wären diese Seiten des Evangeliums für das Leben der heutigen Christen nicht mehr von Bedeutung. Gleichzeitig überrascht auf der anderen Seite das stetig zunehmende – ja, in einer desillusionierten und technisierten Gesellschaft fast schon unbegreifliche – Verlangen nach Heilung. Rund um den Globus greifen heutzutage immer mehr Menschen auf magische, okkulte oder esoterische Praktiken zurück, um physische und psychische Krankheiten zu besiegen. Überall auf der Welt gibt es Millionen von Anhängern neuer Religionen und neuer Glaubensbekenntnisse, die sich nur noch um Heilung und Erfolg drehen. Ebenso erstaunlich ist das ungebrochene Interesse an Wallfahrten zu jenen heiligen Stätten, die im Verständnis der Christen Orte des Schutzes und der Heilung sind.[357]

Wir müssen uns wieder auf die jahrhundertealte Aufforderung des Jacobus besinnen: »Ist jemand unter euch krank? Dann soll er die Ältesten der Gemeinde zu sich rufen lassen. Die sollen über ihn beten, nachdem sie ihn im Namen des Herrn mit Öl gesalbt haben.« (Jak 5,14) Johannes Chrysostomos, der große Bischof von Konstantinopel, bemerkte: »Für sich zu beten, das erfordert die Notwendigkeit; für andere zu beten, das erfordert die Liebe. Süßer vor Gott aber ist das Gebet, welches von der Liebe des Bruders, als jenes, das von der Notwendigkeit eingegeben ist.«[358] Gerade im Zusammenhang mit der Krankheit (insbesondere am Lebensende) ermuntert uns die christliche Tradition zum Gebet als einer Quelle des Trostes und auch der Heilung. Es gibt unzählige Belege dafür, welchen Trost und welchen Frieden Heilungsgebete zu spenden vermögen.

Das Erstaunliche an den Erzählungen der Evangelien ist die schlichte und nüchterne Art der Schilderung, die jede Nähe zu Esoterik oder Zauberei unterbindet. Alle Wunder haben ihren Ursprung in der physischen und mitleidsvollen Nähe Jesu (und seiner Jünger) zu den Kranken. Manchmal genügt es, den Mantel Jesu zu berühren, um geheilt zu werden, wie im Falle der Frau, die an unstillbaren Blutungen leidet. (Lk 8,43–48) In der Apostelgeschichte sind ähnliche Beschreibungen über die Jünger Jesu nachzulesen: »Man brachte sogar die Kranken auf die Straßen und legte sie auf Tragen und Betten, damit, wenn Petrus vorüberkam, wenigstens sein Schatten auf einen von ihnen fiel.« (Apg 5,15) Die Nähe zu den Armen, den Kranken und all den andern Hilfsbedürftigen war für Jesus eine Entscheidung ohne Wenn und Aber. Seinen Kritikern antwortete er: »Nicht die Gesunden brauchen den Arzt, sondern die Kranken. Geht und lernt verstehen [hier bezieht er sich auf eine Stelle des Propheten Hosea], was das heißt: Erbarmen will ich und nicht Opfer.« (Mt 9,12–13) Die Nähe zu den Leidenden, die bereits im Alten Testament ein Glaubenskriterium war, erreicht in Jesus ihren Höhepunkt. Er selbst wünschte sich, als er seinen Tod nahen spürte, tröstenden Beistand, wie wir im Evangelium nach Matthäus nachlesen können, als er Petrus, Jakobus und Johannes im Garten Gethsemane bat, in den Stunden seiner Angst an seiner Seite zu bleiben. Und am Kreuz rief er es seinem Vater zu: »Mein Gott, mein Gott, warum hast du mich verlassen?« (Mt 27,46)

Den Schmerz annehmen oder bekämpfen?

Im Kapitel über die Palliativmedizin habe ich bereits nachdrücklich auf die – sowohl moralische, wissenschaftliche wie auch soziale – Verpflichtung hingewiesen, sich auf jede nur erdenkliche Weise dafür einzusetzen, dass der Patient nicht leiden und keine Schmerzen verspüren möge. Die Wissenschaft hat im Übrigen in dieser Hinsicht erstaunliche Fortschritt erzielt. Ich für meinen Teil glaube allerdings nicht, dass es möglich ist, das menschliche Leben von jeglichem Schmerz und Leiden zu befreien. Man muss sich überhaupt fragen, ob der Schmerz und das Leiden nicht vielleicht einen tieferen Sinn haben. Auch wenn ich es bereits erwähnt habe, müsste uns jene Position, die uns vorgaukelt, dass ein betäubtes Leben ohne Schmerzen, Angst, Sorgen und Traurigkeit wünschenswert sei, noch viel mehr beunruhigen, als sie es vielleicht bereits tut. Sie ist Ausdruck eines Narzissmus, der die Menschen dazu veranlasst, sich nur noch um das eigene Wohlergehen, die eigene Ausgeglichenheit, die eigene Ruhe zu kümmern. Jegliche Angst, jede Sorge, jede Verletzung soll verbannt werden. Wie traurig, wie unendlich traurig ist eine solche Gesellschaft, die am

Ende keine Gefühlsregungen mehr besitzt! Eine Gesellschaft, die sich deshalb auch nicht mehr über das Leid und das Böse empört. Wegen des Bösen zu leiden, Kummer aufgrund der vielen Ungerechtigkeiten zu verspüren, ist ein Erbe, das es nicht nur zu erhalten, sondern zu mehren gilt. Leider scheint ein Narzissmus vorzuherrschen, der uns den Schmerzen der anderen gegenüber blind und gleichgültig macht. Die Seligkeit der Trauernden, wie sie im Evangelium verkündet wird, bezieht auch den mit ein, der mit jenen mitleidet, die Ungerechtigkeit oder Leid ertragen müssen. Ohne »Mitleid« – das heißt, ohne ein »gemeinsames Erdulden von Leid« – wird das Leben für uns alle grausam. Was wir brauchen, ist eine Askese, die uns sowohl dazu verhilft, Beistand zu leisten und gemeinsam zu leiden, als auch das Leiden zu bekämpfen, bis hin zur Tilgung des Schmerzes.

Einen Denkanstoß hierzu liefert eine Stelle aus einer Vorlesung von Gabriel Marcel: »Es gibt, so meine ich, keine verkehrtere Vorstellung als die [...], [dass] das Leiden in sich gut wäre. Sehr viel eher neige ich dazu, es ganz im Gegenteil als grundsätzlich schlecht zu erklären. Wohl aber kann die menschliche Seele unter bestimmten begünstigten Bedingungen [...] frei, will sagen, durch eine freie Handlung dieses Schlechte umwandeln, nicht eigentlich in ein Gutes, aber in ein Prinzip, das in der Lage ist, Liebe auszustrahlen, Hoffnung und Nächstenliebe. Mehr noch, die schmerzvolle Seele muss, eben durch die Tatsache ihres Leidens, sich noch mehr den anderen öffnen, statt sich in sich selbst zu verschließen und so ihre Wunde zu bedecken.«[359] Der Apostel Paulus, der Dichter des *Hohelieds der Liebe,* stellt eine Liebe in Aussicht, die »alles erträgt, alles glaubt, alles hofft«. Und an Timotheus, seinen Lieblingsjünger, schreibt er: »Denn ich werde nunmehr geopfert, und die Zeit meines

Aufbruchs ist nahe. Ich habe den guten Kampf gekämpft, den Lauf vollendet, die Treue gehalten.« (2 Tim 4,6–7)

Der heilige Paulus führt uns vor Augen, dass sich die Krankheit in eine Chance verwandeln kann, die Liebe wachsen zu lassen. Wir sind nicht dazu aufgerufen, uns mit dem Schmerz abzufinden (der im Gegenteil bekämpft und, wenn möglich, besiegt werden soll), doch wissen wir auch, dass jeder Tropfen Schmerz wertvoll ist, solange er in Liebe gelebt wird, in jener Liebe, die »alles erträgt« und »niemals aufhört«. (1 Kor 13,7–8) Solch eine Liebe schenkt uns Gott selbst und wir geben sie ihm wie die Talente im Gleichnis vom anvertrauten Geld (Mt 25,14–30) doppelt zurück, verdoppelt durch den Glauben, an dem wir auch im Leiden und im Schmerz festhalten. Jesus hat den Vater im Garten Gethsemane angefleht, ihn vom Leiden zu erlösen, und doch hat er sich selbst in seine Hände begeben, um auch auf seinem entsetzlichen Weg bis zum bitteren Ende weiterhin zu lieben.[360] Auch wenn es den Anwesenden schien, als sei mit dem Tod alles beendet, ist kein Tropfen dieses menschlich-göttlichen Leids umsonst vergossen worden. Dies gilt auch für die Jünger Jesu: Unsere Leiden werden nicht umsonst sein; kein Tropfen unseres Schmerzes ist jemals vergeblich. Und wie auf Jesus wartet auch auf seine Jünger die Auferstehung.

Gewiss, es bleiben Fragen offen: Wie findet man dem Leidenden gegenüber die richtigen Worte des Glaubens? Wie begleitet man einen unheilbar Kranken, der im Sterben liegt? Wie kann man demjenigen Beistand leisten, der zwar weiterlebt, dabei aber schrecklich leidet und bereits auf der Schwelle des (unausweichlichen) Todes steht? Gerade auch die katholische Kirche muss sich diese Fragen stellen. Gegenüber dem, der stirbt, gegenüber seinen Angehörigen, seinen Freunden, allesamt aus unterschiedlichen Kulturen und verankert in unserer Zeit, alle gezeichnet vom Schmerz und vom Bedürfnis, mehr über das Leben und den Tod zu wissen. Ich denke, vor allem sollten stereotype Floskeln vermieden werden, egal, ob sie sich auf eine moralische Kasuistik oder einen kalten Szientismus stützen. Die Evangelien geben auf die Frage nach dem Ursprung des Bösen keine Antwort. Stattdessen erzählen sie, dass Gott an der Seite dessen steht, der leidet, um mit ihm gemeinsam die Schlacht gegen das Böse und den Tod auszufechten. Und der Glaube bestärkt uns darin, dass Gott dem Leidenden nicht nur auf oberflächliche und gleichgültige Art nahe ist, sondern als Gekreuzigter Gott, das heißt wie »ein Mann voller Schmerzen, mit Krankheit vertraut«. (Jes 53,3) Als Gott, der sich unserer Leiden annimmt und uns an seinem Mysterium der Auferstehung teilhaben lässt.[361] Wie sagte schon der französische Schriftsteller Paul Claudel so treffend: »Gott ist nicht gekommen, das Leid zu beseitigen, er ist nicht gekommen, es zu erklären, sondern er ist gekommen, es mit seiner Gegenwart zu erfüllen.«[362] Dies ist einer der Gründe, warum jene Kranken, die über spirituelle Ressourcen verfügen, der Krankheit eher die Stirn zu bieten vermögen als jene, die nicht aus solchen Quellen schöpfen können. Der Glaube, könnte man sagen, wird zu einer wirkmächtigen »therapeutischen Waffe«.[363]

Das Jüngste Gericht

Ehrfurcht oder Angst vor dem Jüngsten Gericht?

Die Angst vor dem Tod ist ein Thema, das sich wie ein roter Faden durch alle Seiten dieses Buches zieht. Trotz des zeitweisen Versuches, sich von ihr loszulösen, bleibt sie ein Gefühl, das die Geschichte der Menschheit seit jeher begleitet. Auch die Kirche hat im Laufe der Jahrhunderte die Gläubigen stets dazu aufgefordert, sich auf den Tod vorzubereiten und ihn als entscheidenden, wenn auch dramatischen, Übergang zu betrachten. Sie hat nie gemeint, ihn um den Preis vordergründiger Beruhigung bannen zu müssen. Nie hat sie versucht, dem Tod seinen Schmerz zu nehmen – ein Vorhaben, das ohnehin nie gelingen würde. Gregor der Große benutzte den Begriff *Prolixitas mortis*, um zu beschreiben, wie groß der Einfluss des Todes auf die menschliche Existenz sei. Gleichwohl hatte und hat die Kirche in der Vergangenheit wie heute ein Motiv dafür, die Gläubigen dazu zu ermahnen, sich auf den letzten Moment ihres menschlichen Daseins vorzubereiten, vor allem in Hinblick auf Gottes Urteil beim Jüngsten Gericht, das über das Leben eines jeden gefällt wird.[364] Sehr aufschlussreich sind die Studien Jean Delumeaus, selbst wenn sie sich nur mit den geschichtlichen Aspekten des Abendlands des 13. bis 18. Jahrhunderts befassen, um zu begreifen, wie sehr dieser Aspekt das Verhalten der Gläubigen und ihrer jeweiligen Gesellschaft bestimmte. In seinen Büchern über die Angst beschreibt er sehr eingehend die Strenge, die das Leben der Gläubigen durch die Vorstellung des Todes und des Jüngsten Gerichts prägte.[365]

Sicherlich, und dies stellt auch Delumeau fest, legt sich diese Angst bei den Christen der heutigen Zeit immer mehr. Man findet kaum noch Gläubige wie früher, die das Jüngste Gericht und somit auch den Gedanken an den Tod – die Pforte zum Saal des Weltgerichts Gottes – fürchten. Dennoch bleibt die Frage des Jüngsten Gerichts ein sehr ernstes Thema, das einer aufmerksamen und schöpferischen Vertiefung bedarf. Durch die zunehmende Bedeutungslosigkeit der letzten Dinge – und somit auch des Jüngsten Gerichts – wird die Angst, Gott am Jüngsten Tag gegenüberzutreten, in der Tat zu einer der geringsten Sorgen der Gläubigen. Das Verbergen des Todes begünstigt auch das Verbergen des Urteils Gottes und folglich des eigentlichen Sinns der persönlichen Verantwortung. Diese ist geschmälert durch den Individualismus, der das Gegenüber nicht mehr wahrnimmt: Unter Verantwortung wird vor allem verstanden, nichts Böses zu tun. Dagegen wird die andere wesentliche Dimension, nämlich »etwas zum Wohle anderer zu tun«, ausgeblendet. Gegen Ende meiner Seiten über unseren »Bruder Tod« – während ich hoffe, dass sich eine erneute, kreative Phase der theologischen Reflexion über die letzten Dinge auftun möge – möchte ich noch kurz auf einige Aspekte dieser »endgültigen« Themen eingehen, die sowohl für die Gläubigen als auch all die anderen hilfreich sein könnten.

Der Gläubige wird von seinem Glauben selbst dazu angehalten, sich auf das Jüngste Gericht vorzubereiten. Wohl auch dazu, dem Urteil Gottes eher mit Ehrfurcht zu begegnen als mit Angst. Die »Angst« ist wahrlich das Kind jenes Hochmuts des Menschen, der meint, sich aus eigener Kraft retten zu können: Wie sollen wir frei von Angst sein, wenn alles von uns selbst abhängt? Die »Ehrfurcht« hingegen ist der Spross des Glaubens, der uns die eigenen Grenzen und vor allem die Größe Gottes aufzeigt, vor dem wir uns zitternd niederwerfen. Eine solche Ehrfurcht ist gut. Es wäre tollkühn, ohne Demut vor Gott zu treten. Im Evangelium finden sich beeindruckende Stellen, die gegen die Angst sprechen, dagegen die Ehrfurcht als respektvolle Erwartung Gottes darstellen.[366] Denken wir nur an den verlorenen Sohn des gleichnamigen Gleichnisses, der zurückkehrt. Oder an den Zöllner im Tempel zu Jerusalem und die Frau, die Jesu Füße salbte. Die Kirche ermahnt angesichts der Größe Gottes dazu, mit Gefühlen der »Ehrfucht« und Demut vor ihn zu treten. Alle Seiten der Heiligen Schrift zeigen, dass die Barmherzigkeit Gottes viel größer als die Sünde des Menschen ist. Daher rührt die Aufforderung, ehrfürchtig zu sein, statt sich zu ängstigen. In diesem Sinne ist auch das *memento mori* zu verstehen, nämlich als Gebet, von einem plötzlichen Tod verschont zu bleiben.

Doch sind auch Exzesse auf diesem Gebiet nicht ausgeblieben, wie die erwähnten Untersuchungen Delumeaus zeigen. Nehmen wir als ein Beispiel von vielen nur die fixe Idee der nicht rechtzeitig bereuten Sünde, ursprünglich gedacht als Erziehungsinstrument und wirksamer Anreiz, sich auf den Tod vorzubereiten. Heute herrscht ohne Zweifel eine größere theologische und geistliche Sensibilität auf diesem Gebiet. Und man tut gut daran, besser die Barmherzigkeit des Herrn hervorzuheben, der den Gläubigen sicherlich als Richter, in erster Linie aber als guter Vater empfängt. Das Evangelium drängt sehr stark zu dieser Sichtweise. Es ist kein Zufall, dass unter Papst Franziskus die Barmherzigkeit Gottes als zentrales Thema in den Mittelpunkt der heutigen christlichen Verkündung gerückt ist. Die Anziehungskraft, die solch eine Perspektive in Aussicht stellt, ist ein Grund mehr, sie noch stärker zu betonen. Ich möchte auch die vorliegenden Seiten in diesem von Gott gewollten Horizont der Barmherzigkeit verstanden wissen.

Um hier eines klarzustellen: Gott wird niemals – und zu glauben, er treffe tatsächlich eine solche Entscheidung, macht es noch schlimmer – die Willkür eines Todes, der uns ohne Vorankündigung ereilt, ausnutzen, um ihn wegen einer nicht verziehenen Schuld mit ewiger Verdammnis zu besiegeln. Wie es auch nicht möglich ist, dass Gott uns aufgrund einer Sünde verdammt, die wir »nicht rechtzeitig« bereuen konnten oder von der wir nicht ahnen konnten, welch verletzende oder zerstörerische Kraft sie auf unser gesamtes Seelenleben auszuüben vermochte. Auf diese Weise würde man das Verhältnis zwischen Gericht und Tod banalisieren. Sicher, auch das Verständnis für die Mysterien unseres letzten Ziels hat abgenommen: Tod und Wiederauferstehung, Gericht und ewiges Leben, Verdammnis und Vollendung. Und auch die Verkündung des ernsten Mysteriums des Lebens und des Todes und des Werks der Erlösung durch Jesus Christus selbst ist dadurch in Mitleidenschaft gezogen worden.

Wann endlich wächst die Empörung über eine von Krieg, Ungerechtigkeit, Gewalt, Hass und Unterdrückung geplagten Welt? Zu viele Gewissen sind wie betäubt angesichts dieser Höllen auf Erden. Oft geraten ganze Völker in diese Höllenschlunde. Diese irdischen Infernos spielen auch bei dem Gericht eine Rolle, das uns erwartet. Aus dieser Sicht ist das Werk Jesu, der »in die Unterwelt hinabsteigt«, ein wichtiger Bezugspunkt, den es hinsichtlich des Heils des Gläubigen wie auch des Ungläubigen zu beachten gilt. Jesus beweist, indem er in die Unterwelt hinabsteigt, dass für Gott kein Tor des Todes verschlossen oder in einer dunklen Vergangenheit ohne Hoffnung und ohne Erlösung vergraben bleibt. Das Jüngste Gericht wird uns nicht unbegründet ereilen, schon eher wegen der Missachtung oder des Brechens von Regeln, der Schwäche und Verletzlichkeit aufgrund unserer Leidenschaften. Das Urteil wird darauf gründen, wie sich ein jeder von uns in die Menschheitsgeschichte eingebracht hat. Das Gleichnis vom barmherzigen Samariter (Lk 10,25–37), der neben einem halb toten Mann anhält und sich seiner annimmt, spricht in dieser Hinsicht Bände. Ebenso eindeutig ist die Lehre aus dem Gleichnis vom Pharisäer und Zöllner, die zum Tempel hinaufgehen, um zu beten. (Lk 18,9–14) Jesu Worte lauten, Ersterer sei aufgrund der arroganten Zurschaustellung seiner Verdienste verdammt worden, während der andere gerettet worden sei, da er seine Schwächen aufrichtig zugegeben habe. Gottes Urteil duldet weder Lieblosigkeit noch überheblichen Stolz. Durch Mitgefühl und Demut jedoch lässt er sich erweichen. Am Ende aller Zeiten wird das Weltgericht von einer solchen Transparenz sein, dass sich keine Seele mehr wirklich vor dem Ruf Gottes oder dem Zeugnis seiner Begleiter im Leben wird verstecken können. Und so wird die Liebe, die wir auf dieser Erde erfahren haben, zum Prüfstein des Urteils: Nur die Liebe rettet und nur wer geliebt wurde, wird wiederauferstehen.[367]

Die Armen werden über uns richten

Das Evangelium lässt uns erahnen, wie sich das Weltgericht vollziehen wird. Jesus versichert, dass die Liebe zu den Armen im Mittelpunkt stehen wird. So steht es in der Überlieferung von Matthäus geschrieben. (25,31–46) Das Urteil über uns wird nicht aufgrund irgendwelcher Zugehörigkeiten oder Verdienste, die wir durch die Befolgung ritueller

Vorschriften erworben haben, gefällt, sondern es konzentriert sich vielmehr auf die Liebe zu den Armen. Und dies betrifft alle, Gläubige und Ungläubige, Junge wie Alte. Kardinal Martini bezeichnete jene Seiten der Heiligen Schrift gerne als »Laien-Evangelium« – eben weil sie von einem Urteil sprechen, das über den Glauben hinausgeht. Sie besagen, dass kein Mensch, ob Mann oder Frau, sich von der Liebe entbunden erklären kann. Niemand kann das. Der Evangelist Matthäus beschreibt eine überwältigende Zusammenkunft aller Völker der Erde, alle versammelt vor dem Thron des Weltenrichters. Dann verkündet der Richter sein Urteil. Doch stellen wir uns (in einer etwas freieren Auslegung) einmal vor, der Richter würde vor der Urteilsverkündung einen etwas ungewöhnlichen Geschworenenkreis anhören, der nicht aus Philosophen, Theologen oder Moralisten bestünde, sondern aus Armen. Sie wären es, das »Volk der Seliggepriesenen«, die das Urteil bestimmen würden. Aus diesem riesigen Volk der Armen müsste sich zumindest eine Stimme erheben, die sagt: »Das ist er, er war es, der mir das Leben rettete, ich war hungrig und er hat mir zu essen gegeben!« ... Vernehmen wir diese Stimme, so wird unser Leben gerettet sein, ob wir nun Samariter oder Zöllner sind.

Falls sich jedoch keine Stimme erhebt und wir – anstatt zusammen mit diesen Gehilfen das Beste in uns zu erkennen – zu beteuern beginnen, wir hätten einfach das gemacht, was uns für uns selbst richtig erschien und nicht für die anderen, werden wir im selben Moment begreifen, dass Jesu Richterspruch »im Namen« der Verlassenen und Verfolgten wegen unserer Gleichgültigkeit gerecht ist. Die Ausrede, Gott sei doch unsichtbar – ja, vielleicht gebe es ihn gar nicht – ist nur ein Vorwand für unsere Gefühllosigkeit und unsere Ungerechtigkeit: *Dieser* Atheismus ist durch nichts zu entschuldigen. Doch auch die Überheblichkeit unserer ostentativen Treue Jesus gegenüber, die doch den Verlassenen und Verfolgten gegenüber gleichgültig bleibt, wird kein entscheidendes Argument sein: »Viele werden an jenem Tag zu mir sagen: Herr, Herr, haben wir nicht geweissagt in deinem Namen, in deinem Namen Dämonen ausgetrieben und in deinem Namen viele Wunder gewirkt? Dann werde ich ihnen bekennen: Ich habe euch nie gekannt. Hinweg von mir, ihr Übeltäter!« (Mt 7,22–23) Jesu Provokation ist hier offenkundig: Die Zurschaustellung *dieser* Religion wird nie eine gute Entschuldigung sein. Wie auch immer, wenn wir vor unseren Richter, den unschuldig Gekreuzigten treten, gibt es keinerlei Anlass, uns vom Werk des Todes, dessen Komplizen wir waren, zu distanzieren, also vor der fatalen Verdorbenheit von allem und jedem zu resignieren. Unsere Gleichgültigkeit angesichts des Werks des Todes macht uns zu Komplizen der Hoffnungslosigkeit der Welt, mehr noch: Sie macht uns das Werk der Liebe unmöglich, das dieser entgegenstehen muss.

Es wäre auch denkbar, dass der Weltenrichter sein letztes Urteil auch als sein vorletztes versteht: Auf seinen Richterspruch hin wird er dann jene letzte Reue erwarten, die das Herz Gottes berührt und die Tür des Heils öffnet. Hierzu fallen mir die Worte Dionysius Areopagitas ein: »Wie erst dann, wenn er sogar die Abtrünnigen mit Liebe umfängt und sich um sie, seine ins Elend versunkenen Lieblinge, bemüht und sie bittet, dass sie ihn nicht verschmähen, wenn er sie erträgt trotz ihrer grundlosen Klagen und selbst sie noch entschuldigt.« (Brief 8) Vielleicht wird Jesus an jenem Tag, nachdem er sein Urteil über die Lieblosigkeit gesprochen hat, auch von seinem Richtersitz herabsteigen, sich in die Toga des Verteidigers kleiden und an die Seite desjenigen treten, der keine Liebe erfahren hat. Dann wird er sein Herz berühren. Und sollte sich dessen Herz berühren lassen, so wird er in diesem Moment gerettet sein. Mag sein, dass es eine Reue sein wird, die wie Feuer – ein reinigendes Feuer – brennt, aber er wird es spüren müssen. Der Richter vernichtet nicht die Freiheit. Oh ja, dieses Gericht ist eine ernste Angelegenheit.

Daher ist es gut, die »Furcht« vor diesem Gericht im Wissen darum, dass die Liebe zu den Armen der Maßstab sei, zu schüren. Dazu passen auch die Worte des Johannes: »Denn wer seinen Bruder, den er sieht, nicht liebt, vermag Gott, den er nicht sieht, erst recht nicht zu lieben.« (1 Joh 4,20) Das Jüngste Gericht beginnt folglich schon auf Erden. Und über den Weg der Liebe bereiten wir uns darauf vor, ihm entgegenzutreten. Das Jüngste Gericht wurde uns verkündet, damit die Ungerechtigkeit auf der Erde nicht ohne Hoffnung und unsere Komplizenschaft nicht ohne Möglichkeit der Umkehr bleibt. Dabei soll die Vorwegnahme dieses Wissens eher die Ernsthaftigkeit unseres Lebens hervorheben, anstatt die Schwäche unseres Todes zu verstärken. So gesehen, ist die »Furcht vor dem Jüngsten Gericht« überaus heilsam, ob in der heutigen Zeit oder in der Zukunft. Durch sie wird uns eine zweifache Gnade geschenkt. Da wäre einmal die Verkündigung, dass allein Gott und nicht jemand anders das Urteil sprechen wird. Unsere weltliche Gesellschaft, die alles toleriert, doch nichts verzeiht, kultiviert auch hinsichtlich des Gerichts Gottes spitzfindige Einsprüche. Die Transparenz dieses Urteils hat ohne Frage zu unzähligen Missverständnissen geführt – auch im Christentum, als man vergessen hatte, dass der Maßstab nicht der Pharao, sondern das Kreuz ist. Am Kreuz, so könnte man sagen, bindet sich Gott auf radikale Weise an die sündige Menschheit: Dies ist der Grund, weshalb der Vater seinen Sohn schickt – den Letzten, der sich aufgrund der Verletzlichkeit und Schwäche von uns Sündern ereifern würde. Dagegen hat es nie zu etwas Gutem geführt, wenn sich die Menschen als »Möchtegern-Gottväter« in den Sphären des göttlichen Gerichts eingenistet haben. Unsere Hoffnung ist das Urteil Gottes, das absolut unabhängig vom Urteil des Menschen ist.[368]

Die zweite Gnade, die wir durch die Ankündigung des Jüngsten Gerichts erfahren, ist das rettende Erscheinen der Bedeutsamkeit eines jeden menschlichen Lebens: in seiner Intimität, seiner Freiheit, seiner Gabe, das Schicksal selbst in die Hand zu nehmen und den Mächten des Himmels, der Erde und der Hölle entgegenzutreten. Diese rettende Bedeutsamkeit des Einzelnen gilt für jedes Leben: auch für das intellektuell einfachste, auch für das sozial bescheidenste, auch für das geschichtlich betrachtet unbedeutendste Leben. Dies ist es, was wir richtig verstehen müssen! Jenes Prinzip der uneingeschränkten Selbstbestimmung und unantastbaren Würde des Einzelnen, auf das der moderne Mensch so stolz ist – es hat seinen Ursprung im Evangelium Jesu, das es jedem menschlichen Wesen – egal welcher Religion – zuerkannt hat! Genau deshalb wird die Offenbarung des »Reichs Gottes« und des »Jüngsten Gerichts« als großartige Nachricht an alle verkündet. Erinnern wir uns an das Erstaunen Petrus' angesichts dieser offenkundigen Bestätigung der göttlichen Heilsoffenbarung. Als er Zeuge geworden war, wie Hauptmann Kornelius und seine Familie den Heiligen Geist empfingen, »[d]a begann Petrus zu reden und sagte: Wahrhaftig, jetzt begreife ich, dass Gott nicht auf die Person sieht, sondern dass ihm in jedem Volk willkommen ist, wer ihn fürchtet und tut, was recht ist.« (Apg 10,34–35)

Nicht ohne Grund wurde in der Verkündung der Heilsoffenbarung und seinen greifbaren Auswirkungen den Armen, Kranken, Besessenen, Sündern, Zöllnern, Leprakranken und Ketzern der Vorrang gewährt. Das Wort und die Geste Jesu weisen uns hier den Weg zum Tor der Barmherzigkeit Gottes, durch das wir schreiten müssen, um in das Himmelsreich zu gelangen. Die Zuhörer reagieren mit Erstaunen auf Jesu Schilderung des Jüngsten Gerichts: Wie kann es sein, dass gerade diese Menschen die Macht haben, ihr eigenes Schicksal vor Gott zu entscheiden, und dass sie gerade von Gott die Zusicherung bekommen, dass er ihren Glauben in diese Möglichkeit behütet? Die religiösesten unter ihnen sind auch ein wenig empört: Wie ist es zu verstehen, dass Jesus sich für die Kranken und Besessenen einsetzt, die doch das offensichtliche Stigma der Verurteilung durch Gott tragen, und ihnen nicht nur ihre Sünden vergibt, sondern auch die Möglichkeit zugesteht, ihr Leben auch vor Gott wieder in die Hand zu nehmen?

Die großen Geister des Christentums haben es alle verstanden – ausnahmslos. Ich erinnere mich gerne an das Zeugnis Blaise Pascals. Als er schon fast am Ende seiner Tage angekommen war und von Schuldgefühlen geplagt wurde, fragte er seine Schwester mehrmals: »Woher kommt es, dass ich noch nie etwas für die Armen getan habe, obgleich ich stets große Liebe für sie hatte?«[369] Er bat darum, man möge mit ihm die Eucharistie feiern, doch da er noch nicht im Sterben lag, blieb sie ihm verwehrt. So sah es die jansenistische Strenge vor. Pascal, im Glauben, nicht mehr lange zu leben, bat die Schwester also: »Da man mir diese Gnade nicht gewähren will, möchte ich sie durch ein gutes Werk ersetzen; und da ich nicht im Haupte kommunizieren kann, möchte ich gerne in den Gliedern kommunizieren; und so habe ich daran gedacht, einen armen Kranken in diesem Hause zu haben, dem man die gleichen Dienste erweist wie mir.«[370] Doch keiner der unheilbar Kranken des nahegelegenen Hospitals, so die Antwort, konnte in sein Haus gebracht werden. Woraufhin Pascal darum bat, ihn zu den unheilbar Kranken zu bringen: Er wollte im Kreise der Armen sterben, wahres Sakrament Jesu Christi.

Eugenio Scalfari beschreibt zuerst in zwei fesselnden Kapiteln die Exequien Voltaires, die in herrschaftlicher Manier abgehalten wurden, mit »einem dreifachen Triumph: an der Accademia, der Comédie-Français und auf den Straßen von Paris«, und dann den Tod Pascals, der zur jansenistischen Spiritualität konvertiert war und im Kreise der Armen sterben wollte, um mit folgenden Worten zu schließen: »Es ist also nicht überraschend, dass ein Atheist, wie ich es bin, auf dieser ideellen Pilgerfahrt zu einigen der größten Geister, die den modernen Gedanken geformt haben, sich dem Einsiedler von Port-Royal oder dem Fürsten der Aufklärung näher fühlt. Die Moral Voltaires ist ein Ersatz für die persönliche Glückseligkeit, die von Pascal zielt direkt auf den Grund der Frage.«[371] Und er zitiert unter anderem einen der *Gedanken* Pascals: »Er ist also elend, weil er es erkennt; aber er ist sehr groß, weil er erkennt, dass er elend ist.«[372] Wie könnte man dem nicht zustimmen?

Das Leben ist eine ernste Angelegenheit, genauso der Tod

Das Leben und der Tod stellen uns noch vor eine weitere Herausforderung. Sollten wir uns nicht fragen, ob es da nicht etwas zu überdenken gäbe, hinsichtlich der Oberflächlichkeit, mit der wir die Wahl zwischen Gut und Böse treffen? Mit anderen Worten: Wäre der Moment, in dem unser Leben zu Ende geht, nicht der richtige, um dessen Sinn zu erfassen und das eigene Wissen über diesen einzigartigen, letzten Moment an denjenigen weiterzugeben, der bei uns weilt? Kann eine Kultur, die für die Anerkennung der Werte der Entscheidungsfreiheit und persönlichen Würde so gekämpft hat, unbeschwert damit leben, dass sich beim Urteil über Gut und Böse, das entscheidend dafür ist, was vorbehaltlos weiterzugeben und zu schätzen ist, eine immer größere Leere auftut? Können wir unseren Kindern wirklich die Lehre mit auf den Weg geben, dass sich mit der Zeit jede Verantwortung in Luft auflöst, selbst wenn die Geschichte sie vergisst und verdrängt? Können wir uns – während wir diese Welt verlassen – mit der Oberflächlichkeit abfinden, dass nicht mehr zwischen Verfolger und Verfolgtem unterschieden wird? Können wir wirklich erwägen, unseren Kindern die Wichtigkeit der freien Selbstbestimmung nahezulegen, und gleichzeitig zulassen, dass nach dem Tod keine Verantwortung für die Konsequenzen mehr zu tragen ist? Wo endet unser vehementes Eintreten für den Schutz der Freiheit, wenn wir uns von der möglichen Einflussnahme auf das Leben bestimmen lassen, wenn wir dem Druck und der Einflussnahme auf den Tod kampflos das Feld überlassen?

Und weiter: Wäre es nicht notwendig, dass wir auch angesichts des Todes wieder die Verantwortung für unser Leben übernehmen und seine Begrenztheit akzeptieren, ohne uns von diesem Gedanken einschüchtern zu lassen, der ein verwundbares und verzagtes Leben dazu anhält, nicht länger zur Last zu fallen? Müssen wir uns nicht gegen den Tod erbittern, der sich der menschlichen Existenz als Übergang aufzwingt? Sollen wir uns deshalb gegen das Leben erbittern, weil wir beschließen, dass diese Schwelle nicht human erlebt werden kann? Den sozialen Druck nähren, der dazu führt, sich seiner eigenen Verwundbarkeit zu schämen und sie als eine der Gesellschaft zu Unrecht auferlegten Last zu betrachten – können wir dies wirklich als einen Beitrag zur Würde der betroffenen Menschen sehen? Ist dies wirklich die Voraussetzung einer rationaleren, freieren und gerechteren Gesellschaft? Einer menschlicheren? Ist dies nicht eigentlich der Moment, in dem die heiligsten und würdigsten Gefühle des Menschen in den Zustand versetzt werden, die Freiheit ihres Treueversprechens zu beweisen, das dem gemeinsamen Feind die Stirn bietet? Die letzte Stunde des Sterbenden ist die Stunde der Wahrheit für das Gerede der Lebenden. Vermögen wir uns den veränderten Blick bis in letzter Konsequenz vorzustellen, den diese Kapitulation auf die verletzten und verzagten Leben lenkt, die auf die Probe stellen, was wir Liebe und Mitgefühl nennen? Soll das Liebesversprechen des Lebens nur so lange verehrungswürdig sein, bis es von der Absehbarkeit des Todes gestört wird? Wir könnten dem noch viele weitere Fragen hinzufügen.

Wir wissen nicht, wieso im Herzen des Menschen die Liebe und der Gerechtigkeitssinn angelegt sind. Angesichts dessen, dass wir sie mit solch großer Leichtigkeit verschwenden, wachsen sie sicherlich nicht aus uns. Und dennoch ruft der Tod uns diese Talente, die uns gegeben wurden, ins Bewusstsein zurück. Wie oft wurden wir versucht, sie zu verbergen, sie nicht zu vermehren, und sind so der Zusage über die Verantwortung für das uns geschenkte Leben nicht nachgekommen? Der Gläubige weiß, dass der Herr an der Zusage festhalten wird – und wir werden mit ihm über das Geschenk sprechen müssen, das er uns gemacht hat. Sicherlich ist es nicht unsere Entscheidung, wie viel Liebe auszulösen unserem Leben bestimmt ist. Doch ohne Zweifel wird jeder geboren, um diese Talente zu mehren. Jesus selbst starb, als alles »vollbracht« war, nicht früher und nicht später. Er, der Gekreuzigte, nahm die Stunde seines Todes an, als er verstand, dass der Vater sie angenommen hatte. Doch er verschied nicht, bevor er – die Hände ans Kreuz genagelt – noch zwei Taten der Liebe vollbrachte, die in diesem Moment unmöglich erschienen: dem guten Räuber das Paradies zu verheißen und seine Mutter und seinen geliebten Jünger einander anzuvertrauen.

Die schwierige Auseinandersetzung mit dem Gedanken an den Tod ist nicht zu kultivieren, um die Vorwegnahme der eigenen Lebensbilanz zu versuchen, bevor das Leben ausgehaucht wird. Genauso wenig sollen wir denken, Gott ließe sich in einem Akt der Willkür Ort und Umstand unseres Übergangs auferlegen, der den Abschluss unserer Berufung (die immer unvollendet bleibt) besiegelt und den Moment unserer Begegnung mit ihm (die nie vorhersehbar ist) bestimmt. Der Gedanke an den Tod sorgt dafür, dass wir unser Leben mit größter Sorgfalt behandeln und es in teilnahmsvoller Nähe verbringen, auf dass ein jeder in jedem Moment zu schätzen vermag, welchen Wert es in den Augen Gottes hat – wie auch immer die Menschen selbst darüber urteilen mögen. Der Tod ist in der Tat eine ernste Angelegenheit! Der Gedanke an ihn führt uns zur Ernsthaftigkeit unseres Schicksals zurück, das Gott in unsere Hände legt, ohne es dabei aus der Hand zu geben. Das Wort Jesu fasst dies knapp, aber in aller Deutlichkeit zusammen: »Mit dem Reich Gottes ist es so, wie wenn ein Mann Samen auf den Acker sät und dann schlafen geht und wieder aufsteht, Nacht und Tag, und der Samen geht auf und wächst empor und er weiß nicht, wie. Von selbst bringt die Erde Frucht, erst den Halm, dann die Ähre, und endlich das volle Korn in der Ähre. Sobald aber die Frucht es zulässt, legt er die Sichel an; denn die Ernte ist da.« (Mk 4,26–29) Nur Gott der Vater kennt den Grad der Reife und die Stunde der Mahd eines jeden Samens seines Reiches. »Seid also wachsam; denn ihr wisst nicht, an welchem Tag euer Herr kommt.« (Mt 24,42)

Esichio il Corebita, ein Mönch des Orients, erfüllt von der Weisheit des Evangeliums, sagte seinen Mitbrüdern gegen Ende seines Lebens, der Gedanke an den Tod hebe die Sünde auf: »Vergebt mir, Brüder, ich kann euch nichts anderes sagen: Es ist unmöglich, dass ein Mensch, der mit Tiefe an den Tod denkt, zu sündigen vermag.«[373] Die Vergegenwärtigung des eigenen Todes – *memoria mortis* nannten es unsere Vorfahren – macht den Menschen also weiser: Es bringt ihn dazu, über sein tägliches Leben zu reflektieren, darüber, wie er sich verhalten soll, und – wenn er sich dem Glauben öffnet – sein Leben dem Herrn anzuvertrauen. Der Verfasser der *Weisheit* sagt uns, warum: »Denn Gott hat den Tod nicht gemacht und hat keine Freude an dem Untergang der Lebenden. [...] Gott hat ja den Menschen zur Unsterblichkeit erschaffen und ihn zum Abbild seines eigenen Wesens gemacht. Durch den Neid des Teufels aber ist der Tod in die Welt gekommen, und die ihm angehören, werden ihn erfahren.« (Weish 1,13 und 2,23–24)

Einander stets begleiten – im Leben wie im Tod

Begleitet sterben

Wie bereits mehrfach erwähnt, müssen wir uns dringend wieder auf eine Kultur der (Sterbe-)Begleitung besinnen, die es uns ermöglicht, an der Seite dessen zu bleiben, der dem Tod entgegengeht. Für Christen ist es hilfreich, sich genauer bewusst zu machen, was in jener Donnerstagnacht am Ölberg geschah, als Jesus, von Todesangst ergriffen, von den drei Jüngern verlassen wurde, obwohl er sie um Beistand gebeten hatte: »Meine Seele ist betrübt bis in den Tod; bleibt hier und wacht mit mir!« (Mt 26,38) Sie indes schliefen ein und ließen ihn allein. Die Sterbenden allein lassen: Ist das inzwischen nicht sowieso zur Regel geworden? Die meisten Menschen sterben allein, ohne jemanden an ihrer Seite. Und leider wissen viele, zu viele nicht mehr, wie sie einem Sterbenden Beistand leisten können, ihnen fehlen sowohl die Worte als auch die Hoffnung. Daher verzichten sie lieber von vorneherein darauf, ihn zu begleiten. Paul Ricœur – und mit ihm die riesige Zahl derer, die sich gegen die Gleichgültigkeit auflehnen und sich dafür entscheiden, den Sterbenden zu begleiten[374] – schreibt, *jemanden begleiten* sei wohl die passendste Bezeichnung für jene Einstellung, den Sterbenden als einen Menschen zu sehen, der bis zum Tod um sein Leben kämpfe, und nicht als einen Sterbenskranken, der bald tot sein werde.[375]

Unter Begleitung versteht der französische Philosoph

eine innige Verbindung aus Aufmerksamkeit, Verständnis, Freundschaft und Treue, aus der ein einzigartiges Geben und Nehmen von Liebe zwischen dem Sterbenden und dem, der ihn begleitet, erwächst. Die christliche Tradition der Begleitung schöpft reiche Inspiration daraus, im Kranken Jesus selbst zu sehen und ihn, wie auch immer, für das »ewige Leben« Gottes Hand anzuvertrauen. Solch eine Aussicht versprechen fast alle Religionen. Man könnte fast sagen, dass das »ewige Leben«, wenn auch in verschiedenen Ausprägungen, der gemeinsame Nenner aller religiösen Glaubensrichtungen ist. Auf jeden Fall hilft der Glaube, das Mysterium des Todes mit Weisheit zu leben.[376] Kardinal Martini sagte: »Nur der Blick nach oben und darüber hinaus macht es möglich, die Gesamtheit unserer Existenz zu würdigen und sie nicht nur unter rein irdischen Kriterien, sondern unter dem Mysterium der Barmherzigkeit Gottes und dem Versprechen des ewigen Lebens zu beurteilen.«[377] Eine ähnliche Sicht vertreten auch etliche Nichtgläubige, die dennoch den Wunsch nach einem innerweltlichen spirituellen Horizont verspüren, um den Tod als Teil der menschlichen Existenz begreifen zu können.[378]

Die Beziehungsgeschichte von Christentum und Tod ist vor allem wegen ihres außergewöhnlichen Reichtums aus spiritueller, theologischer und menschlicher Sicht spannend. Von Anbeginn an hat der christliche Glaube die heidnische Tradition, auch wenn er einige ihrer Bräuche wie das ägyptische und römische Leichenbankett übernahm, grundlegend verwandelt, indem er neue Riten erschuf, die auf das Leben und die über den Tod hinaus fortdauernde Gemeinschaft mit dem Sterbenden ausgerichtet waren. Insbesondere die Lehre des heiligen Augustinus war dabei für die christliche Seelsorge von immenser Bedeutung, wie sich schon anhand der kurzen Schrift *De cura pro mortuis ge-*

renda ersehen lässt, in der er auf einige Fragen des Bischofs Paulinus von Nola antwortet. Da wir uns an dieser Stelle nicht tiefer mit der überaus reichen Tradition auf diesem Gebiet befassen können,[379] soll hier nur einer der wichtigsten Aspekte in Erinnerung gerufen werden, nämlich eben die Begleitung des Sterbenden. Hierin sind sich das Christentum des Westens und des Ostens einig:[380] Niemand stirbt allein und ohne Hoffnung auf eine neue Welt.

Trotz einiger Veränderungen im Lauf der Jahrhunderte war und ist die Sterbebegleitung eine feste Konstante des christlichen Glaubens. Jedes Mal, wenn ein Gläubiger stirbt, versammelt sich das ganze Universum um ihn: die Dreifaltigkeit, die Chöre der Engel und die Heiligen, die irdische Kirche und das gesamte Menschengeschlecht aller Zeiten – alle eilen sie ans Krankenlager des Sterbenden. In der Theologie wird diese Versammlung als *Communio sanctorum*, als »Gemeinschaft der Heiligen« (besser gesagt: der Gläubigen) bezeichnet. Ich möchte hier nur ein altes Gebet wiedergeben, das den Gläubigen noch heute im Augenblick des Übergangs begleitet:

Brich auf, christliche Seele, von dieser Welt,
im Namen Gottes, des allmächtigen Vaters,
der dich erschaffen hat,
im Namen Jesu Christi, Sohn des lebendigen Gottes,
der für dich gestorben ist,
im Namen des Heiligen Geistes,
der über dich ausgegossen worden ist.
Im Namen der Engel und der Erzengel,
im Namen der Throne und der Herrschaften,
im Namen der Fürstentümer, der Gewalten und aller
himmlischen Mächte,
im Namen der Cherubim und der Seraphim,

im Namen des ganzen Menschengeschlechts, das in Gott
aufgenommen wurde,
im Namen der Patriarchen und der Propheten,
im Namen der Apostel und der Märtyrer,
im Namen der Bekenner und der Bischöfe,
im Namen der Priester, der Leviten und aller Würden-
träger der katholischen Kirche,
im Namen der Mönche und der Eremiten,
im Namen der Jungfrauen und treuen Witwen.
Mögest du heute deinen Platz im Frieden finden und möge
deine Heimstatt das himmlische Jerusalem sein.

Der Tod wird als das persönlichen Passah, als Übergang des
Gläubigen in den Himmel Gottes erlebt. Die Familie und die
Glaubensgemeinschaft versammeln sich um den Sterben-
den: Während sein Körper zerfällt, bildet sich in gewissem
Sinne um ihn herum ein spiritueller und sichtbarer Körper –
der Körper der himmlischen und irdischen Kirche. Diese
Dimension der Gemeinschaft des Todes hat sich im Lauf
der Jahrhunderte zwar immer wieder auf unterschiedliche
Weise manifestiert, doch der Sinn der Sterbebegleitung ist
dabei stets derselbe geblieben. Sie hat nicht nur die unmittelbar Betroffenen von ihren Ängsten befreit, sondern die
Organisation der Gesellschaft selbst geprägt. Wir haben es
hier mit einem bedeutenden Kapitel religiöser und menschlicher Weisheit zu tun, die Generationen von Gläubigen geprägt hat.[381] Umso wichtiger wäre es, daraus eine Lehre zu
ziehen. Ich frage mich: Kann eine Gesellschaft tatsächlich
menschlich bleiben, wenn sie nichts mehr über den Tod zu
sagen weiß, über den der eigenen Lieben, der Kleinen, der
Unschuldigen und über die Existenz der Hinterbliebenen?

Die christliche Erfahrung lehrt, dass jene Sterbebegleitung, die sich aus dem Glauben speist, das Herz desjenigen,

der an der Seite des Sterbenden bleibt, tief zu berühren vermag. Allein die Erzählung von Mutter Teresa aus Kalkutta macht dies deutlich. »Eines Tages«, schreibt sie, »sammelte ich einen Mann auf, der in einer Abwasserrinne lag. Über seinen ganzen Körper krochen Würmer. Ich brachte ihn in unser Hospiz, und was sagte er dort als Erstes? Er fluchte nicht, er schimpfte nicht. Er sagte nur: ›Ich habe gelebt wie ein Tier, aber sterben werde ich wie ein Engel, wie jemand, der geliebt worden ist und um den sich jemand gekümmert hat.‹ Es waren drei Stunden nötig, um ihn zu säubern. Am Ende hob er den Blick zur Schwester, sagte: ›Schwester, ich kehre heim, zu Gott‹, und starb. Nie zuvor hatte ich ein solch strahlendes Lächeln wie das im Gesicht dieses Mannes gesehen [...] Vielleicht war es der jungen Schwester in diesem Moment nicht bewusst, aber sie hatte den Leib Christi berührt.«[382]

Die Christen der Ostkirche versammeln sich mit einem ausgeprägten Bewusstsein für die Auferstehung um den Sterbenden und seinen Körper.[383] An Ostern betet man für alle Verstorbenen, besucht die Friedhöfe, um Auferstehungslieder zu singen. In Russland kann man in den Kirchen geöffnete Särge sehen: Dort liegen die Toten, man umarmt sie noch ein letztes Mal, küsst sie und vertraut sie dann »im Gedenken« Gott an, während ganz in der Nähe Kinder getauft werden. In Rumänien, um noch ein Beispiel zu nennen, richten viele schon im Voraus ihren Sarg und die Kleidung für ihre eigene Beerdigung her, und diesen Vorbereitungen haftet nichts Dunkles oder Makabres an. Auf dem Friedhof bereiten sie selbst ihr eigenes Grab vor: Ein schlichtes Kreuz mit Namen und Geburtsdatum, das Einzige, was fehlt, ist das Todesdatum. Diese Friedhöfe sind tatsächlich Orte des Friedens, der Ruhe, der Sammlung, an denen der Tod, wie der heilige Paulus sagt, »seinen Stachel« verloren hat. (1 Kor 15,55)

Der Verstorbenen »gedenken«: für eine Fortdauer der Beziehungen

Was aber bedeutet es eigentlich, der Verstorbenen zu gedenken? Welche Bande widerstehen dem Tod? Aus Sicht der Begleitung, die den Sterbenden liebevoll zu umarmen versucht, erleuchtet der Glaube das Mysterium eines Lebens, das nicht unbegrenzt lange in der Prüfung verharren, aber auch jenseits der Prüfung nicht unvollendet bleiben kann. Die christliche Spiritualität stellt auch den Tod in einen Horizont der Versöhnung mit dem gelebten Leben, die seine empfundene Unvollkommenheit bewältigt und es dazu bringt, Beziehungen, die sich in einem Schwebezustand befinden, zu vollenden. Die Kirche ermutigt – gerade in der Liturgie – dazu, das Wissen um die »Gemeinschaft der Heiligen« lebendig zu erhalten, wird diese doch zur Erfahrung einer Ausweitung der Liebe, die denjenigen, der auf dieser Welt zurückbleibt, mit dem, der hinübergegangen ist, verbindet. Der Tod bedeutet den Übergang zu dem, was Jesus als das »Reich Gottes« verkündet, den Horizont, in dem der Samen in der Erde vollkommen aufgeht, ohne weiter vom Bösen bedroht zu sein. Dort werden die Tränen getrocknet, die Wunden geheilt, die nicht gesprochenen Worte wiedergefunden, die gegenseitige Schuld erlassen werden.

Es ist wichtig, die Lebenskraft dieses »Übergangsraums« wiederzuentdecken. Die Vorstellung vom Tod als Übergang hat ihre Wurzeln bereits in den antiken Kulturen. Schon Seneca sagte: *mors aut finis aut transitus* (»Der Tod ist entweder Ende oder Übergang«). So gesehen, zeigt der Tod ein unvollendetes Leben, er steht nicht für ein Nichts, in dem das Leben sich auflöst, als hätte es nie existiert. Wie viel Energie (und dazu maßloses Gerede) haben wir in den letzten Jahrzehnten in die Bemühungen gesteckt, die Verantwortung, die der Tod uns unwiderruflich aufbürdet, durch die sogenannte Trauerarbeit zu ersetzen, die uns letztendlich gänzlich mit der Annahme versöhnen soll, dass das Leben sich eben zwangsläufig verbrauche. Den Tod zu bewältigen bedeutet im ursprünglichsten Sinne jedoch vielmehr, dass das Leben, dessen Bestandteil er ist, heiter zurückgelassen werden kann. »Sich damit abfinden«, sagt man. Nicht mit dem Leben, sondern mit dem Tod. Wir können nichts mehr tun! Ich sage: Nein, das glaube ich nicht! Wir können – und wir müssen – im Gegenteil vieles tun, wenn das Leben eines Menschen kein Scherz ist, dem wir, kaum ist es beendet, keine Beachtung mehr schenken müssen.

Wir stehen in der Schuld des Lebens, das der Tod über die Grenzen der Zeit hinausführt. Auch wenn wir diese Schuldigkeit im Leben unterschätzt haben, fordert uns der Tod jetzt auf, sie zu erfüllen. Unser eigenes Leben gewinnt oder verliert in den Augen der kommenden Generation an Glaubwürdigkeit, abhängig von der Ernsthaftigkeit, mit der wir uns an dem beteiligt fühlen, was im Leben unvollendet bleibt – und wird honoriert von jemandem, der es zu Ende führt. Der Tod eines Menschen darf nicht vergeudet werden, wenn wir nicht wollen, dass sein Leben vergeudet sei.

Nicht nur die Kulturen der Antike, auch viele heutige hatten und haben ein Gespür für den gegenseitigen Ausgleich der menschlichen Unvollkommenheit auch über den Tod hinaus, das wir selbst ebenfalls besessen haben – und das wir im Begriff sind zu verlieren. Die Überzeugung, dass die Seelen unserer Verstorbenen keinen Frieden finden und in unsere Leben keine Gerechtigkeit einziehen werde, wenn wir nicht in ihrem Namen jene würdigen, die sie selbst nicht würdigen konnten, enthält eine tiefe Wahrheit. Es ist der

Wunsch nach einer besseren Welt. Sogar die Disziplin der Psychoanalyse wendet sich diesem Thema wieder zu, indem sie sich (klar abgegrenzt von jedweder pathologischen Geisteresoterik) ernsthaft mit dem unterschwelligen Bewusstsein auseinandersetzt, dass es wichtig sei, sich mit jenem Vermächtnis und jener Unvollkommenheit auseinanderzusetzen, die ein elementarer Bestandteil unserer bleibenden Beziehung mit den Kranken sind, nachdem sie die Barriere des Todes einmal überschritten haben.[384]

Abgesehen vom Risiko einer etwaigen Vermischung der Ebenen, ist das Vorhandensein dieser Instanz der Versöhnung und des gegenseitigen Ausgleichs, welche die Initiation eines Lebens, das nicht unvollständig bleiben darf, läutern und zur Vollendung bringen muss, nicht uninteressant. Es geht hierbei nicht so sehr um eine Frage des »Gedenkens« oder des Nicht-Vergessens. Es geht vielmehr um die Frage der »Erneuerung«: Darum, dass die Initiation, der Preis für das Leben, Früchte tragen möge und dass die Schäden, die diese verursacht hat, repariert werden. Um den Preis der Vergebung der Schuld und einer zweiten Geburt wie auch durch den endgültigen Abschied von all dem, was eine unerträgliche Last dargestellt hat, eröffnet sich ein Weg zum unsterblichen Leben. Wenn auch nur die Möglichkeit besteht, dass diese Last im entscheidenden Moment in all ihrem Schrecken offenbar werde und danach verlange, zum Preis einer gerechten Läuterung getilgt und geheilt zu werden, werden wir die Angelegenheit vertreten. Wir wollen einen Horizont des ewigen Lebens nicht auf den Opfern der Menschen bauen, auf denen ihrer Körper und Seelen. Das Leben der Toten ist Teil unseres Lebens: Wir werden alles daransetzten, um es in seiner Gnade zu entfalten, und wir werden uns der Verantwortung stellen, an seiner Läuterung teilzuhaben.

In der Tradition der sogenannten »Werke der Barmherzigkeit«, die heute aufgefordert ist, erneut zur tiefen Weisheit und humanistischen Kraft ihrer überlieferten Ausdrucksformen zurückzufinden, finden wir eine wunderbare Formulierung: »Für die Lebenden und die Toten beten«. Für alle also. Ist sie nicht wunderschön, diese gemeinsame Nennung, die nichts Trennendes mehr hat? Das Gebet macht keinen Unterschied mehr zwischen den Lebenden und den Toten, es ist für alle gleichermaßen wichtig, gleichermaßen wertvoll. Es erachtet alle menschlichen Wesen unserer Unterstützung und der Treue unserer Bindungen für würdig. Das Gebet behandelt all die Lebenden und die Toten wie Geschöpfe, die des Schutzes bedürfen – unter dem liebevollen Blick Gottes, in der Hoffnung auf ihren Bestimmungsort, den Schoß Gottes. Das Gebet überlässt die Lebenden nicht ihrem Schicksal. Es schreibt die Toten nicht einfach ab, als seien sie ein endgültig verlorener Passivposten. Können wir die Lebenden allein zurücklassen, während sie sterben, ohne das Wort Gottes in seiner Tiefe zu erfassen, das über uns richtet – genau wegen dieser unserer Abkehr?

Die Sterbebegleitung erlaubt es jedem Einzelnen und uns allen, den Tod derer nicht als vergeblich zu erleben, die uns vorausgehen: im Zeichen dieses Glaubens und in der Fortdauer dieses Vermächtnisses der Versöhnung des Lebens mit sich selbst. Gott hat es gelebt. Der gekreuzigte Sohn verschafft den dienstbeflissenen Komplizen des Todes keinerlei Triumph. Doch er verzichtet nicht darauf, allen das Vermächtnis seines Todes – seines Lebens – zu übergeben, das vollendet werden muss. Mit dem Abendmahl reicht er es an die Jünger weiter, damit das Band der Beziehung nicht zerreißen und das Gefühl der Erwartung nicht schwinden möge, an keinem Punkt. Die barmherzige Geste des Schächers, die Jesus in der Stunde seines Todes begleitet, erlöst ein ganzes Leben. Die Mutter und der Jünger werden sich gegenseitig anvertraut, um für die Fortdauer der vom Herrn geschaffenen Bande zu sorgen, die genau sein Tod nun unabdingbar für die Erfüllung seiner Mission werden lässt.

Sich an der Hand halten

Das Geschenk, sich gegenseitig zu begleiten, sich als Kranker und Gesunder aneinander zu binden, ist bezeichnend für das Paradigma des menschlichen Lebens. Dieser Horizont ist es, innerhalb dessen sich meiner Meinung nach die Debatte über die Euthanasie entfalten muss. Leider steht jedoch oftmals die ideologische Polarisierung im Vordergrund, die das Thema nur noch aus einer rein juristischen Perspektive betrachtet, als ließe sich das Leben und sein Mysterium allein mit gesetzlichen Normen fassen. Es mag durchaus sein, dass auch eine juristische Regelung vonnöten ist, und sei es nur, um Übergriffe und Gewaltakte zu vermeiden. Dennoch halte ich es für äußerst gewagt, die Lösung der entscheidenden Fragen über Leben und Tod einem Gesetz zu überantworten oder gar von ihm zu erwarten. Auf jeden Fall wird kein Gesetz dieser Welt – selbst dann nicht, wenn es notwendig erscheint, um Übergriffe zu vermeiden – in der Lage sein, den Sinn des letzten Wegs der menschlichen Existenz zu enträtseln. Nur eine tiefgründige, umfassende Reflexion, die vielleicht auch zu hitzigen Diskussionen führen mag, kann den Anstoß zu einer verantwortungsbewussten Suche nach einer Antwort geben, die auch die juristische Ebene miteinbezieht. Übrigens wird die Ver*bind*lichkeit des Gesetzes, wenn es nicht auf der *Bindung* zwischen den Menschen gründet, zu einer rein äußerlichen

Haltung, die überdies der notwendigen Mühe der Verantwortung enthoben ist.

Wir haben von jener Forderung nach Euthanasie gesprochen, die sich auf das Mitleid, die Würde und die Freiheit beruft. Doch auch die Existenz von Normen, die über das Wie dieser schwierigen Übergänge wie das Sterben und die Sterbebegleitung entscheiden, enthebt den Menschen – und damit ist nicht nur der Kranke gemeint – mitnichten seiner elementaren Verantwortung. Keinen von uns. Jeder braucht den anderen, vor allem in den schwierigsten Momenten. Das Prinzip der Gegenseitigkeit unserer Beziehungen bestimmt sowohl das Leben eines jeden Einzelnen wie das sämtlicher Gesellschaften, vor allem in den höchsten Momenten des Lebens.

Der kranke Mensch, der dem Tod entgegengeht, braucht die Nähe des gesunden Menschen, um sich als Teil seiner Gemeinschaft, als Teil aller Lebenden, seien sie gesund oder krank, zu fühlen. Wer gerade im tragischen Moment des Schmerzes allein gelassen wird, bittet schneller darum, dass man ihn von jenem Leben, aus dem er sich sowieso schon ausgeschlossen fühlt, erlösen möge. Georges Bernanos hat vollkommen recht mit seiner bitteren Feststellung: »Ihr könnt einen Unglücklichen nicht vom Selbstmord zurückhalten, indem ihr ihm beweist, dass der Selbstmord eine gesellschaftsfeindliche Handlung ist, denn der arme Teufel will ja gerade durch den Tod einer Gesellschaft, die ihn anwidert, entfliehen.«[385] Sollten wir es nicht als unsere Pflicht ansehen, dem Sterbenden den ihm gebührenden Ehrenplatz im Schoß der Familie und der Gesellschaft einzuräumen? Stattdessen helfen wir ihm nicht einmal im Entferntesten, sich nicht als Last zu empfinden. Dabei müssten wir ihm doch viel eher das Gefühl seiner Würde vermitteln. Eine solche Wahlmöglichkeit tut sich indes erst auf, nachdem sich eine Kultur des gemeinschaftlichen Miteinanders etabliert hat.

Marie de Hennezel hat viele Stunden an der Seite Sterbenskranker verbracht, die nicht unterschiedlicher hätten sein können (sei es von ihrem Alter, ihrem Glauben, ihrem persönlichen Zustand her) und die doch alle durch ihr gemeinsames Schicksal, durch ihr Leiden auf der Schwelle des Todes geeint waren. Sie schreibt: »Auch wenn der Tod greifbar nahe ist, wenn Trauer und Leid dominieren, kann es Leben, Glück und Gefühle von nie gekannter Tiefe und Intensität geben.«[386] Und sie fährt wie folgt fort: »Wir leben in einer Welt, die den brutalen, unbewussten oder zumindest schnellen Tod, der das Leben der Angehörigen möglichst wenig stört, als ›guten Tod‹ bezeichnet. Daher scheint mir ein Zeugnis über den Wert dieser kostbaren letzten Lebensphase, über das unglaubliche Privileg, dieser Phase beiwohnen zu dürfen, nicht überflüssig. Ich erhoffe mir sogar, zu einer Veränderung der Gesellschaft beizutragen: einer Gesellschaft, die, statt ihn zu leugnen, den Tod in das Leben integriert; eine humanere Gesellschaft, in der wir mit dem Wissen um unsere Sterblichkeit dem Wert des Lebens mehr Respekt entgegenbringen.«[387]

Die Hand des Sterbenden zu halten zählt als eine der vordringlichsten und wichtigsten menschlichen Aufgaben, derer es sich wieder zu besinnen gilt. Leider ist es heute ein Leichtes, wie in einer allgemeinen Flucht vor dem Tod zu fliehen, »jeder für sich«, nur um nicht die Verlegenheit einer Situation verspüren und vor allem erleben zu müssen, für die es keine Worte mehr gibt.

Vor vielen Jahren hat mich die Aussage einer jungen Krankenschwester, die im Sterben lag, tief ergriffen. Sie schrieb ihren Kolleginnen, die ihr Zimmer stets etwas verlegen betraten und wieder verließen, die folgenden Worte:

»Ihr geht in meinem Zimmer ein und aus, bringt mir die Medikamente, messt meinen Blutdruck. Ist es vielleicht, weil ich selbst Krankenschwester bin, oder einfach, weil ich ein menschliches Wesen bin, dass ich eure Angst fühle? Diese Angst überträgt sich auf mich. Wovor habt ihr Angst? Ich bin es doch, die stirbt. Ich weiß, ihr seid unsicher, ihr wisst nicht, was ihr tun, was ihr sagen sollt. Aber glaubt mir, ihr macht nichts falsch, wenn ihr an meinem Tod teilhabt. Ihr erkennt für einen Moment an, dass ich euch wichtig bin (genau das wünschen wir Sterbenden uns alle): Bleibt bei mir, geht nicht weg, wartet mit mir. Alles, was ich möchte, ist, dass jemand da sein wird, der meine Hand hält, wenn ich es brauche. Ich habe Angst.«[388]

Bedauerlicherweise ist es auch in solchen Fällen leichter, sich auf sich selbst als auf die Nähe zu dem zu konzentrieren, der sie so dringend benötigen würde. Der Individualismus führt dazu, dass wir meinen, auf uns allein gestellt zu sein, auch im Hinblick auf unser persönliches Schicksal. Ich glaube nicht, dass wir dadurch mehr Freiheit gewonnen haben. Wir sind im Gegenteil noch ärmer geworden. Niemand möchte allein sterben. Wir alle wünschen uns, dass uns in den schwierigen Momenten des Lebens, vor allem aber im Augenblick des Todes, jemand begleiten möge. Wie sagt Olivier Clément so richtig voller religiöser und menschlicher Klugheit: »Wir wissen sehr wohl, dass jedes Wort, jede Geste die letzten sein könnten, wenn einer unserer Lieben dem Tod nahe ist. Das kleinste Zeichen der Aufmerksamkeit birgt dann das ganze Gewicht der menschlichen Gemeinschaft in sich, jener Gemeinschaft, nach der wir uns sehnen, die wir aber so gut wie jeden Tag meiden.«[389]

Es wäre daher gut, wenn sich die Menschen wieder angewöhnen, bereits während des Lebens die Nähe zueinander zu suchen. Und auch den Schwachen und Gebrechlichen nahe zu bleiben, deren Kräfte schwinden. Wenn sich eine Kultur der Begleitung als weitverbreitete, gängige Praxis durchsetzen würde, dürfte es mit Sicherheit viel einfacher werden, an der Seite des Sterbenden zu bleiben. Die zunehmende Einsamkeit und immer tiefere Verlassenheit im Moment des Todes lässt sich durch die immer seltener werdenden Bindungen und den rapiden Schwund an selbstlosen Beziehungen erklären. Es ist schwer, urplötzlich Abgründe der Gleichgültigkeit, das Vakuum nicht vorhandener Beziehungen, die Sprachlosigkeit zu überbrücken. Wer sich dem Tod nähert, fühlt nicht nur das Leben, sondern auch die Anwesenheit der anderen schwinden. Gerade Ärzte und Pflegekräfte müssen sich ihrer Verantwortung stellen und wieder lernen, dem Sterbenden zuzuhören und eine Beziehung zu ihm aufzubauen. Und auch die Verwandten und Freunde sind in der Pflicht, ihren sterbenden Lieben Beistand zu leisten, und sei es auch nur durch eine einfache Geste der Verbundenheit, indem man zum Beispiel die Hand des anderen hält. Vor dem schwindelerregenden Abgrund des Todes ist dieses »Hand in Hand« von unvorstellbarem Wert: Es steht für Zusammengehörigkeit, Liebe, Sicherheit, Dauerhaftigkeit. Die Liebe, die durch streichelnde, säubernde, helfende, gegen Schmerz und Todesangst kämpfende Hände vermittelt wird, besiegt auf eine gewisse Art den Tod. Der Tod setzt dem Leben in der Tat ein Ende, nicht aber der Verbundenheit.

Die Liebe ist stärker als der Tod

Das Geschenk der Begleitung ist für beide Seiten ein Gewinn: Es erlaubt dem, der stirbt, bis zum Ende lebendig zu bleiben und bereits auf der Schwelle des Todes (als Gläubiger könnte man sagen »im Voraus«) die Liebe zu kosten, die ihn erwartet; und es ermöglicht dem, der ihn begleitet, etwas aus der Schwäche des Sterbenden zu lernen. Es ist ein gegenseitiges Geben und Nehmen: Ein jeder begreift, dass er den anderen braucht. Der Tod lässt sich nur schwer verstehen, wenn man die eigene Schwäche, die eigenen Grenzen nicht kennt, kurzum, wenn man nicht demütig ist. Liebe ist Demut und Annahme des anderen. Indem wir die sterbende Person begleiten, bringen wir zum Ausdruck, welche Bedeutung sie für uns hat. Auch in diesen Stunden ist sie keine Last, sie ist ein Geschenk. Und wenn es ihr noch möglich ist, aus unseren Blicken, unseren Händen, unseren Gesten die Zuneigung abzulesen, die wir für sie empfinden, wird sie erfassen, wie groß ihre Würde und wie wichtig sie für uns ist. Das wiederum wird nicht nur sie trösten, sondern uns auf eine solche Art Trost spenden, wie wir sie niemals für möglich gehalten hätten. Somit macht der, der stirbt, demjenigen, der an seiner Seite verweilt, ebenfalls ein Geschenk. Auch in diesem Fall bewahrheiten sich die Worte Jesu voll und ganz: »Geben ist seliger als nehmen.« (Apg 20,35)

Das Evangelium der Liebe gibt uns bis zum Ende zu verstehen, dass unsere Glückseligkeit untrennbar mit dem Trost dessen verbunden ist, dem wir helfen und den wir begleiten. Wer begleitet wird, schenkt wiederum dem, der ihm nahe bleibt, seine Gesellschaft, bis schließlich kaum mehr zu unterscheiden ist, wer begleitet und wer begleitet wird, wer dient und wer bedient wird. Der Sterbende braucht die

Liebe dessen, der ihn begleitet, wie der Gesunde den Sterbenden braucht, um den Sinn des Lebens noch besser zu begreifen. In der langen Tradition des Christentums wurde und wird betont, dass die Schwächsten, die Leidenden, die Todkranken das »Fleisch« des leidenden Christus seien, also ein reales Sakrament Christi. Papst Franziskus wird nicht müde, uns zu erinnern: Wer die Armen und die Leidenden berührt, berührt den Körper Jesu selbst. Und die Armen sollen berührt, sollen angeschaut werden. Anstatt wie Luft behandelt zu werden.

Die immer seltener werdende Begleitung der Sterbenden ist einer der Gründe dafür, dass in unserer heutigen Zeit die menschliche Dimension des Lebens unterzugehen droht. Sich auf diese Dimension zurückzubesinnen heißt, wieder an jenen neuen Humanismus anzuknüpfen, den wir alle so dringend benötigen, um besser zu leben und würdig zu sterben.

Zum Ausklang:
Hin zu einer öffentlichen Debatte

Ich komme nun zum Abschluss meiner Seiten – wenngleich gewiss nicht zum Schluss der Debatte, von der ich hoffe, dass sie weiter intensiv vorangetrieben werden möge – und lege sie all denen ans Herz, die sich in der Verantwortung sehen, für die Würde aller Menschen dieser Welt, unabhängig von deren Alter oder deren Umständen, einzustehen und sie zu fördern. Dies ist der Horizont, innerhalb dessen ich meine Gedanken darlegen wollte, wie aus dem Untertitel meines Buches hervorgeht. Ursprünglich hatten einige meiner Freunde aus der Gemeinschaft Sant'Egidio und ich beabsichtigt, der öffentlichen Meinung einige Reflexionen anzubieten, die in aller Deutlichkeit jene dramatischen Konsequenzen mancher Entscheidungen zur Euthanasie aufzeigen, wenn die humanistische Sicht der Gesellschaft und der Sinn von Leben und Tod außen vor gelassen werden. Einige europäische Länder liefern uns beredte Beispiele, welche Verwerfungen dies nach sich ziehen kann. Doch bereits zu Beginn meiner Überlegungen wurde mir bewusst, dass es notwendig sein würde, den Rahmen der Debatte zu erweitern, indem man die ideologischen Scheuklappen ablegte und gesetzgeberischen Dringlichkeiten auswich. Mir erschien es oberflächlich und vor allem riskant, Fragen bezüglich des Lebensendes zu behandeln, ohne dabei eine humanistische und weise Sicht der menschlichen Existenz und somit auch ihrer letzten Phase zu berücksichtigen.

Ich möchte nochmals hervorheben, wie viel die Gemeinschaft Sant'Egidio durch ihren Erfahrungsschatz zu diesen Seiten beigesteuert hat. Ihre langjährige aufmerksame, liebevolle und fürsorgliche Begleitung alter Menschen und Sterbender, unter denen aufgrund der hohen Sterblichkeitsrate wegen Aids auch viele Jüngere waren, machte es dringend erforderlich, geeignete Gesten und Worte zu finden, die in der Lage sein würden, die Herzen zu erwärmen und den Menschen in den schwierigsten Momenten des Lebens und des Todes Trost zu spenden, vor allem, wenn sie von bitterem Leid gezeichnet waren. Die aus der Begleitung dieser Menschen gewonnenen Erfahrungen haben zu einem reichen Wissensschatz geführt, der dabei hilft, den Menschen, die an der Schwelle zum Tod stehen, leidenschaftlich und folglich mit größter Aufmerksamkeit beizustehen. Die Wurzeln dieses Weisheitsschatzes, die eindeutig dem Boden des Evangeliums entspringen, vermögen eine Kultur der Nähe und der Begleitung zu nähren, welche die gesamte Gesellschaft reifen lässt. In diesem Sinne wünsche ich mir, dass eine Debatte in Gang kommen möge, welche die Fragen zu Leben und Tod innerhalb eines humanistischen Horizonts klärt. Eine globalisierte Gesellschaft braucht humanistische Perspektiven, in denen die Würde, sei es die des Lebens oder die des Sterbens, ihren Platz hat. Dies ist die Herausforderung unseres neu begonnenen Jahrtausends. Im Lauf der Jahre bin ich mehr und mehr zur Überzeugung gelangt, dass wir jene uralte (und heute etwas verloren gegangene) Fähigkeit wiedererlangen müssen, die uns lehrt, nicht nur mit den Anwesenden, sondern auch mit den Abwesenden, mit denen, die schon von uns gegangen sind, zu leben. In einer alternden Gesellschaft könnte dies der Schlüssel sein, um zu leben, anstatt sich als Überlebender zu fühlen, und um die menschliche Größe all derer weiterzugeben, die uns verlassen haben.

Ich möchte diese Seiten insbesondere allen Christen ans Herz legen, auf dass wir gemeinsam eine neue verheißungsvolle Antwort auf die Fragen der letzten Dinge finden mögen. Wir alle verspüren den dringenden Bedarf an neuen Worten und passenderen Perspektiven zur Verkündung. In einer Welt ohne Visionen fällt es den Christen, die immer noch zu sehr auf sich selbst rückbezogen sind, schwer, der heutigen Gesellschaft die Prophezeiung des Evangeliums in ihrer ganzen Breite und Tiefe zu vermitteln. Papst Franziskus drängt uns mit aller Macht hin zu dieser Grenze, indem er uns einlädt, die »Randgebiete« unserer Welt zu erkunden. Wir befinden uns in einem kritischen Moment der Menschheitsgeschichte: Einerseits schreitet die Globalisierung der Welt immer weiter fort, andererseits finden wir keine treffenden Worte, um die quälenden Konflikte zu lösen und uns in einer weltumspannenden Vision zu vereinen. Die Kirche – »auf Grund ihrer Erfahrung in allem, was den Menschen betrifft«,[390] wie Papst Paul VI. zu sagen pflegte – muss diesen historischen Moment nutzen, um sich auf Altes und Neues aus ihrem Weisheitsschatz zu besinnen und auf diese Weise ihren Beitrag zur Menschlichkeit zu leisten und gemeinsam eine humanere und solidarischere Zukunft zu gestalten. Ebenso gilt es den Dialog zwischen den verschiedenen christlichen Traditionen hinsichtlich dieser Themen zu intensivieren, um neue theologische und pastorale Gedanken zu den »letzten« Dingen zu entwickeln, die die Menschen zu erreichen vermögen. Die orthodoxe Kirche beispielsweise könnte nicht wenig von der langen Erfahrung des westlichen Christentums profitieren, das sich auch auf diesem Gebiet mit den Humanwissenschaften auseinandersetzt. Die westliche Kirche, sei es die katholische oder evangelische, könnte dagegen viel aus der Auseinandersetzung mit der »apophatischen« Dimension der orthodoxen Theologie gewinnen, welche die verborgenen Mysterien der »letzten« Themen von Leben und Tod genauer betrachtet.

Ebenso muss der Dialog zwischen dem Christentum und der säkularen Kultur zu neuer Stärke und neuem Mut finden. Wie auch jener mit den großen Weltreligionen und ihrem Wissen. Im Verlauf dieser Seiten hat sich eine gedankliche Auseinandersetzung mit vielen Vertretern dieser anderen Kulturen als unerlässlich erwiesen, auch wenn sie manchmal recht kurz ausfiel.

In der derzeitigen Umbruchphase der Geschichte, in der es den Gesellschaften vor allem an Visionen mangelt, ist eine Allianz aller unabdingbar, die es sich zum Ziel macht, einen gemeinsamen Horizont auszumachen, an dem sich der Sinn des Lebens und des Sterbens messen lässt. Allerdings wird es ohne aufmerksame und auch mutige Überlegungen, an denen alle – die gesamte Gesellschaft und nicht nur die großen Geister – beteiligt werden, kaum möglich sein, zu diesem Horizont vorzustoßen. Dabei gilt es diese Erwägungen auf umsichtige und weise Art anzustellen, anstatt sich von einer Welle (künstlich) aufgeblasener Notfälle mitreißen zu lassen. Wir dürfen jedenfalls die Ablehnung und das Skandalon nicht vergessen, die das Leben und der Tod in das menschliche Denken und Zusammenleben bringen. Man könnte sagen, dass wir letzten Endes alle, ohne Ausnahme, vor diesem Mysterium stehen. Und es ist genau dieser Raum des Mysteriums, den es zu erhalten gilt.

Anmerkungen

1 In der deutschen Ausgabe wurde die Übersetzung »Bruder Tod« gewählt, da der Tod im Deutschen maskulin ist. Im Italienischen hingegen ist der Tod feminin, weshalb von »Schwester Tod« gesprochen wird. Zu den vorliegenden Texten von Franz von Assisi existieren beide Übersetzungen. (A. d. R.)

2 C.-H. Wijkmark, *La morte moderna*, Milano 2008 [dt. u. d. Titel *Der moderne Tod: Vom Ende der Humanität*, Berlin 2005²].

3 *Ebd.*, S. 15–16.

4 *Ebd.*, S. 16.

5 *Ebd.*, S. 12.

6 *Ebd.*

7 *Ebd.*, S. 16.

8 *Ebd.*, S. 17.

9 Wijkmarks damalige Fiktion ist inzwischen von der Realität eingeholt worden, nachdem der Schriftsteller Martin Amis vor einigen Jahren in einem Interview der britischen Sonntagszeitung *The Sunday Times* »Euthanasie-Zellen« für alle über Siebzigjährigen gefordert hat, um einer Entwicklung zuvorzukommen, in der die Gesellschaft bald gezwungen sein werde, für Massen von Alten (er bezeichnet sie als »grauen Tsunami«) zu sorgen, und in der die Städte in Zukunft von »gebrechlichen Dementen, ähnlich einer Invasion grauenvoller, stinkender Immigranten, die sich in Restaurants und Geschäften sammeln« bevölkert seien. Hieraus werde sich unvermeidbar »innerhalb der nächsten zehn bis fünfzehn Jahre eine Art Bürgerkrieg zwischen den Jungen und den Alten« entwickeln. Siehe D. Fertilio, *Martin Amis choc: eutanasia di massa dopo i 70 anni*, in *Corriere della Sera*, 25.01.2010, S. 27.

10 H. Küng, *Gespräch mit Anne Will*, in Ders., *Glücklich sterben? Mit dem Gespräch mit Anne Will*, München 2014, S. 20–39, S. 24.

11 *Ebd.*

12 C. Magris, *Democrazia della morte, morte della democrazia*, in C. H. Wijkmark, *La morte moderna*, Milano 2008, S. 113.

13 Vgl. M. Cavina, *Andarsene al momento giusto. Culture dell'eutanasia nella storia europea*, Bologna 2015, S. 15.

14 Weiter unten werde ich auf die betreffenden Fragen hinsichtlich des Suizids zu sprechen kommen. Zur Bedeutung des christlichen Martyriums siehe auch J. C. Larchet, *Une fin de vie paisible sans doleur, sans honte ...*, Paris

2010, S. 29–37; der Autor schließt mit den Worten: »Insgesamt widersprechen die patristischen Texte eindeutig der Gleichsetzung von Martyrium und Suizid, wie es manche Autoren machen.« Eine weitere interessante Studie zu diesem Thema ist die von P. Brown, *Il riscatto dell'anima*. *Aldilà e ricchezza nel primo cristianesimo occidentale*, Torino 2016, in der der Autor das Martyrium als höchstes Zeugnis der Liebe zu Gott und Glaubenstreue definiert. Bei Marco Cavina ist zu finden, wie Kaiser Julian die Christen verspottet: »Ihr wünscht euch den Tod, wir geben ihn euch; worüber beklagt ihr euch dann?«, vgl. M. Cavina, *Andarsene al momento giusto*, S. 65.

15 Für eine umfassende Betrachtung sei auf die Studie von A. Riccardi, *Il secolo del martirio. I cristiani nel Novecento*, Milano 2000, verwiesen.

16 R. Morozzo della Rocca, *Primero Díos. Vita di Oscar Romero*, Milano 2005.

17 Ich führe dieses Thema nicht weiter aus und verweise stattdessen auf eine Untersuchung von F. Khosroklhavar, *La visione della morte nei giovani jihadisti europei*, in *Vedere oltre. La spiritualità dinanzi al morir nelle diverse religioni*, hg. von I. Testoni, G. Bormolini, E. Pace, L. V. Tarca, Torino 2015, S. 279–306.

18 F. Bacon, *Über die Würde und den Fortgang der Wissenschaften*, Bd. I, 1, übers. v. J. H. Pfingsten, Repr. der Ausgabe Pest 1783, Darmstadt 1966, S. 394.

19 Vgl. P Martinez Baza, *Antropología de la eutanasia*, Valladolid 1992, S. 77.

20 K. Binding, A. Hoche, *Die Freigabe der Vernichtung lebensunwerten Lebens*, Leipzig 1922.

21 L. Romano, M. Gandolfini, E. Vinai, *Non resistere non desistere: un'alleanza di cura per rispettare la vita e la dignità umana*, Soveria Manelli 2013, S. 25.

22 *Ebd.*, S. 26–27.

23 Siehe *Nazism 1919–1945. III: Foreign Policy, War and Racial Extermination*, hg. von J. Noaker, G. Pridham, Exeter 1988. Für eine umfassende Analyse der Verbindung zwischen Nationalsozialismus und Euthanasie vgl. auch A. Ricciardi von Palten, *Il nazismo e l'eutanasia die malati di mente*, Firenze 2000. Eine ausführliche Betrachtung der Thematik Massenvernichtung und Aktion T4 findet sich bei M. Paolini, *Ausmerzen. Vite indegne di essere vissute*, Torino 2012.

24 Die Erklärung *A Plea for Beneficent Euthanasia* wurde in der Zeitschrift The Humanist, Juli 1974, publiziert. Siehe auch M. Aramini, *Introduzione alla bioetica*, Milano 2009, S. 414, sowie J.-M. Verlinde, *Euthanasie. Du droit de vivre au devoir de mourir*, Paris 2014.

25 Vgl. hierzu u. a. G. L. Mosse, *La cultura dell'Europa occidentale nell'Ottocento e nel Novecento*, Milano 1986, S. 109–125 und S. 243–259, sowie G. Bensoussan, *Genocidio. Una passione europea*, Venezia 2009, hier S. 245–260.

26 Vgl. M. Sozzi, *Sia fatta la mia volontà*, Milano 2014, S. 113–114. Eine im Jahr 2008 durchgeführte repräsentative Umfrage unter den Deutschen, ob bei »schwer oder unheilbar Kranken« aktive Sterbehilfe erlaubt werden solle, ergab: 58 % sprachen sich dafür aus, 19 % dagegen, 23 % waren unentschlossen (Quelle: Allensbach 14/2008). Eine analoge Umfrage ebenfalls aus dem Jahr 2008, die der Spiegel allerdings unter 483 Ärzten durchführte, kam zu folgendem Ergebnis: 35 % der Befragten befürworteten im

Falle einer »Krankheit in fortgeschrittenem und unheilbarem Stadium«
den assistierten Suizid, während sich nur 14 % für aktive Sterbehilfe aus-
sprachen. Ganz offensichtlich herrscht hier eine Diskrepanz zwischen der
ersten und der zweiten Umfrage, die zu denken geben muss; vgl. W. Härle,
Dignità. Pensare in grande dell'essere umano, Brescia 2013, S. 124 [dt. u. d.
Titel *Würde: Groß vom Menschen denken*, München 2010].

27 Vgl. U. Veronesi, *Eutanasia, un'azione di amore e di pietas*, in *MicroMega*
09/2013, S. 54.

28 Vgl. C. Troilo, *Liberi di morire. Una fine dignitosa nel paese dei diritti negati*,
Soveria Mannelli 2012.

29 Kongregation für die Glaubenslehre, *Erklärung zur Euthanasie »Iura et
bona«*, 5. Mai 1980, Nr. 6.

30 Vgl. C. Peruselli, *Società italiana cure palliative: »Dibattito confuso e poco in-
formato sull'eutanasia«*, in *Il Sole 24 Ore. Sanità* 24, 16.06.2014.

31 Für den vollständigen Text siehe M. Balkenohl, *Der Eid des Hippokrates.
Griechischer Urtext, Übersetzung, Interpretation, Wirkungsgeschichte, Heutige Problemlage und moderne Dokumente*, Abtsteinach 2007. Am Rande sei
bemerkt, dass der hippokratische Eid einigen Studien zufolge keineswegs
der gängigen Auffassung seiner Zeit entsprach, sondern im Gegenteil einen
heftigen Bruch zu der in der Antike vorherrschenden Sichtweise in Hinblick auf den Tod und den damit einhergehenden ärztlichen Pflichten dar-
stellte. Vgl. hierzu auch M. Cavina, *Andarsene al momento giusto*, S. 29–30.

32 Vgl. L. Romano, M. Gandolfini, E. Vinai, *Non resistere non desistere ...*, S. 29–
30.

33 Siehe hierzu http://ape.agenas.it/documenti/provider/
Medici_FNOMCEO.pdf.

34 Papst Johannes Paul II., *Enzyklika Evangelium Vitae*, 25. März 1995, Nr. 64.

35 S. Zweig, *Ungeduld des Herzens*, Zürich 2015.

36 L. Israël, *Contro l'eutanasia. Un grande medico, laico e non credente, ci spiega
perché non possiamo accettare l'eutanasia*, Torino 2007, S. 84.

37 *Ebd.*, S. 84–85.

38 Der Jurist Francesco D'Agostino weist darauf hin, dass sich die Gesetzgebung zur legalen Euthanasie in den Beneluxstaaten nicht allein auf das
Thema der Entscheidungsfreiheit beschränkt, sondern auch den gnädigen
Tod von Schmerzpatienten im Endstadium ihrer Krankheit als Kriterium
sieht. So gilt sowohl in Belgien als auch in Holland: »Um legale Euthanasie
zu erlauben, genügt nicht allein der Wunsch des Kranken: Es ist vielmehr
unerlässlich, dass diese Praktik objektiv als ›gnädig‹ eingestuft werden
kann, also als einzige Möglichkeit, eine unerträgliche Leidenssituation zu
lindern.« Und er schließt: »Hier stoßen wir auf das erste Paradoxon: Wenn
man sich auf diese Linie festlegt, müssten die Befürworter der Euthanasie,
zumindest aus intellektueller Sicht, zugeben: ›Die Euthanasie ist überholt
worden‹. So war der berühmte Artikel übertitelt, der vor ein paar Jahren in
Le Monde erschien und der nüchtern und unwiderlegbar aufzeigte, wie die
außergewöhnlichen Fortschritte der Palliativmedizin die Basisargumente
für eine Legalisierung der Euthanasie ad absurdum führten: In der Tat gibt
es heute zum Glück für uns alle keine Situation mehr, in der wir im Endstadium Schmerzen ertragen müssten, die die Medizin nicht bis zu einem er-

träglichen Maß lindern könnte.« (F. D'Agostino, *Ogni libertà anche nella morte non può svendere la mia identità*, in *Avvenire*, 06.03.2009).

39 *The right to die. Doctors should be allowed to help the suffering and terminally ill to die when they choose*, in *The Economist*, 27.06.2015, S. 7 (Hervorhebung durch den Verfasser. Der Wortlaut im Original lautet: »The most determined people do not always choose wisely, no matter how well they are counselled. But it would be wrong to deny everyone the right to assisted death for this reason alone. Competent adults are allowed to make other momentous, irrevocable choices: to undergo a sex change or to have an abortion. People deserve the same control over their own death. Instead of dying in intensive care under bright lights and among strangers, people should be able to end their lives when they are ready, surrounded by those they love.«).

40 E. Hirsch, *L'euthanasie par compassion? Manifest pour une fin de vie dans la dignité*, Toulouse 2013, S. 68.

41 *Ebd.*

42 E. Hirsch, *Fin de vie. Le choix de l'eutanasie*, Paris 2014, S. 22.

43 Johannes Paul II., *Enzyklika Evangelium Vitae*, Nr. 66.

44 S. Truzzi, *Zagrebelsky: »Il diritto di morire non esiste«*, in *Il Fatto Quotidiano*, 14.12.2011.

45 S. Nuland, *Come moriamo*, Milano 1983.

46 Vgl. G. Cassano, *Un concetto giuridicamente complesso*, in *Il diritto di morire bene*, hrsg. von S. Semplici, Bologna 2002, S. 86. Es sei darauf hingewiesen, dass das italienische Strafgesetz den Tatbestand der Tötung aus Mitleid kennt, der sich (wenngleich in engen Grenzen) strafmildernd auswirken kann.

47 Vgl. G. Remuzzi, *La »scelta«. Perché è importante decidere come vorremmo morire*, Trento 2015, S. 24.

48 Siehe E. J. Emanuel, M. P. Battin, *What are the potential cost savings from legalizing physician-assisted suicide?* in *New England Journal of Medicine*, vol. 339, Nr. 3, 1998.

49 J. Ziegler, *Die Lebenden und der Tod*. München 2000, S. 136.

50 *Ebd.*, S. 127–146.

51 *Ebd.*, S. 136.

52 Vgl. sinngemäß M. de Hennezel, *Nous voulons tous mourir dans la dignité*, Paris 2013, S. 38.

53 *Ebd.*

54 Vgl. C. Magris, *Democrazia della morte, morte della democrazia*, in C.-H. Wijkmark, *La morte moderna*, S. 118.

55 A. M. Di Nola, *La nera signora. Antropologia della morte*, Roma 1995.

56 E. Minamide (ed.), *How Should One Cope with Death?*, Farmington Hills 2006, S. 5.

57 L. Feuerbach, *La morte e l'immortalità*, Lanciano 2009, S.77 [L. Feuerbach, *Sämtliche Werke Bd. 1: Gedanken über Tod und Unsterblichkeit*, Stuttgart 1903, S. 83–84].

58 Epikur, *Brief an Menoikeus*. Zitiert nach: Epikur, *Philosophie der Freude. Eine Auswahl aus seinen Schriften*, übersetzt, erläutert und eingeleitet von Johannes Mewaldt. Stuttgart 1973, S. 40–42 (http://www.uni-hildesheim.de/~stegmann/epikur.htm).

59 J. Ries, *Vita ed eternità nelle grandi religioni*, Milano 2014.

60 Eine hilfreiche Lektüre zu diesem Phänomen bietet O. Clément, *Un luogo per rinascere. Ispirazioni di un cammino*, Roma 2010, S. 109–175.

61 E. Becker, *Die Überwindung der Todesfurcht: Dynamik des Todes*, München 1985.

62 W. M. Spellmann, *A brief History of Death*, London 2015.

63 *Ebd.*

64 R. Bodei, *L'epoca dell'antidestino*, in R. Bodei, R. de Monticelli, V. Mancuso, G. Reale, A. Schiavone, E. Severino, *Che cosa vuol dire morire*, a cura di D. Monti, Torino 2010, S. 57.

65 N. Bobbio, *Vom Alter: De senectute*, München 1999, S. 46 ff.

66 M. de Unamuno, Gesammelte Werke [1]: *Das tragische Lebensgefühl*, München 1925, S. 57.

67 G. Gorer, *Die Pornografie des Todes*, in *Der Monat* 8/1956, Heft 92, S. 58–62.

68 G. Gorer, *Death, Grief, and Mourning in Contemporary Britain*, London 1965. Vgl. M. Sozzi, *Reinventare la morte*, Roma – Bari 2009, S. 38–42.

69 W. Fuchs, *Le immagini della morte nella società moderna. Sopravvivenze arcaiche e influenze attuali*, Torino 1973, S. 101 [dt. u. d. Titel: Todesbilder in der modernen Gesellschaft, Frankfurt a. M. 1973].

70 C. Cocucci, *La conversazione*, in G. Battaglia (Hg.) *La forza degli anni. Lezioni di vecchiaia per giovani e famiglie*, Milano 2013, S. 129.

71 A. Solschenizyn, *Was geschieht mit der Seele während der Nacht?*, München 2006, S. 47–49.

72 P. Ariès, *L'uomo e la morte dal Medioevo a oggi*, Bari 1980, S. 186 [dt. u. d. Titel *Geschichte des Todes,* München 2009].

73 C. De Gregorio, *Così è la vita. Imparare a dirsi addio*, Torino 2011, S. 5.

74 *Ebd.*, S. 6–12.

75 Vgl. Z. Bauman, *Tod, Unsterblichkeit und andere Lebensstrategien*, Frankfurt a. M. 1994.

76 P. Ricca, *Il cristiano davanti alla morte*, Torino 1978, S. 18.

77 Zit. in R. Bodei, R. de Monticelli, V. Mancuso, G. Reale, A. Schiavone, E. Severino, *Che cosa vuol dire morire*, S. 29.

78 Vgl. G. Brown, *Una vita senza fine? Invecchiamento, morte, immortalità*, Milano 2009.

79 Vgl. E. Longo, *Limiti e distorsioni dell'attuale cultura ospedaliera: verso una prospettiva umanizzante*, in *Questione di vita o di morte. Bioetica, comunicazione biomedica e analisi sociale*, a cura di P. De Nardis, S. Polverini, A. Sannella, Milano 2004, S. 85.

80 M. Aramini, *Eutanasia. Spunti per un dibattito*, Milano 2006, S. 9.

81 Zur Ostkirche siehe auch T. Papanicolaou, *La vision de la mort à la lumière des Pères de l'Église. Essai sur la spiritualité orthodoxe*, Paris 2015.

82 Suor Emmanuelle, *Sono una delle donne più felici della terra. Colloqui con Angela Silvestrini*, Cinisello Balsamo 2011, S. 25. Vgl. auch *Die Liebe ist stärker als der Tod*, Schwester Emmanuelle im Gespräch, Freiburg 1989.

83 B. Vergely, *La mort interdite*, Paris 2001.

84 L. Manicardi, *Memoria del limite. La condizione umana nella società postmortale*, Milano 2011, S. 30.

85 Vgl. R. Bodei, *Limite*, Bologna 2016, S. 7–35.

86 Siehe auch V. Paglia, *A un amico che non crede*, Milano 2013, S. 20.

87 U. Veronesi, *Eutanasia, un'azione di amore e di peitas*, S. 57.

88 *Ebd.*, S. 58.

89 Vgl. *Prefazione* a M. de Hennezel, *Nous voulons tous mourir dans la dignité*, S. 7.

90 A. Schiavone, *Storia e destino*, Torino 2007, S. 95. Zit. in G. Reale *Quando la tecnica vuole farsi Dio. La sfida blasfema tradisce l'uomo*, in *Corriere della Sera*, 02.02.2013, S. 47.

91 Vgl. A. Schiavone, *L'uomo e il suo destino*, in R. Bodei, R. de Monticelli, V. Mancuso, G. Reale, A. Schiavone, E. Severino, *Che cosa vuol dire morire*, S. 8–9.

92 *Ebd.*, S. 10.

93 L. Alexandre, *La morte de la mort. Comment la technomédicine va bouleverser l'humanité*, Mesnil-sur-l'Estrée 2015.

94 Äußerst interessant in Hinblick auf dieses Thema ist auch der Band *Vedere Oltre. La spiritualità dinanzi al morire nelle diverse religioni*. Der Band (Einleitung von E. Severino und Schlusswort von M. Vannini) enthält die auf einem internationalen Kongress in Padua gehaltenen Vorträge (25.–28. September 2014) zum Thema *Der Blick über das Sterben hinaus*. Die Autoren, die an der Tagung teilgenommen haben, gehören sowohl der laizistischen Welt an als auch jener der drei großen monotheistischen Religionen und haben das Thema Tod und Jenseits auf multidisziplinäre Weise aufgearbeitet.

95 S. Natoli, *Dizionario dei vizi e delle virtù*, Milano 1996, S. 112.

96 V. Jankélévitch, *Der Tod*, Frankfurt a. M. 2005.

97 *Ebd.*, S. 54.

98 I. Heath, *Modi di dire*, Torino 2008, S. 25.

99 P. Foschini, *Dario Fo: sono un ateo di Dio*, in *Corriere della Sera*, 11.03.2016.

100 Religion.ORF.at, *Dario Fo ergründet das Heilige in neuem Buch* (15.03.2016), http://religion.orf.at/stories/2762957/.

101 L. Tolstoi, *Krieg und Frieden*, Bd. 2, München 2011, S. 675.

102 S. de Beauvoir, *Una morte dolcissima*, Torino 1966, S. 102 [dt. u. d. Titel *Ein sanfter Tod*, Reinbek 1965].

103 N. Bobbio, *Vom Alter: De senectute*, München 1999, S. 54.

104 M. Sozzi, *Sia fatta la mia volontà*, Bari 2014, S. 10.

105 Marie de Hennezel, *Den Tod erleben*, Bergisch Gladbach 1996, S. 184.

106 F. Rosenzweig, *Der Stern der Erlösung*, Frankfurt a. M. 1988, S. 3.

107 *Ebd.*, S. 472.

108 Vgl. J.-P. Sartre, *Das Sein und das Nichts: Versuch einer phänomenologischen Ontologie*, Reinbek 1980.

109 Platon, *Sämtliche Werke* Bd. 3, *Phaidon – Politeia*. In der Übersetzung von F. Schleiermacher, Reinbek 1967, S. 16.

110 H.-G. Gadamer, *Die Erfahrung des Todes*, in: Ders., *Über die Verborgenheit der Gesundheit*. Aufsätze und Vorträge, Frankfurt a. M. 1993, S. 92.

111 In der deutschen Ausgabe wurde die Übersetzung »Bruder Tod« gewählt, da der Tod im Deutschen maskulin ist. Im Italienischen hingegen ist der Tod feminin, weshalb von »Schwester Tod« gesprochen wird. Zu den vorliegenden Texten von Franz von Assisi existieren beide Übersetzungen. (A. d. R.)

112 An dieser Stelle sei nochmals darauf hingewiesen, dass die Bezeichnung »la morte« für den Tod im Italienischen weiblichen Geschlechts ist; die Übersetzung behält aufgrund der historischen Quellen diese im Deutschen eventuell widersprüchlich erscheinende Begrifflichkeit bei.

113 Originaltext siehe *Fonti Francescane*, Assisi 1978, Nr. 2319. Deutsche Übersetzung nach https://franziskaner.net/der-sonnengesang/. Siehe auch *Franziskus-Quellen. Die Schriften des Heiligen Franziskus, Lebensbeschreibungen, Chroniken und Zeugnisse*, Kevelaer 2009.

114 *Ebd.*, Nr. 1820.

115 O. Clément, *La gioia della risurrezione*, Milano 2016, S. 87. Siehe auch J. M. Garrigues, *Dieu sans idée du mal*, Paris 1990.

116 Siehe T. Papanicolaou, *La vision de la mort à la lumière des Pères de l'Église*. Paris 2015.

117 Papst Franziskus, *Amoris laetitia*, Nr. 256.

118 H. Arendt, *Vita activa oder Vom Tätigen Leben*, München 1981.

119 Siehe auch J. C. Sagne, *L'obbedienza cristiana e l'accettazione della morte*, in *Concilium* 19 (1980), S. 1551–1566.

120 A. Puig i Tàrrech, *Jesus. Eine Biografie*, Paderborn 2011, S. 486. Siehe auch A. Destro, M. Pesce, *La morte di Gesù. Indagine su un mistero*, Milano 2014; S. Mcknight, *Gesù e la sua morte*, Brescia 2015; G. Lohfink, *Gesù di Nazaret*, Brescia 2014.

121 Pietro Citati kommentiert diese Stelle des Evangeliums in dem Band *I Vangeli*, Milano 2014, S. 129–134.

122 D. M. Turoldo, *Die Verzweiflung zu lieben*, Zürich 2002.

123 Einen tieferen Einblick in das Verständnis des Apostels hinsichtlich der Auferstehung von den Toten gibt die ausführliche Studie von N. T. Wright, *Christian Origins and the Question of God, III. The Resurrection of the Son of God*, Minneapolis 2003, S. 207–398. Siehe auch A. Puig, *Jesus. Eine Biografie*, Paderborn 2011, *S.* 474 ff.

124 Für einen umfassenden Überblick siehe G. Colzani, *La vita eterna*, Milano

2001. Siehe auch H. Küng, *Ewiges Leben?*, München 2002. Beeindruckend sind zudem die Gedanken über das Leben und den Tod in H. Küng, *Menschenwürdig sterben: ein Plädoyer für Selbstverantwortung*, München 2010, S. 9–40. Als problematisch erweisen sich jedoch Küngs Gedanken zur Euthanasie und seine Ansichten bezüglich der Erfahrungen in Holland und Belgien, *ebd.*, S. 41 ff.

125 Ein systematischer theologischer Überblick zum Thema der Auferstehung der Toten findet sich bei W. Breuning, *Gericht und Auferweckung von den Toten als Kennzeichnung des Vollendungshandelns Gottes durch Jesus Christus*, in: *Mysterium Salutis. Grundriss heilsgeschichtlicher Dogmatik*, hg. von J. Feiner und M. Löhrer, Zürich – Einsiedeln – Köln 1965–1976; Bd. 5: *Zwischenzeit und Vollendung der Heilsgeschichte*, 1976, S. 844–890.

126 N. Elias, *Über die Einsamkeit der Sterbenden in unseren Tagen*, Frankfurt a. M. 1982, S. 19–20.

127 O. Clément, *Un luogo per rinascere ...*, S. 127.

128 N. Elias, *Über die Einsamkeit der Sterbenden in unseren Tagen*, Frankfurt a. M. 1982, S. 46–47.

129 *Ebd.*

130 M. de Hennezel, *Nous voulons tous ...*, S. 55.

131 M. Sozzi, *Reinventare ...*, S. 41.

132 Zit. in G. Reale, U. Veronesi, *Responsabilità della vita. Un confronto fra un credente e un non credente*, Milano 2013, S. 91.

133 *Ebd.*, S. 92.

134 D. Sicard, *Le droit de mourir dignement*, un forum sull'eutanasia in *Le Monde*, 29.01.2011.

135 G. Zizola, *L'utopia di Papa Giovanni*, Assisi 2000, S. 441.

136 In der Publikation von E. Bianchi, *Vivere la morte*, Milano 1983, sind verschiedene Zeugnisse Gläubiger festgehalten, die dem Tod mit christlichem Geist (oder zumindest religiösem Glauben) begegneten und einen großen Schatz an Lebensweisheit weitergaben.

137 F. Hadjadj, *Farcela con la morte*, Assisi 2009, S. 162.

138 Marie de Hennezel, *Den Tod erleben*, Bergisch Gladbach 1996, S. 13 f.

139 E. Kübler-Ross, *Interviews mit Sterbenden*, München 2001. [Die italienische Publikation von E. Kübler-Ross, *La morte e il morire*, Assisi 1998, befindet sich in der 13. Auflage (2015) mit einem Vorwort von Annamaria Marzi, Leiterin des Hospiz Casa Madonna dell'Uliveto, einer stationären Einrichtung für palliativmedizinische Behandlungen in Albinea in der italienischen Provinz Reggio nell'Emilia.]

140 Zitiert in E. Bianchi, *Vivere la morte*, S. 243. [Vgl. auch Z. Kolitz, *Jossel Rakovers Wendung zu Gott*, mit Faksimile des rekonstruierten Originals, München 1999.]

141 J. M. Verlinde, *Euthanasie. Du droit de vivre au devoir de mourir*, Paris 2014.

142 Hans Jonas, *Technik, Medizin und Ethik. Zur Praxis des Prinzips Verantwortung*, Frankfurt a. M. 1985, S. 242.

143 Vgl. A. Eser, *Freiheit zum Sterben – Kein Recht auf Tötung*, in *JuristenZeitung*

41 (17), 1986, S. 786–795, sowie H. Küng, *Menschenwürdig sterben. Ein Plä-doyer für Selbstverantwortung*, München – Zürich 2010, S. 63.

144 Zit. nach H. Küng, *Menschenwürdig sterben: Ein Plädoyer für Selbstverant-wortung*, München – Zürich 2010, S. 71.

145 A. Bayet, *Le suicide et la morale*, Paris 1922. Hans Küng schreibt: »Gegen eine Selbsttötung, einen Freitod, einen Suizid (bessere Begriffe als »Selbst-mord«, da das Wort »Mord« immer Heimtücke und Grausamkeit ein-schließt) wird man auch in der *Bibel*, die ohnehin keine absolute Unantast-barkeit des Lebens kennt, kaum ein Argument finden. [...] die Selbsttötung wird nirgendwo in der Bibel ausdrücklich verboten.« H. Küng, *Menschen-würdig sterben*, München – Zürich 2010, S. 64.

146 J.-C. Larchet, *Une fin de vie paisible sans douleur, sans honte*, Paris 2010, S. 11–74.

147 M. Cavina, *Andarsene al momento giusto. Culture dell'eutanasia nella storia europea*, Bologna 2015.

148 Während ich diese Zeilen schreibe, bringt der *Corriere della Sera* vom 20.03.2016 auf der Titelseite die Geschichte von Irina, einem Mannequin aus Kasachstan, die sich im Alter von nur 31 Jahren umgebracht hat. Der Grund: »Ich bin zu alt für den Laufsteg.« Laut der örtlichen Polizei heißt es: »Nachdem sie seit einiger Zeit keine Aufträge mehr bekommen hatte, machte sie ihr Alter dafür verantwortlich und wurde zunehmend depres-siv. Seit November kapselte sie sich mehr und mehr von ihren Freunden und ihrer Familie ab. Obwohl sie mehrmals damit gedroht hatte, sich das Leben zu nehmen, hatte niemand sie ernst genommen.«

149 Siehe auch A. Loperfido, R. Irti, *La metamorfosi della sofferenza. Dopo il sui-cidio di un familiare*, Bologna 2014.

150 S. Fiori, C. Pasolini, *Decidere di morire*, in *La Repubblica*, 15.03.2014. Ebenso berührend ist Giorgio Albertazzis Reaktion auf die Bitte der Schau-spielerin Anna Proclemer um Sterbehilfe: »Wir sahen uns oft, sie bat mich darum, ihr Sterbehilfe zu leisten, weil sie ihre fortschreitende Demenz nicht mehr ertrug. Und ich, der ich für Sterbehilfe bin, brachte nie den Mut auf, Ja zu sagen. Stattdessen führte ich sie zum Essen aus, um sie aufzuhei-tern. Ich hatte Angst vor dem Schmerz, sie nie mehr zu sehen. Ich verwei-gerte ihr ihren Wunsch aus Egoismus – weil ich sie weiterhin sehen wollte.« *Addio all'attrice Anna Proclemer* in *La Repubblica*, 25.04.2013.

151 P. Crepet, *Le dimensioni del vuoto. I giovani e il suicidio*, Milano 2000, S. 4.

152 Die Schriftstellerin Mariapia Veladiano schreibt ganz richtig zum Tod einer 17-jährigen Schülerin, die sich in der Schultoilette das Leben nahm, weil sie sich für hässlich hielt, obwohl sie am Neujahr Siegerin in einem Schön-heitswettbewerb gewesen war: »Für die Mädchen von heute ist es ungleich schwieriger, ein eigenes, vom prüfenden Blick der Welt unverzerrtes Selbstbild von sich zu entwickeln, weil die täglich auf sie einstürmende Bil-derflut ihnen nur mehr einen eindimensionalen Frauentypus vermittelt.« (M. Veladiano, *Le ragazze dello specchio*, in *La Repubblica*, 11.02.2011.)

153 B. Cyrulnik, *Morire d'infanzia*, Torino 2014, S. 8 [dt. u. d. Titel *Wenn Kinder sich selbst töten*, Ostfildern 2012].

154 Und noch einmal ist es die bereits zitierte Mariapia Veladiano, die zwei Auswege sieht: »Die positive Selbstvergessenheit, die sich aus der Leiden-

289

schaft und der Kultur entwickeln kann anstelle der hohlen samstäglichen Betäubung, die bereits ab Montag herbeigesehnt wurde. Ebenso die Begegnung mit einem Erwachsenen, der den zutiefst menschlichen Wunsch, gesehen zu werden und für jemanden wichtig zu sein, zu erfüllen vermag. Die Erfahrung, für das geliebt zu werden, was man tatsächlich ist.«

155 M.-C. Mouquet, V. Bellamy, V. Carasco, *Suicides et tentative de suicide en France,* in *Etudes et résultats* 488, Mai 2006.

156 F. de Closets, *La dernière liberté,* Paris 2001.

157 B. Vergely, *Entretiens au bord de la mort,* Paris 2015, S. 95–97.

158 M. Pompili, *La prevenzione del suicidio,* Bologna 2013, S. 7.

159 In den 80er-Jahren des 20. Jahrhunderts schrieben die beiden Gelehrten Claude Guillon und Yves Le Bonniec eine Art »Bedienungsanleitung für Selbstmord« mit dem Titel *Suicide, mode d'emploi* und empfahlen das Buch als Weihnachtsgeschenk. Schon kurz darauf wurde es aus dem Handel genommen. Doch allein schon die Tatsache, dass solch ein Titel erscheinen konnte, sagt viel allein über jene Kultur des Todes, die sich leider heute in den Köpfen breitmacht.

160 E. T. Loggers, *Implementing a Death with Dignity Program at a Comprehensive Cancer Center,* in *The New England Journal of Medicine* 2013, 368, S. 1417–1424.

161 Johannes Paul II., *Evangelium Vitae,* Nr. 66.

162 *Ebd.*

163 A. Schiavone, *L'uomo e il suo destino,* in R. Bodei, E. de Monticelli, V. Mancus, G. Reale, A. Schiavone, E. Severino, *Che cosa vuol dire morire,* Torino 2010, S. 14.

164 L. Israël, *Contro l'eutanasia,* Torino 2007, S. 81–82.

165 H. Jonas, *Technik, Medizin und Ethik. Zur Praxis des Prinzips Verantwortung,* Frankfurt a. M. 1985, S. 246.

166 *Ebd.,* S. 246.

167 *Ebd.,* S. 247.

168 C.-H. Wijkmark, *La morte moderna,* S. 56 [dt. u. d. Titel *Der moderne Tod: Vom Ende der Humanität,* Berlin 2005²].

169 A. Riccardi, *La vecchiaia: naufragio e approdo,* in G. Battaglia, *La forza degli anni ...,* S. 7–21.

170 *L'anziano fragile,* ebd., S. 287–293.

171 J.-P. Dubois-Dumée, *Vieillir sans devenir vieux,* Paris 1991, S. 63.

172 Siehe J. Améry, *Über das Altern: Revolte und Resignation,* Stuttgart 2016.

173 J. Pellissier, *A che età si diventa vecchi?,* in *Le Monde diplomatique,* Juni 2013, S. 1.

174 A. Levi, *La vecchiaia può attendere, ovvero l'arte di restare giovani,* Milano 1998.

175 G. De Luca, *Il buon vecchio,* Vicenza 1990.

176 http://w2.vatican.va/content/benedict-xvi/de/speeches/2012/november/documents/hf_ben-xvi_spe_20121112_viva-anziani.html.

177 Papst Franziskus (J. M. Bergoglio), *Im Licht besehen: Beiträge zu Themen unserer Zeit*, München 2014, S. 96–97.

178 Papst Franziskus, *Amoris laetitia*, Nr. 48.

179 Papst Franziskus, *Die Familien-Katechesen*, 2015, S. 85.

180 A. Riccardi, *La vecchiaia: naufragio e approdo*, in G. Battaglia, *La forza degli anni ...*, S. 20.

181 Vgl. www.santegidio.org.

182 http://w2.vatican.va/content/benedict-xvi/de/speeches/2012/november/documents/hf_ben-xvi_spe_20121112_viva-anziani.html.

183 Schön sind auch die Geschichten in dem von G. Battaglia herausgegebenen Band *La forza degli anni ...*

184 M. Ammaniti, *La famiglia adolescente*, Roma 2015, S. 85.

185 P. Ricca, *Il cristiano davanti alla morte*, Torino 1978, S. 20.

186 H. Küng, *Glücklich sterben?*, München 2014, S. 26–27.

187 http://www.santegidio.org/pageID/1165/langID/de/itemID/319/Zeugnis-von-Irma-einer-alten-Frau.html.

188 O. Clément, *Un luogo per rinascere ...*, S. 132.

189 Giovanni Crisostomo, *Panegirico a tutti i martiri*, 3, in *La teologia dei Padri*, hg. G. Mura, Vol. 3, Roma 1975, S. 154. [Vgl. auch H. Kraft, H. Gulzöw, I. Werz, *Texte der Kirchenväter*, Bd. V, München 1966.]

190 M. Sozzi, *Sia fatta ...*, S. 242–243.

191 Siehe I. Aranyosi, *The Peripheral Mind*, Oxford 2013.

192 J. Donne, *Meditation XVII*, in *»Schweig endlich still und lass mich lieben!« Ein John-Donne-Lesebuch*, hg. von M. Mertes, Bonn 2017, S. 264 f.

193 G. Lipovetsky, *L'ère du vide. Essais sur l'individualisme contemporaine*, Paris 1983.

194 T. Todorov, *I nemici intimi della democrazia*, Milano 2012, insbesondere S. 103–133.

195 T. Judt, *Dem Land geht es schlecht: Ein Traktat über unsere Unzufriedenheit*, München 2011, S. 75.

196 C. Ternynck, *L'uomo di sabbia. Individualismo e perdita di sé*, Milano 2012.

197 Siehe F. Furedi, *Il nuovo conformismo. Troppa psicologia nella vita quotidiana*, Milano 2005.

198 Vgl. M. Recalati, *Ritratti del desiderio*, Milano 2011.

199 Siehe auch C. Lasch, *La cultura del narcisismo*, Milano 1981.

200 A. Touraine, *La fin des sociétés*, Paris 2013.

201 Vgl. G. Reale, *L'uomo non si accorge più di morire*, S. 38.

202 J.-P. Sartre, *Geschlossene Gesellschaft*, Reinbek 1949.

203 H. Küng, *Glücklich sterben?*, München 2014, S. 14.

204 *Ebd.*

205 *Ebd.*, S. 23.

206 Z. Bauman, *Flüchtige Zeiten: Leben in der Ungewissheit,* Hamburg 2008, S. 40.

207 Vgl. J. Améry, *Werke* Bd. 3, *Über das Altern: Revolte und Resignation,* hg. Monique Boussart, Stuttgart 2005, S. 99–100.

208 M. Naro, *Umanesimo biblico: meditazione su Genesi 1, 1.26–31,* in *Presbiteri* 10, 2015, S. 789.

209 Naro schreibt: »Einige Kommentatoren haben schon vor Längerem aufgezeigt, dass der hebräische Begriff *'adam* in eben dieser Bibelpassage in einem kollektiven Sinn zu verstehen ist. Der Mensch ist derart tief durch die Alterität gekennzeichnet, dass er ein plurales Wesen ist, dessen Natur, dessen Atem nur in der Gemeinschaft denkbar ist. Für den Menschen ist es nicht damit getan, die Alterität zu tolerieren. Er muss sie vielmehr in seinem Inneren willkommen heißen, sie als grundlegendes grammatikalisches Prinzip, als existenzielle Syntax seiner selbst erkennen und anerkennen: Denn ab dem sechsten Tag der Schöpfung findet sich der Mensch ins Innere des anderen übertragen und trägt den anderen in sich.« M. Naro, *Umanesimo biblico: meditazione su Genesi 1, 1.26–31,* in *Presbiteri* 10, 2015, S. 789.

210 S. Natoli, *Parole della filosofia,* Milano 2004, S. 138.

211 J. Généreux, *La dissociété,* Paris 2008, S. 495.

212 Vgl. sinngemäß *ebd.,* S. 493.

213 Siehe S. W. Cole, J. P. Capitanio, K. Chun, J. M. G. Arevalo, J. Ma, J. Cacioppo, *Myeloid differentiation architecture of leukocyte transcriptome dynamics in perceived social isolation,* in *Proceedings of the National Academy of Sciences,* November 21, 2015.

214 S. Tamaro, *Siamo Pinocchi connessi e infelici in un moderno mondo die balocchi,* in *Corriere della Sera,* 28.09.2013.

215 J. S. Foer, *How not to be alone,* in *The New York Times,* 08.06.2013.

216 *Ebd.*

217 Kursivierung durch den Autor.

218 J. S. Foer, *How not to be alone,* in *The New York Times,* 08.06.2013.

219 J. Franzen, *Sherry Turkle's ›Reclaiming Conversation‹,* in *The New York Times Book Review,* 28.09.2015 [siehe auch S. Turkle, *Verloren unter 100 Freunden. Wie wir in der digitalen Welt seelisch verkümmern,* München 2012].

220 *Ebd.*

221 Papst Franziskus, Enzyklika *Laudato si',* Nr. 47.

222 *Ebd.*

223 »In einer Gesellschaft, in der Bindungen als Zwang oder vertragliche Verpflichtung erlebt werden«, schreiben M. Benasayag und G. Schmit, »ist die Selbständigkeit des Einzelnen eine hoch geschätzte Eigenschaft.« (M. Benasayag, G. Schmit, *Die verweigerte Zukunft,* München 2007, S. 125.) Frei sei, wer Macht habe, und nicht der, der sich verantwortungsbewusst dafür entscheide, das eigene Schicksal anzunehmen, indem er Beziehungen und Bindungen freiwillig eingehe und weiterentwickle (*ebd.,* S. 126 ff.).

224 L. Zoya, *La morte del prossimo,* Torino 2009, S. 17. Siehe auch M. Impagliazzo, *C'è un noi da ricostruire,* in *Avvenire,* 03.10.2014.

225 M. de Certeau, *Mai senza l'altro*, Biella 2007, S. 14.

226 W. J. Strawbridge *et al.*, *Antecedents of frailty over three decades in an older cohort*, in *Journal of Gerontology: Social Sciences* 1998, 53B, 1, S. S9–S16.

227 K. Rockwood, A. Mitnitski, *Frailty Defined by Deficit Accumulation and Geriatric Medicine Defined by Frailty*, in *Clinics in Geriatric Medicine* 27 (2011), S. 17–26.

228 L. P. Fried et al., *Frailty in older adults: evidence for a phenotype*, in *The journals of gerontology. Series A, Biological sciences and medical sciences* 2001, vol. 56A, No. 3, S. M146–M156.

229 Istituto Centrale di Statistica (Zentrales Statistikinstitut Italiens), *Sommario di Statistiche storiche dell'Italia, 1861–1965*, Roma 1968.

230 Presidenza del Consiglio dei Ministri, Comitato Nazionale per la Bioetica, *Bioetica e diritti degli anziani* (Ministerratspräsidium, Nationalkomitee für Bioethik, Bioethik und Rechte älterer Menschen), 20 gennaio 2006, S. 4 (http://www.governo.it/bioetica/testi/anziani.pdf).

231 Der Begriff wird am Anfang der Verfassung der Weltgesundheitsorganisation definiert, die während der Weltgesundheitskonferenz zur Gesundheitsförderung verabschiedet wurde, New York, 19. bis 22. Juni 1946. Der Text ist auf der Internetseite der WHO abrufbar: http://apps.who.int/gb/bd/PDF/bd47/EN/constitution-en.pdf.

232 G. Cosmacini, *La scomparsa del dottore. Storia e cronaca di un'estinzione*, Milano 2013.

233 Ottawa-Charta zur Gesundheitsförderung, 21. November 1986, online abrufbar: http://www.euro.who.int/__data/assets/ pdf_file/0006/129534/Ottawa_Charter_G.pdf.

234 *What is health? The ability to adapt*, in *The Lancet*, vol. 373, March 7, 2009, S. 781. Online abrufbar: http://www.thelancet.com/journals/lancet/ article/PIIS0140-6736(09)60456-6/fulltext?_eventId=login.

235 *L'anziano emarginato*, in *Presidenza del Consiglio dei Ministri, Comitato Nazionale per la Bioetica, Bioetica e diritti degli anziani* (Ministerratspräsidium, Nationalkomitee für Bioethik, Bioethik und Rechte älterer Menschen), S. 33.

236 http://www.donbosco-torino.it/ita/Kairos/Attualita2/06-07/ 008-Dottor_Mario_Melazzini.html.

237 D. Bonhoeffer, *Christen und Heiden*, in: Ders., *Widerstand und Ergebung: Briefe und Aufzeichnungen aus der Haft* (= Werkausgabe 8), München 1962, S. 515–516.

238 L. Fratiglioni et al., *Influence of social network on occurrence of dementia: a community-based longitudinal study*, in *The Lancet*, vol. 355, April 15, 2000, S. 1315–1319.

239 So ist der Ausdruck »therapeutischer Übereifer« an sich schon widersprüchlich: »Wenn von Fällen die Rede ist, bei denen die angewandten Maßnahmen tatsächlich keinerlei therapeutischen Effekt mehr haben«, erklärt das italienische nationale Bioethikkomitee CNB (*Comitato nazionale per la bioetica*) in seinem Gutachten von 2008 (*Rifiuto e rinuncia consapevole al trattamento sanitario nella relazione paziente-medico*), »sollte [der Begriff] besser durch ›klinischen Übereifer‹ oder ›hinfällige Therapie‹ er-

293

setzt werden.« Zur vielfältigen, mehr oder minder angemessenen Terminologie siehe: L. Romano, M. Gandolfini, E. Vinai, *Non resistere non desistere* ..., Soveria Manelli 2013, S. 53–84. Hinsichtlich der Doppeldeutigkeit des Terminus, der ein unzweifelhaft negativ belegtes Substantiv (»Übereifer«) mit einem positiven Adjektiv (»therapeutisch«) kombiniert und der unter anderem an die wichtigste Aufgabe des Arztes gemahnt, schrieb der bekannte französische Arzt, Parlamentarier und Exminister Bernard Debré: »Das Adjektiv ›therapeutisch‹ mit dem Substantiv ›Übereifer‹ zu verbinden ist für den Arzt auf den ersten Blick Unsinn; wenn es eine Therapie gibt, gibt es Hoffnung – und wenn es Hoffnung gibt, warum gilt es dann als ›Übereifer‹, wenn man die Behandlung abbricht?« (B. Debré, *Nous t'avons tant aimé*, Paris 2004, S. 21).

240 Vgl. L. Romano, M. Gandolfini, E. Vinai, *Non resistere non desistere* ..., Soveria Manelli 2013, S. 53.

241 Der genaue Titel lautet *Questioni bioetiche relative alla fine della vita umano*.

242 L. Romano, M. Gandolfini, E. Vinai, *Non resistere non desistere* ..., Soveria Manelli 2013, S. 61.

243 M. Aramini, *Eutanasia. Spunti per un dibatitto*, Milano 2006, S. 16.

244 X. Mirabel, *Tra rinuncia e accanimento terapeutico*, in *Eutanasia. Sofferenza e dignità al crepuscolo della vita*, hg. von B. Ars, E. Montero, Milano 2005, S. 16.

245 Für eine genauere Analyse der Kriterien der gewöhnlichen und außergewöhnlichen Mittel und die Unterschiede zum Kriterium der Unverhältnismäßigkeit siehe L. Romano, M. Gandolfini, E. Vinai, *Non resistere non desistere: un'alleanza di cura per rispettare la vita e la dignità umana*, Soveria Manelli 2013, S. 62–64.

246 B. Debré, *Nous t'avons tant aimé*, Paris 2004, S. 20–21.

247 »Wer hätte, als in den Zwanzigerjahren des vergangenen Jahrhunderts die Radiotherapie und später dann nach dem Zweiten Weltkrieg die Chemotherapie aus der Taufe gehoben wurden, von sich behaupten können, deren Folgen vorherzusehen und, *a fortiori*, zu beherrschen? Die Pioniere dieser neuen Methoden agierten ziemlich oft in einem Bereich, den man besser als verzweifelte Versuche definieren sollte [...] Wie viele Rückschläge, bevor man eine Radiotherapie oder Chemotherapie richtig einzustellen und zu dosieren wusste! Und trotzdem, wie viele gerettete Patienten dank des ›Übereifers‹ der Forscher und der Ärzte, die die Krankheit besiegen wollten« (*ebd.*, S. 23).

248 Vgl. L. Romano, M. Gandolfini, E. Vinai, *Non resistere non desistere: un'alleanza di cura per rispettare la vita e la dignità umana*, Soveria Manelli 2013, S. 46–47.

249 Vgl. L. Israël, *Contro l'eutanasia. Un grande medico, laico e non credente, ci spiega perché non possiamo accettare l'eutanasia*, Torino 2007, S. 69.

250 Die erwähnten Pathologien zeichnen sich sowohl hinsichtlich ihrer Dauer als auch bezüglich ihres Ausgangs durch extrem unterschiedliche Verläufe aus. Die »therapeutische Beharrlichkeit« ist kein Übereifer (vgl. *ebd.*, S. 57). Darüber hinaus muss betont werden, dass ein Wachkomapatient nicht als Sterbender betrachtet werden darf. Der Sterbende ist »ein Patient, der an einer unheilbaren und irreversiblen Krankheit leidet und dem nur noch

eine kurze Lebenserwartung prognostiziert wird (6 bis 8 Monate)«. Ein Wachkomapatient hingegen ist »eine schwerstbehinderte Person, die eine dauerhafte Behandlung auf niederem technologischen Niveau unter intensivem menschlichen Einsatz benötigt. Leider wurden die beiden Fälle von Terri Schiavo in den USA und Eluana Englaro in Italien bezüglich dieser elementaren Unterscheidung nicht mit der erforderlichen Umsicht behandelt.

251 *Ebd.*, S. 31–32.

252 *Ebd.*, S. 35–36.

253 *Ebd.*, S. 76.

254 X. Mirabel, *Tra rinuncia e accanimento terapeutico*, S. 18.

255 L. Romano, M. Gandolfini, E. Vinai, *Non resistere non desistere: un'alleanza di cura per rispettare la vita e la dignità umana*, Soveria Manelli 2013, S. 55.

256 *Ebd.*, S. 56.

257 David Lamb erzählt im Hinblick auf die Ambiguitäten, die daraus erwachsen, wenn man »dem Patienten oder seinem Vertreter eine größere Kontrolle über den Sterbeprozess zugesteht«, dass Präsident Bush im November 1991 eine Einladung zur Beisetzung eines wichtigen Patrioten erhielt, mit der Bitte, er solle einige Daten angeben, »damit die Familie in Abstimmung mit den terminlichen Verpflichtungen des Präsidenten entscheiden könne, wann die zum ›Überleben‹ des Kranken getroffenen Maßnahmen eingestellt werden könnten.« Vgl. D. Lamb, *L'etica alle frontiere della vita. Eutansia e accanimento terapeutico*, Bologna 1998, S. 36 [engl. u. d. Titel *Therapy abatement, autonomy, and futility: ethical decisions at the edge of life*, Avebury 1995].

258 http://www.vatican.va/roman_curia/congregations/cfaith/documents/rc_con_cfaith_doc_19800505_euthanasia_ge.html. Sowohl Pius XII. als auch Paul VI. hatten zuvor schon ähnlich lautende Erklärungen abgegeben. Vgl. auch P. Cendon, *I malati terminali e i loro diritti*, Milano 2003, S. 164 ff.

259 M. Aramini, *Eutanasia. Spunti per un dibatitto*, Milano 2006, S. 55. Auch die katholische Lehre hat sich mit diesem Problem befasst. So wies Pius XII. darauf hin: »Es ist daher notwendig, dass zwischen diesen beiden Effekten ein vernünftiges Verhältnis besteht, und dass die Vorteile des einen die Nachteile des anderen ausgleichen« (*ebd., S. 79*).

260 Katechismus der Katholischen Kirche, 2279. In der Bioethik spricht man in diesem Fall vom »Prinzip der Doppelwirkung«, das heißt, eine Handlung kann zwei Arten von Folgen haben: Eine gute Folge, die tatsächlich gewollt ist, und eine andere, schlechte Folge, die ungewollt ist. Dieses ethische Prinzip wird seit Thomas von Aquin im 13. Jahrhundert diskutiert. Damit eine derartige Handlung moralisch erlaubt ist, muss sie folgende Voraussetzungen erfüllen: a) Die Handlung darf nicht von sich aus schlecht sein; b) Die negative Folge selbst darf nicht beabsichtigt sein; c) Die schlechte Folge darf nicht zwingend notwendig sein, um die gute Folge zu erreichen; d) Zwischen der guten und der schlechten Folge muss ein ausgewogenes Verhältnis bestehen.

261 Ausgenommen natürlich jene klinischen Zustände, bei denen der Organismus nicht mehr zur Assimilation in der Lage ist, oder bei klinisch nachweisbaren Intoleranzen, die mit der Nahrung selbst zusammenhängen.

Vgl. L. Romano, M. Gandolfini, E. Vinai, *Non resistere non desistere: un'alle-anza di cura per rispettare la vita e la dignità umana*, Soveria Manelli 2013, S. 68.

262 Inzwischen wird allgemein immer häufiger von »Lebensqualität« gespro-chen, doch oft dient dies dazu, zu betonen, dass sie nur bei gleichzeitiger vollkommener Autonomie gegeben sei. Und nur in diesem Fall wäre sie wünschenswert oder gar »lebenswert«. Diese Meinung vertritt Salvador Pàniker, der Präsident der spanischen Vereinigung für das Recht auf wür-devolles Sterben: »Tatsache ist, dass das Leben an sich kein absoluter Wert ist; das Leben muss sich an der Lebensqualität bemessen, und wenn diese Qualität eine bestimmte Grenze unterschreitet, hat man das Recht, sich zu ›verabschieden‹.« Siehe S. Pàniker, *L'eutanasia come diritto*, in *MicroMega* 5/2006, S. 21.

263 Siehe G. Fornero, *Bioetica cattolica e bioetica laica*, Milano 2005, S. 15.

264 *Ebd., S.* 19–20.

265 M. Aramini, *Eutanasia. Spunti per un dibatitto*, Milano 2006, S. 17.

266 Auch die italienischen Bischöfe schrieben vor einigen Jahren in einem Hir-tenbrief: »Genauer betrachtet, besteht zwischen dem therapeutischen Übereifer und der Euthanasie ein gewisser logischer Zusammenhang, denn beide Male ist es der Mensch, der es nicht akzeptieren kann, sich auf menschliche Art mit dem Tod zu messen: Beim therapeutischen Übereifer setzt der Mensch alle Mittel ein, um den Tod hinauszuzögern, während er sich bei der Euthanasie das Recht herausnimmt, den Todeszeitpunkt zu be-stimmen und vorzeitig herbeizuführen. In beiden Fällen beabsichtigt er, die absolute Herrschaft über das Leben und den Tod zu erringen.« (Commis-sione episcopale per il servizio della carità e la salute, »*Predicate il Vangelo e curate i malati*«. *La comunità cristiana e la pastorale della salute. Nota pasto-rale.*)

267 V. Nichols, *Qu'est-ce que la dignité?*, in *La Documentation catholique* 2498, 21. Oktober 2012. Siehe auch W. Härle, *Dignità. Pensare in grande dell'es-sere umano*, Brescia 2013 [dt. u. d. Titel *Würde: Groß vom Menschen denken*, München 2010]; G.M. Flick, *Elogio della dignità*, Città del Vaticano 2015.

268 L. Israël, *Contro l'eutanasia ..., S.* 66.

269 L. Ferry, A. Kahn, *Faut-il légaliser l'euthanasie?*, Paris 2010, S. 23.

270 C. Magris, *Staccare la spina?*, in *Corriere della sera* vom 12. Dezember 2006. http://www.corriere.it/Primo_Piano/Cronache/2006/12_Dicembre/10 /caso.html.

271 H. Küng, *Gespräch mit Anne Will*, in: Ders., *Glücklich sterben?*, München 2014, S. 20–39, S. 35.

272 H. Küng, *Glücklich sterben?*, München 2014, S. 60.

273 *Ebd., S.* 40–41.

274 *Ebd., S.* 45.

275 *Gaudium et Spes*, Nr. 27; http://www.vatican.va/archive/hist_councils/ ii_vatican_council/documents/vat-ii_const_19651207_gaudium-et-spes_ge.html.

276 M. Aramini, *Eutanasia. Spunti ..., S.* 19.

277 M. Reichlin, *L'etica e la buona morte*, Torino 2002, S. 109.

278 J. Y. Goffi, *Pensare l'eutanasia*, Torino 2006, S. 20.

279 G. Fornero, *Bioetica cattolica e bioetica laica*, S. 15. Vgl. auch H. Kuhse, *Die »Heiligkeit des Lebens« in der Medizin: eine philosophische Kritik*, Erlangen 1994.

280 M. Reichlin, *L'etica e la buona morte*, S. 116.

281 D. Callahan, *The Troubled Dream of Life. In Search of a Peaceful Death*, Washington 2000, S. 15 [dt. u. d. Titel *Nachdenken über den Tod: Die moderne Medizin und unser Wunsch, friedlich zu sterben*, München 1998].

282 M. de Hennezel, *Nous voulons tous mourir dans la dignité*, S. 17.

283 Online abrufbar: http://www.kas.de/wf/doc/kas_8951-544-1-30.pdf? 070501154433, Zitat auf S. 21.

284 Bei einigen Prinzipien gibt es Übereinstimmungen. Allerdings handelt es sich dabei nur um jene, die auf den erstmalig im *Belmont Report* – dem Abschlussbericht des ersten Komitees für Bioethik, der National Commission for the protection of human subjects on biomedical an behavioural research – niedergelegten bioethischen Grundlagen basieren. Diese von 1974 bis 1978 tätige Kommission wurde von Präsident Carter in den USA mit dem Auftrag gegründet, für die Forschung am Menschen ethische Grundprinzipien auszuarbeiten. Drei »ethische Grundprinzipien« (basic ethical principles) sind im Bericht aufgeführt: (1) das Prinzip des Respekts vor der Person, mit der daraus abgeleiteten Pflicht, Versuchspersonen als autonome Individuen zu betrachten und Menschen, deren Autonomie beeinträchtigt oder beschränkt ist, zu schützen; (2) das Prinzip der Fürsorge durch medizinische Behandlung, das eine systematische Abwägung der Risiken und Nutzen fordert, die in Kauf genommene Risiken angemessen durch den erwarteten Nutzen begründet; (3) das Prinzip der Gerechtigkeit hinsichtlich der Verteilung der Risiken und Nutzen, mit der Pflicht, Teilnehmer für klinische Tests unparteiisch auszuwählen.

285 M. Sozzi, *Reinventare la morte*, S. 79.

286 M. Marzano, *Scene finali. Morire di cancro in Italia*, Bologna 2004, S. 199.

287 So schreibt David Lamb: »Viele Argumente zugunsten der Sterbehilfe stützen sich auf Beispiele, in denen die lebenserhaltenden Maßnahmen gegen den Willen des Patienten unter schlimmsten Bedingungen weiter aufrechterhalten wurden, sodass man meinen könnte, dem Kranken solle ein würdevoller Tod verweigert werden, indem man sein inzwischen unerträgliches Leiden in die Länge zieht.« [D. Lamb, *L'etica alle frontiere della vita ...*, S. 35 (engl. u. d. Titel *Therapy abatement, autonomy, and futility: ethical decisions at the edge of life*, Avebury 1995).]

288 X. Mirabel, *Tra rinuncia e accanimento terapeutico*, S. 15.

289 »Es klingt fast schon banal, wenn man sagt, dass der mangelnde Respekt für das Schamgefühl der Kranken zuweilen an einen Skandal grenzt. In den Siebzigerjahren kursierte in Therapeutenkreisen die Idee, man müsse die Krankenhäuser ›humanisieren‹. Man erinnerte sich daran, dass die Medizin vor allem den Menschen dienen sollte. Es spricht Bände, wie die Patienten zu dieser Zeit behandelt wurden. Heute indes wird der menschliche Körper im Sinne des »Fortschritts« mehr denn je instrumentalisiert, analysiert oder von immer ›leistungsfähigeren‹ experimentellen Techniken und

Therapien manipuliert. Die Ärzte, die zu hochgradig spezialisierten Technikern geworden sind, haben einfach keine Zeit mehr, mit den Kranken oder deren Familien zu sprechen.« (M. Selz, *Il pudore. Un luogo di libertà*, Torino 2005, S.69 ff.)

290 C. A. Defanti, *Eutanasia e cure palliative: continuità o alternativa?*, in *Questione di vita o di morte ...*, S. 145–146.

291 Meist wird Art. 13 der Italienischen Verfassung, der besagt: »die Freiheit der Person ist unverletzlich«, als Grundprinzip des Primats der freien Wahl des Patienten über den Schutz der Gesundheit herangezogen, der in Art. 32 als Grundrecht des Individuums und im Interesse der Gemeinschaft anerkannt wird (»Die Republik hütet die Gesundheit als Grundrecht des einzelnen und als Interesse der Gemeinschaft«). Dieses Primat erstreckt sich sogar darauf, die Verweigerung einer Behandlung seitens des Patienten zu legitimieren.

292 L. Romano, M. Gandolfini, E. Vinai, *Non resistere non desistere ...*, Soveria Manelli 2013, S. 86.

293 Der italienische *Codex Deontologicus* (Berufsordnung für Ärzte) wurde im Lauf der Zeit mehrfach überarbeitet. Die aktuelle Fassung basiert auf der Version vom 16. Dezember 2014, http://www.amci.org/index.php/approfondimenti2/il-nuovo-codice-de-ontologico-dei-medici.

294 *Codex Deontologicus*, Art. 17: »Der Arzt darf keine Handlungen vornehmen oder begünstigen, welche auf den Tod des Patienten abzielen, auch nicht auf dessen Verlangen.«
Codex Deontologicus, Art. 39: »Bei Bewusstlosigkeit des Patienten führt der Arzt die Schmerzbehandlung und die palliative Therapie fort und führt die lebenserhaltende Behandlung so lange durch, als sie verhältnismäßig erscheint [...]«

295 *Codex Deontologicus*, Art. 22: »Der Arzt kann sich weigern, Leistungen zu erbringen, sofern die entsprechenden Forderungen zu seinem Gewissen oder seinen technisch-wissenschaftlichen Überzeugungen im Widerspruch stehen [...].« Für eine umfassende Übersicht zum Verhältnis zwischen Arzt und Patient siehe auch Marco Trabucchi, *L'ammalato e il suo medico. Successi e limiti di una relazione*, Bologna 2009.

296 D. Lamb, *Down the Slippery Slope*, London 1988, S. 42–43.

297 Z. Bauman, *Vita liquida*, Bari 2006, S. 11 [engl. u. d. Titel *Liquid Life*, Oxford 2005].

298 X. Mirabel, *Tra rinuncia e accanimento terapeutico*, S. 20.

299 Vgl. G. Van Steendam, *Prospettive politiche e pratiche filosofico-mediche*, in *Questione di vita o di morte ...*, S. 52.

300 *Ebd.*, S. 51.

301 *Ebd.* Das führt offensichtlich zu dem Schluss, dass die Legitimität der vorausverfügenden Willenserklärung angezweifelt werden darf. Mirabel schreibt:»Was das ›Testament der Lebenden‹ betrifft, ist sein Prinzip anfechtbar und seine Glaubwürdigkeit mehr als zweifelhaft, wenn man die Vielzahl der Fälle betrachtet, in denen der Kranke sich von seiner Erklärung distanziert, wenn die Stunde der Wahrheit kommt.« (X. Mirabel, *Tra rinuncia e accanimento terapeutico*, S. 45.)

302 CNB, *Dichiarazioni anticipate di trattamento*, Gutachten vom 18.12.2003.

303 J. Y. Goffi, *Pensare l'eutanasia*, S. 137.

304 L. Romano, M. Gandolfini, E. Vinai, *Non resistere non desistere* ..., S. 95. Wir haben bereits bemerkt, an welche Grenzen die von der WHO formulierte Definition für Gesundheit (»ein Zustand völligen körperlichen, mentalen und sozialen Wohlbefindens«) stößt.

305 Vgl. hierzu und zum Folgenden auch *ebd.*, S. 91–107.

306 Vgl. L. Romano, M. Gandolfini, E. Vinai, *Non resistere non desistere* ..., S. 95–96.

307 Engelhardt behauptet, dass eine Ethik, die darauf gründe, von den anderen im Gegenzug dasselbe zu erwarten, was man ihnen gegenüber getan hat, nicht möglich sei, da dies de facto Zwang sei. Allerdings könne sie durch das Prinzip »Tu den anderen ihr Gutes« ersetzt werden, wobei jedoch klar sei, dass sich unter diesen Voraussetzungen »der Sinn der Verpflichtung zur Wohltätigkeit abschwächt« (*ebd.*, S. 97).

308 Vgl. *ebd.*, S. 101.

309 Siehe auch *ebd.*, S. 103.

310 Vgl. Pontificio consiglio per la pastorale della salute, *Carta degli Operatori sanitari*, Città del Vaticano 1995.

311 Vgl. X. Mirabel, *Tra rinuncia e accanimento terapeutico*, in *Eutanasia. Sofferenza e dignità al crepuscolo della vita*, hg. von B. Ars, E. Montero, Milano 2005, S. 19. Mirabel behauptet zu Recht, dass die zunehmende Fokussierung auf das Prinzip der Autonomie die Ärzte dazu veranlasse, weniger Verantwortung zu übernehmen, und verstärkt zu juristischen Auseinandersetzungen führe, um »die Beziehung zwischen dem Arzt und dem Kranken zu regeln«. Es ist im Grunde die Kehrseite des ärztlichen Paternalismus dem Patienten gegenüber. In beiden Fällen wird das Verhältnis auf Vertrauensbasis negiert.

312 Siehe G. Van Steendam, *Prospettive politiche e pratiche filosofico-mediche*, S. 52.

313 L. Romano, M. Gandolfini, E. Vinai, *Non resistere non desistere* ..., S. 106–107.

314 J. Y. Goffi, *Pensare l'eutanasia*, S. 137.

315 Nachdem in Holland die Euthanasie gesetzlich legitimiert wurde, hat sich im Übrigen erneut das Primat der ärztlichen Autorität bestätigt. Im Namen eines falsch verstandenen Prinzips des Patientenwohls – also mit der Absicht, dem Patienten Gutes zu tun, indem man seine Autonomie anerkennt und ihr den ersten Rang einräumt – fühlen die Ärzte sich autorisiert, weiterhin das Leben ihrer Patienten zu beenden, unabhängig von deren autonomer Entscheidung. Siehe hierzu M. Reichlin, *L'eutanasia in Olanda: contraddizioni, ambiguità, alternative*, in *Quando morire? Diritto e bioetica nel dibattito sull'eutanasia*, a cura di C. Viafora, Padova 1996, S. 188.

316 Comitato Scientifico della Fonazione Cortile dei Gentili, *Linee propositive sulla relazione di cura*, Città del Vaticano 2015 [http://www.cortiledeigentili.com/wp-content/uploads/2015/12/Linee-Propositive.pdf].

317 R. Pepe, *Testamento biologico o condanna?*, in *La Stampa*, 03.10.2009.

318 Papa Francesco, F. De Bortoli, *Faccio il prete, mi piace,* Milano 2014, S. 70–71.

319 http://w2.vatican.va/content/john-paul-ii/de/encyclicals/documents/hf_jp-ii_enc_25031995_evangelium-vitae.html.

320 M. Sozzi, *Sia fatta la mia volontà,* S. 87–107.

321 Marie de Hennezel, *Den Tod erleben,* Bergisch Gladbach 1996, S. 168 f.

322 https://www.dgpalliativmedizin.de/images/stories/WHO_Definition_2002_Palliative_Care_englisch-deutsch.pdf.

323 http://w2.vatican.va/content/benedict-xvi/de/messages/sick/documents/hf_ben-xvi_mes_20061208_world-day-of-the-sick-2007.html.

324 https://w2.vatican.va/content/benedict-xvi/de/speeches/2007/september/documents/hf_ben-xvi_spe_20070909_heiligenkreuz.html.

325 https://w2.vatican.va/content/benedict-xvi/de/speeches/2008/february/documents/hf_ben-xvi_spe_20080225_acd-life.html.

326 https://w2.vatican.va/content/benedict-xvi/de/speeches/2008/october/documents/hf_ben-xvi_spe_20081020_chirurgia.html.

327 Vorwort zu Marie de Hennezel, *Den Tod erleben,* Bergisch Gladbach 1996, S. 9.

328 L. Israël, *Contro l'eutanasia,* S. 63.

329 *Ebd.,* S. 64–65.

330 M. Sozzi, *Reinventare la morte,* S. 78.

331 S. Quinzio, *Mysterium iniquitatis: le encicliche dell'ultimo papa,* Milano 1995.

332 *Ebd.,* S. 51.

333 *Ebd.,* S. 15.

334 O. Clément, *La gioia della risurrezione,* S. 115.

335 P. Ricca, *Il cristiano davanti alla morte,* Torino 2005, S. 12.

336 L. Meddi, *Vita eterna? Un tema da ripensare per la vita della comunità cristiana. Prospettive pastorali,* in *Credo la risurrezione della carne, la vita eterna,* a cura di C. Dotolo, G. Giorgio, Bologna 2013, S. 299–335.

337 A. Castegnaro, *Gli uomini d'oggi credono ancora nella vita eterna?,* in *Credere Oggi* (sett./ott. 2009) 173, S. 15.

338 O. Clément, *Un luogo per rinascere ...,* S. 134.

339 K. Barth, *Die kirchliche Dogmatik,* Band III, 2, § 47 *Der Mensch in seiner Zeit,* Zürich 1980; vgl. auch P. Ricca, *Il cristiano davanti alla morte,* S. 33.

340 Siehe J. Wohlmuth, *Mysterium der Verwandlung: eine Eschatologie aus katholischer Perspektive im Gespräch mit jüdischem Denken der Gegenwart,* Paderborn 2005.

341 F.-J. Nocke, *Eschatologie,* in *Handbuch der Dogmatik,* hg. von T. Schneider, Düsseldorf 1992, Bd. 2, S. 377–478; hier S. 473–477: *Vollendung.*

342 O. Clément, *La gioia della risurrezione,* S. 106.

343 http://www.dietrich-bonhoeffer.net/bonhoeffer-umfeld/sigismund-payne-best/. Vgl. auch E. Bethge, Dietrich Bonhoeffer. *Teologo*

cristiano contemporaneo: una biografia, in *Appendice Cristologia* (1933), Brescia 1975, S. 999 [dt. u. d. Titel *Dietrich Bonhoeffer, Theologe – Christ – Zeitgenosse. Eine Biographie*, Darmstadt 2004⁸].

344 D. Bonhoeffer, *Rundbrief*. Berlin, 15.8.1941, in: Ders., *Konspiration und Haft 1940–1945* (= Werkausgabe 16), München 1996, S. 191–195, S. 194.

345 Diese These vertritt F. X. Durrwell, *La morte del Figlio. Il mistero di Gesù e dell'uomo*, Napoli 2007.

346 Der Scheol ist dem biblischen Verständnis nach ein unterirdisches Schattenreich, in dem der Tod regiert. Es handelt sich dabei um eine zur damaligen Zeit im Orient weitverbreitete Vorstellung analog zum griechischen Hades, die von den Israeliten als poetisches und mythisches Bild übernommen wurde, ohne jedoch dem Tod eine göttliche Rolle zuzusprechen. Diese Unterwelt kann nicht direkt, sondern nur über eine symbolische Sprache beschrieben werden: als Ort des Chaos und des Todes, als ein Haus der Ewigkeit, ein Land ohne Wiederkehr, ein Grab, in das all jene hinabstürzen, die wegen einer trostlosen Existenz im Staub und in der Finsternis sterben. Haben die Toten diesen Ort erst einmal betreten, besitzen sie keine Kraft, keinen Antrieb, keine Freude, kein Licht mehr; verurteilt zu Stille und Vergessen, haben sie jede Hoffnung und Erwartung aufgegeben.

347 T. Papanicolaou, *La vision de la mort à la lumière des Pères de l'Église* ..., S. 71.

348 Viele Denkanstöße hierzu finden sich in S. Natoli, *L'esperienza del dolore. Le forme del patire nella cultura occidentale*, Milano 1986; siehe auch ders., *Sul male assoluto. Nichilismo e idoli nel Novecento*, Brescia 2006.

349 Die Existenz des Bösen in der Welt ist eine der großen und dauerhaften Fragen der Menschheit. In diesem Rahmen bewegen sich auch Tod, Krankheit und Schwäche. Um dieses Thema in seiner ganzen Breite zu erfassen, sei ein kürzlich erschienener Text (*Quando il male ci interroga*, Assisi 2015) empfohlen: Das Gespräch von Ermes Ronchi und Marina Marcolini – *Di fronte al male incurabile l'impotenza di Dio?* (S. 213–231) – greift einige Aspekten dieses Themas auf.

350 V. E. Frankl, *Homo patiens: Versuch einer Pathodizee*, Wien 1950.

351 Hier empfiehlt sich die Lektüre von X. Thévenot, *Ha senso la sofferenza?*, Torino 2009; siehe auch L. Manicardi, *L'umano soffrire*, Bose 2006; G. Tupini, *L'impotenza di Dio. Lo scandalo della sofferenza*, Cinisello Balsamo 1995.

352 Siehe S. Cohen, *Stati di negazione. La rimozione del dolore nella società contemporanea*, Roma 2002.

353 Für einen Überblick zum Thema des Leidens in der Heiligen Schrift siehe auch B. Moriconi, *Il dolore dell'umanità nel dolore del Figlio di Dio. La sofferenza alla luce del Vangelo*, Cinisello Balsamo 2011.

354 P. Ricœur, *Das Böse: Eine Herausforderung für Philosophie und Theologie*, Zürich 2006, S. 16.

355 Aus einem Interview des Jesuitenpaters Jacques Servais mit dem emeritierten Papst Benedikt XVI. Siehe *Per mezzo della fede. Dottrina della giustificazione ed esperienza di Dio nella predicazione della Chiesa e negli Esercizi spirituali*, a cura di D. Libanori, Cinisello Balsamo 2016, S. 127. Empfohlen sei in diesem Zusammenhang auch das Buch von A. Glucksmann, *La Troisième*

Mort de Dieu, Paris 2000. Einen Überblick über die Debatte zu den Reflexionen der Theologie hinsichtlich der Frage von Gott und dem Bösen sowie eine umfangreiche Bibliografie bietet A. Kreiner, *Dio nel dolore. Sulla validità degli argomenti della teodicea*, Brescia 2000.

356 Zur historischen Entwicklung dieses Sakraments siehe auch J. Feiner, *Die Krankheit und das Sakrament des Salbungsgebetes*, in: *Mysterium Salutis. Grundriss heilsgeschichtlicher Dogmatik*, hg. von J. Feiner und M. Löhrer, Zürich – Einsiedeln – Köln 1965–1976; Bd. 5, *Zwischenzeit und Vollendung der Heilsgeschichte*, 1976, S. 844–890.

357 Besonders interessant im Zusammenhang mit dem Thema »Gesundheit, Leiden und Heilung« in der heutigen Gesellschaft sind die Gedanken zweier Autoren – eines Anthropologen und eines Theologen –, die sich näher mit dem Paradoxon einer Gesellschaft beschäftigen, in der sich parallel zum rasanten technologischen Fortschritt in der Medizin diverse Strömungen alternativer Medizin entwickeln, während die Kirche gleichzeitig den Wert der Heilungsgebete wiederentdeckt: L. Denizeau, J.-M. Gueullette, *Guérir. Une quête contemporaine*, Paris 2015. Die orthodoxe Tradition betreffend, sei der Band von J.-C. Larchet, *Thérapeutique des maladies spirituelles*, Paris 1997, empfohlen.

358 http://www.unifr.ch/bkv/summa/kapitel599-7.htm.

359 G. Marcel, *Die Menschenwürde und ihr existentieller Grund*, Frankfurt a. M. 1965, S. 131.

360 Siehe hierzu auch L. Manicardi, *L'umano soffrire*.

361 Für eine eingehendere Beschäftigung mit dieser Thematik siehe auch M.-J. Thiel, *Y a-t-il une théologie de la souffrance face à la fin de la vie?*, in J.-G. Henz, K. Lehmkühler, *Accompagnement spirituel des personnes en fin de vie*, Genf – Paris 2015, S. 181–195.

362 http://www.glaube.at/zitat-des-tages/bild/gott-ist-nicht-gekommen-das-leid-zu-beseitigen-er-ist-nicht-gekommen-es-zu-erklaeren-sondern-er/.

363 Siehe E. Mazzotta, F. Mazzuca, C. Sebastiani, A. Scoppola, S. Marchetti, *Predictors of existential and religious well-being among cancer patients*, in *Support Care Cancer*, Dec 19(12), S. 1931–37.

364 Eine systematischere Aufarbeitung bietet *Gericht und Auferweckung von den Toten als Kennzeichen des Vollendungshandelns Gottes durch Jesus Christus*, in: J. Feiner, M. Löhrer (Hg.), *Mysterium Salutis*. Bd. V. Zürich u. a. 1976, S. 844–890.

365 J. Delumeau, *Angst im Abendland, die Geschichte kollektiver Ängste in Europa des 14.–18. Jahrhunderts*, Reinbek 1989. Delumeau beschreibt die Bemühungen des westlichen Christentums dieser Epochen, die Verbreitung der Angst auszugleichen. Man denke nur an die plötzlich so verbreitete Verehrung des heiligen Josef als Schutzpatron der Sterbenden; siehe *Rassicurare e proteggere*, Torino 1992; Ders., *L'avenir de Dieu*, Paris 2015, wo eine Zusammenfassung des Sinnes seiner geschichtlichen Untersuchungen auf diesem Gebiet zu finden ist.

366 Schön sind die Gedanken von P. Sequeri in *Il timore di Dio*, Milano 1993.

367 Zum Tod als Vollendung der Freiheit des Menschen sind die Überlegungen K. Rahners aufschlussreich, *Das Leben der Toten*, in: Ders., *Schriften zur Theologie IV*, Einsiedeln 1960, S. 429–437.

368 Eine interessante Lektüre bietet M. Balmary, D. Marguerat, *Nous irons tous au Paradis. Le Jugement dernier en question*, Paris 2012.

369 B. Pascal, *Vermächtnis eines großen Herzens. Die kleineren Schriften*, hg. u. übersetzt von W. Rüttenauer, Wiesbaden 1947, S. 83.

370 *Ebd.*, S. 85 f.

371 E. Scalfari, *Alla ricerca della morale perduta*, in *La passione dell'etica*. Geschrieben 1963–2012, Milano 2012, S. 881

372 Blaise Pascal, *Gedanken über die Religion*, Berlin 2016, S. 116.

373 T. Papanicolaou, *La vision de la mort à la lumière des Pères de l'Èglise ...*, S. 131.

374 Es gibt inzwischen immer mehr Bücher und Veröffentlichungen zum Thema Sterbebegleitung, wie die von mir zitierten Texte von Hennezel, die ausgesprochen hilfreich sind – sei es wegen des Zeugnisses, das sie ablegen, sei es wegen ihrer Ratschläge. Seitens der englischen Bischofskonferenz wurde ein Leitfaden zur spirituellen Begleitung Sterbender herausgegeben (*A Practical Guide to the Spiritual Care oft he Dying Person*, London: 2010; https://www.google.de/url?sa=t&rct=j&q=&esrc=s&source=web& cd=1&ved=0ahUKEwiV9MrNzZLVAhXIblAKHa2JBagQFggmMAA&url= http%3A%2F%2Fwww.cbcew.org.uk%2Fcontent%2Fdownload%2F34854 %2F258857%2Ffile%2Fspiritual-care-of-dying-2010.pdf&usg= AFQjCNGN3dAIRopRlPaTIOZ_p9CZHl6FeQ&cad=rja).
Viele wertvolle Denkanstöße bietet auch das Buch von J.-G. Henz, K. Lehmkühler, *Accompagnement spirituel des personnes en fin de vie*, Genf – Paris 2015.

375 Vgl. P. Ricœur, *Vivo fino alla morte. Frammenti. Dagli ultimi manoscritti*, Cantalupa 2008, S. 47–48.

376 Bezüglich der buddhistischen Auffassung siehe F. Ostaseski, *Saper accompagnare. Aiutare gli altri e se stessi ad affrontare la morte*, Milano 2006.

377 C. M. Martini, *Io, Welby e la morte*, in *Il Sole 24 Ore*, 21.01.2007.

378 Siehe diesbezüglich auch *Vedere oltre. La spiritualità dinanzi al morire nelle diverse religioni*, hg. von I. Testoni, G. Bormolini, E. Pace, L. V. Tarca, Torino 2015.

379 Eine zwar kurze, aber aufschlussreiche Zusammenfassung findet sich bei O. Clément, *Un luogo per rinascere ...*, S. 109–146.

380 Für einen Überblick über die Tradition der lateinischen Liturgie siehe S. Barbagallo, *La risurrezione della carne: corruzione/trasformazione. La prospettiva della liturgia*, in *Credo la risurrezione della carne, la vita eterna*, hg. von C. Dotolo, G. Giorgio, Bologna 2013, S. 147–178. Siehe auch *La morte e i suoi riti. Per una celebrazione cristiana delle esequie*, hg. von E. Sapori, Roma 2007. Hier sind auch umfangreiche bibliografische Angaben bezüglich verschiedener Aspekte im christlichen Bereich zu finden. Eine Zusammenfassung über die Haltung des frühen Christentums gibt F. Bolgiani, *Il problema della morte nel cristianesimo primitivo e nella cultura cristiana antica*, in F. Bolgiani, *Cristianesimo e culture*, hg. von F. Traniello, Bologna 2014, S. 256 ff. Interessante Einblicke über die Todes- und Jenseitsvorstellung in den ersten Jahrhunderten des Christentums bietet auch das Buch von P. Brown, *The Ransom of the Soul. Afterlife and Wealth in Early Western Christianity*, Cambridge 2015. Mehr über die byzantinische Tradi-

tion ist nachzulesen in T. Papanicolaou, *La vision de la mort à la lumière des Pères de l'Église* ...

381 Im Lauf der Jahrhunderte hat die christliche Frömmigkeit den Gläubigen stets dabei geholfen, sich dank zahlreicher Hilfsmittel – angefangen bei kleinen Textbüchlein wie den älteren *Artes moriendi* oder dem moderneren *Apparecchio alla Morte*, der auch Eingang in die protestantische Tradition gefunden hat – auf den Tod vorzubereiten, und oft auch dabei, andere davon zu überzeugen, sich vorzubereiten. Es gibt unzählige, vor allem liturgische, Breviere, die der Sterbevorbereitung und der Trauerarbeit im Moment des Todes dienen. Nicht minder reich ist die Tradition der Barmherzigkeit dem Sterbenden gegenüber. Als Beispiel sei hier nur an die Geschichte der *Confraternite delle Buona Morte* (auf deutsch *Bruderschaften vom Guten Tod*) – vor allem während des zweiten Jahrtausends – erinnert, um sich das außerordentliche religiöse und menschliche Erbe vor Augen zu führen, das aus dem christlichen Glauben erwachsen ist, um die Sterbenden zu begleiten (so zum Beispiel die ungemein wertvolle Verpflichtung, den zum Tode Verurteilten beizustehen), damit im Moment des Todes Trost durch einen mitleidigen Beistand erteilt werde. Und dies geschieht bis heute, auch durch den Kampf für die Abschaffung der Todesstrafe. Den Tod betreffend, gibt es über die liturgischen hinaus auch unzählige andere Rituale. Denken wir nur an die fest verwurzelte Tradition der Friedhöfe! Im Mittelalter fügte die christliche Frömmigkeit den traditionellen Werken der Barmherzigkeit, die sich aus der bekannten Stelle des Matthäusevangeliums in Kapitel 25 ableiten, auch »die Toten begraben« hinzu. Dies ist ein wichtiges Kapitel der menschlichen Zivilisation, das auch heute noch Abermillionen von Männern und Frauen prägt. Papst Franziskus widmet diesem Thema einige Seiten in seinem Apostolischen Schreiben *Amoris laetitia* (253–258).

382 Madre Teresa, *Non c'è amore più grande. Pensieri di una vita*, Milano 2010, S. 37 [dt. u. d. Titel Mutter Teresa, *Wo die Liebe ist, da ist Gott*, München 2011].

383 Siehe hierzu auch das bereits erwähnte Buch von T. Papanicolaou, *La vision de la mort à la lumière des Pères de l'Église*, S. 165–192.

384 Giampaolo Lai, *Spettri sul divano. Il ritorno degli antenati in psicanalisi*, Introduzione di V. Cigoli, Milano 2015.

385 G. Bernanos, *Die großen Friedhöfe unter dem Mond: Mallorca und der Spanische Bürgerkrieg, ein Augenzeuge berichtet*, Zürich 1983, S. 240.

386 M. de Hennezel, *Den Tod erleben*, Bergisch Gladbach 1996, S. 13.

387 *Ebd.*

388 Anonym, *Death in the First Person*, in *American Journal of Nursing*, vol. CXX, 1970.

389 O. Clément, *Un luogo per rinascere*, S. 141.

390 http://w2.vatican.va/content/paul-vi/de/encyclicals/documents/hf_p-vi_enc_26031967_populorum.html.